La enfermera - uno de los casos más sensacionales de
la historia criminal danesa

MIXTO
Papel procedente de fuentes responsables
Paper from responsible sources
FSC® C105338
FSC
www.fsc.org

Kristian Corfixen

La enfermera - uno de los casos más sensacionales de la historia criminal danesa

Traducción de Rodrigo Crespo Arce

Saga

PREFACIO

Personalmente no he trabajado nunca con Christina Aistrup Hansen. En ningún momento estuve en el Hospital Nykøbing Falster mientras ella trabajaba allí de enfermera.

Aun así, me permito describir en detalle una amplia serie de sucesos de sus años en el hospital, y lo hago basándome en más de tres mil folios de documentación relacionada con el caso de la enfermera. Se trata de documentos a los que, en la mayoría de las ocasiones, se me ha permitido el acceso o que he obtenido de otras fuentes: historial de pacientes, informes de autopsias, análisis químicos forenses, mensajes de texto y correos electrónicos, opiniones de expertos, actas judiciales, listas de medicamentos, capturas de pantalla del Departamento de Informática del hospital, fotografías e informes sobre interrogatorios policiales. La mayor parte de este material no ha estado a disposición de nadie más que la policía, los tribunales y las partes implicadas en el caso.

Durante mi trabajo para tratar de relatar minuciosamente lo ocurrido en Nykøbing Falster, los informes sobre los interrogatorios policiales han sido especialmente importantes. He podido estudiar más de cien de estas actas, sobre todo de empleados del hospital, quienes de una forma u otra han ido añadiendo nuevas piezas en el proceso que terminaría en la causa judicial contra Christina Aistrup Hansen. Más de setenta personas llegaron a prestar testimonio ante un juez y sus explicaciones han conformado la base de algunas de las descripciones de este libro. Se apoya, además, en conversaciones con más de cincuenta entrevistados con los que, en muchos casos, me reuní en varias ocasiones. Entre ellos había personal de enfermería, médicos, peritos, abogados, policías, familiares y conocidos de los implicados, y familiares de las víctimas, así como una serie de protagonistas del caso a los que cito y menciono por sus nombres completos. Entre otros, Christina Aistrup Hansen, a quien he visitado varias veces en prisión. Y la testigo principal del caso, la enfermera Pernille Kurzmann Larsen, que fue el origen de la investigación por parte de la Policía de las muertes sospechosas en el Hospital Nykøbing Falster, y que ha sido de especial relevancia para que su colega fuera finalmente condenada por el intento de asesinato de los pacientes.

Casi todos los enfermeros y las enfermeras del Hospital Nykøbing Falster con los que me he puesto en contacto inicialmente, con una clara reserva, me han preguntado: «¿Desde qué bando tiene la intención de describir el caso?».

Y la respuesta ha sido siempre la misma: desde ambos.

Porque hay dos bandos; dos orillas, por así decirlo. En una están los que todavía hoy creen que Christina Aistrup Hansen fue condenada injustamente por dos instancias judiciales y que fue víctima de los chismes del hospital provincial. En la otra están aquellos que no tienen ninguna duda de que intentó, durante sus guardias, matar deliberadamente a algunos pacientes. Quizá a más de los cuatro por los que la enfermera cumple actualmente su pena de prisión.

Es importante destacar que ni Christina Aistrup Hansen, ni Pernille Kurzmann Larsen, ni en realidad nadie, ha tenido ninguna voz en cómo he decidido describir o resaltar los sucesos de este libro. A nadie, por ejemplo, se le ofreció ningún pago o derechos sobre la edición por acceder a hablar conmigo.

El libro se basa, por tanto, en el método propio del periodismo de investigación. En la medida de lo posible, he tratado de verificar los hechos y comprobar lo que mis fuentes me han presentado. Cuando me he topado con algunas informaciones de documentos o similar que rebatían o contradecían, los he omitido si no era relevante. En caso contrario, he dejado patente que algo podría no ser cierto. Del mismo modo, le indico al lector cuando se habla de acusaciones que la Policía nunca ha podido probar o refutar a pesar de su extensa investigación.

Dicho esto, sé que habrá personas que lean este libro y que tengan una visión diferente de alguno o algunos de los hechos que en él se describen. La opinión pública ha emitido su propio dictamen sobre el caso de la enfermera. Ni siquiera las sentencias de los Tribunales Regional y de Apelación han podido evitar que el caso siga rodeado de diferentes versiones. Durante mi trabajo, me he encontrado con mucha gente que basa su opinión en una percepción completamente sesgada o distorsionada de lo que realmente trata el caso. Tal vez porque solo han leído titulares o dos o tres de los miles de artículos escritos sobre los hechos con el único fin de debatir al respecto con alguien más. O porque han escuchado algo de alguien que tenía un conocido que, a su vez, conocía a otro alguien. Espero que este libro contribuya a ofrecer un relato global, sobrio y más completo de uno de los casos más sensacionales de la historia criminal danesa.

El caso de la enfermera ha tenido amplias consecuencias y no solo ha afectado a los cuatro pacientes por cuyo intento de asesinato fue condenada Christina Aistrup Hansen. Hay compañeros del Hospital Nykøbing Falster que aún luchan contra su sentimiento de culpabilidad por no haber reaccionado antes a sus sospechas. Hay familiares de pacientes que, indefensos, pasaron a formar parte de un caso de asesinato mientras estaban acostados en una cama del sistema sanitario, donde no deberían haber corrido ningún peligro. Quedan dos padres que, durante los próximos años, tendrán que visitar a su hija en una prisión. Y una niña de once años que ha perdido a su madre para su día a día.

El caso de la enfermera es trágico en todos los sentidos y se vio agravado porque se permitió que esa tortura se prolongara durante muchísimo tiempo, antes de que alguien reaccionara. Espero que este libro nos ayude a no olvidarlo y a aprender de él.

Kristian Corfixen, Copenhague, enero de 2019.

Capítulo 1

El centro de emergencias recibió la llamada cuatro minutos antes de la medianoche. Al teléfono estaba una doctora del Hospital Nykøbing Falster que quería informar de una muerte que no tenía una explicación evidente. Ese proceder era totalmente normal. De acuerdo con la ley, los médicos tienen que llamar e informar a las autoridades si algún paciente fallece de manera repentina y no es posible encontrar una explicación plausible evidente al analizar su historial clínico. Ese había sido el caso de Arne Herskov, el paciente a quien la médica había declarado muerto hacía poco más de dos horas, según explicó por teléfono.

El oficial anotó la fecha (4 de marzo de 2012) y lo que posteriormente relató la doctora:

«Arne Herskov, 72 años. Domicilio: Falkevej 78, en Idestrup.

Divorciado. Hallado por última vez consciente hoy entre las 7:00 y las 9:39 h. A continuación, se le colocó el respirador tras un paro cardiaco. Fallecido por la noche. Su hermano Kenny es el pariente más cercano».

Poco después, un coche patrulla con dos oficiales se adentraba en la noche en dirección a la periferia del norte de la ciudad de Nykøbing Falster. A la 1:20 h anunciaron su llegada en la Unidad de Cuidados Intensivos. Los policías hablaron con una enfermera y un médico que les pudieron explicar qué personas habían tratado al paciente durante la mañana y la tarde de ese día, y los agentes anotaron en su libreta los nombres y números de teléfono de algunas de ellas antes de que los acompañaran a la habitación en la que Arne todavía yacía en la cama.

Podría ser la escena de un crimen, pero, cuando les abrieron la puerta, vieron que había sido alterada. Arne estaba tumbado de espaldas con sus pantalones vaqueros azules y una chaqueta a cuadros con mangas negras. Llevaba su propia ropa porque no quería estar en traje de hospital cuando la familia se despidiese de él. Le habían retirado los tubos de plástico que antes lo rodeaban.

«El cadáver fue arreglado porque, después de que el ahora fallecido fuera declarado muerto, no se sabía que se fuera a avisar a la policía», señalaron los agentes en su informe. Luego subieron a la sección M130.

La policía fue informada de que había sido allí donde Arne estuvo hospitalizado en los últimos días y donde lo encontraron sin constantes vitales por la mañana y donde el personal hospitalario había tratado de darle un masaje cardiaco antes de trasladarlo a la Unidad de Cuidados Intensivos. Las enfermeras que habían estado trabajando en esos momentos hacía mucho tiempo que habían regresado a sus casas. Ahora, entre otros, la enfermera Ida y la ATS Nina recorrían el pasillo de la M130, donde dormían los pacientes.

Era su segundo turno de noche consecutivo y las dos compañeras se habían sorprendido cuando, al entrar a trabajar a las once de la noche, se enteraron de que el anciano de la 134 había dejado de respirar de repente. Aquella mañana, ambas habían visitado a Arne antes de dejarlo a él y a los otros pacientes en manos del nuevo turno de guardia e irse a casa a descansar. Ida había hablado con él. Desde que lo ingresaron, había sido en general difícil conseguir que comiera algo, pero esa mañana Arne se había levantado temprano e incluso había pedido un helado de proteínas, cosa que no había hecho hasta entonces.

«Hay que ver cómo ha mejorado», pensó Ida mientras salía de la habitación en la que el enjuto caballero incluso se había permitido ser un tanto faltón, lo que ella había considerado un signo de salud. Arne había empezado a curarse.

Nina lo saludó con la mano cuando él, tambaleándose, salía de su habitación en dirección al baño en el lado opuesto del pasillo. Ahora Arne estaba muerto, según les habían comunicado los compañeros a los miembros del turno de noche al llegar al trabajo y comentar la situación de los pacientes ingresados. No era fácil encontrarle sentido.

Ida y Nina no sabían que posteriormente se había informado de la muerte a la policía, y no fue agradable ver entrar por la puerta de la M130 a los dos agentes. Fueron amables, pero fue sorprendente que, de pronto, comenzaran a hacer preguntas sobre el paciente de la 134. Nina le habló a la policía del saludo en el pasillo y de que había pensado que Arne estaba mejorando. Ida, del helado de proteínas y de que, en general, parecía como si Arne tuviera ya más apetito.

«El ahora fallecido, que, por lo general, se mostraba bastante depresivo, parecía "haber mejorado"», señaló uno de los agentes en su libreta. Y eso fue todo por esa noche. Habían pasado en el hospital menos de una hora cuando los dos policías regresaron al aparcamiento y volvieron a subirse al coche patrulla. El caso no parecía ser tan urgente como para que no pudieran continuar a la mañana siguiente.

Cuando se fueron, Ida rompió a llorar. Y esa noche le dijo a Nina algo en lo que ya llevaba un tiempo pensando. Había muchísimos pacientes en la M130 que empeoraban de repente. Por supuesto, estaban enfermos, por eso habían sido hospitalizados, pero la forma en que recaían era extraña, pensaba Ida. El caso de Arne se había repetido con frecuencia al cambiar el turno. Y curiosamente, en concreto una de sus compañeras siempre estaba cerca y era la que descubría a los pacientes sin vida en las habitaciones y la que daba la alarma.

Ida y Nina entraron y buscaron el Registro de defunciones. Ese bloc de tapa blanda, parecido a un cuaderno escolar, que se guarda en el despacho y se utiliza para anotar los nombres de los pacientes que mueren en la sección. En el margen de las rayadas hojas, al lado de cada paciente había una firma. La de una de las, normalmente, dos enfermeras o auxiliares que «preparan» al paciente, como llaman a los cuidados *post mortem* para que los familiares puedan entrar y despedirse. Una vez finalizado el procedimiento, se firma en el cuaderno con el nombre.

Ida y Nina contaron los fallecimientos.

Uno, dos, tres, cuatro, cinco...

Desde luego, en el Registro de defunciones no estaban todos los pacientes que habían sufrido un paro cardiaco en la M130. Muchos de ellos eran conducidos a otras secciones cuando empeoraban. Como Arne, que había sido trasladado a la Unidad de Cuidados Intensivos; pero los que habían expirado en la M130 estaban en estas páginas.

… seis, siete, ocho, nueve, diez…

Ida y Nina contaron cuántas veces aparecía el mismo nombre.

… once, doce, trece…

Estaba claro que su firma era la que aparecía en más líneas.

… catorce, quince…

Y eso a pesar de que era enfermera. La mayoría de las veces, eran las auxiliares las que preparaban a los muertos. Al menos en los turnos de día, cuando las enfermeras estaban siempre ocupadas con otras actuaciones.

… dieciséis, diecisiete, dieciocho, diecinueve…

«Esto es una locura», pensó Ida.

… veinte, veintiuno, veintidós…

¡Veintidós!

¡Veintidós, fallecimientos!

Su colega, la enfermera Christina, había escrito su nombre junto a veintidós de los pacientes que habían sido declarados muertos en la M130 durante el último año y medio. Nadie más en la sección había rubricado tantas muertes. Nadie más se acercaba ni de lejos a las veintidós. Y Christina ni siquiera trabajaba a tiempo completo en el hospital.

Esa noche, Ida finalmente pudo decírselo en voz alta a otra persona cuando hizo a Nina partícipe de su sospecha: Christina mataba deliberadamente a los pacientes.

Capítulo 2

El hospital provincial se encuentra en la parte norte de la ciudad de Nykøbing Falster, a unos quince minutos a pie del final de la zona peatonal; se extiende con sus aparcamientos y sus ladrillos rojos entre setos de aligustres, casas unifamiliares, adosados y bloques de viviendas de escasa altura.

Por aquí no hay atascos en los cruces, salvo que sea la hora del cambio de turno en el hospital. Cuando se inauguró el hospital de Falster en la década de 1950, había en esa zona espacio suficiente para construir hasta el borde del agua, y desde entonces allí ha permanecido en primera fila, contemplando el estrecho de Guldborg a través de los seis pisos de ventanas enmarcadas en blanco. Puede ser que el Hospital Nykøbing Falster sea pequeño, pero, como dicen, repiten y confirman todos los que han estado hospitalizados, de visita o simplemente almorzando en el comedor del personal del tercer piso, tiene unas vistas magníficas.

Si tiene usted la suerte de que lo ingresen en el lado bueno del pasillo del edificio principal, con tan solo levantar el respaldo de la cama tendrá una hermosa vista del estrecho. Si abre la ventana, podrá sentir el viento marino, que corre justo al otro lado de la carretera. Desde aquí puede ver la isla de Lolland en la ribera opuesta del canal, verde y tan cerquita que hace falta una niebla muy espesa para hacerla desaparecer. Desde allí llegan pacientes al hospital y, atravesando los diferentes puentes, también desde la isla de Møn y la parte sur de la isla de Selandia. Aproximadamente veintiséis mil veces al año, una persona de Falster o de las islas circundantes necesita ser hospitalizada. A Arne Herskov le tocó el 17 de febrero de 2012.

Fue su hermano pequeño, Kenny, quien se ocupó de que Arne fuera ingresado. Ese día, Arne oyó seguramente el sonido del Peugeot beis de Kenny al llegar al camino de entrada de su casa. En realidad, el hermano pequeño tenía pensado quedarse un poco en el coche a escuchar la retransmisión del partido de fútbol del viernes al mediodía. Tan solo quería seguir el final desde el asiento delantero antes de quitar el seguro del coche, salir al frío de febrero, correr sobre el césped y cruzar la puerta principal para visitar a Arne. Pero, cuando Kenny apagó el motor, oyó claramente la voz de Arne. Gritaba pidiendo ayuda desde el interior de la casa.

Kenny lo encontró en el suelo del baño. Su hermano se había caído y yacía aturdido y confuso, incapaz de explicar cuánto tiempo había estado acostado sobre las baldosas, sin poder levantarse. Se había quedado frío. Kenny llamó al 112 de inmediato. El personal de emergencias llegó en poco tiempo y el Peugeot todavía estaba caliente cuando, poco después, Kenny puso la llave en el contacto y se colocó detrás de la sirena que se dirigía hacia el oeste por los campos de Falster. El día en que la ambulancia partió con Arne, nadie se imaginaba que nunca volvería a su hogar, a la casita tras los setos del camino de Falkevej.

Llegó al hospital por la tarde. Con sus escasos 61 kilos, el paciente solo hundía ligeramente la tela blanca sobre el colchón al ser instalado en una cama de la Unidad de Cuidados Intensivos. Arne estaba bajo de peso. «Demacrado», anotó el médico en el historial clínico. En los documentos del paciente, el personal también escribió que Arne estaba deshidratado y tenía la presión arterial baja. Y más tarde los análisis indicaron que probablemente también tenía neumonía. El médico decidió que a Arne había que administrarle antibióticos tres veces al día para intentar reducir la infección. Por lo demás, el tratamiento, como después les explicaron a Kenny y los otros tres hermanos, era fácil de determinar: Arne tenía que ganar varios kilos. «Terapia nutricional», fue el tratamiento indicado, según consta en el historial de Arne. Al mismo tiempo, las enfermeras debían asegurarse de que tomara suficiente líquido; y lo cierto es que Arne nunca había dejado de tomarlos, aunque no exactamente de los que colgaron en el gotero junto a su cama del hospital. Siempre le había gustado la cerveza. Las transportaba hasta casa en la cesta de su triciclo cuando salía a la carnicería Schous en Marielyst a comprar platos preparados que luego podía calentar en el horno en casa. Y cuando en el veranito Arne se sentaba en el quiosco de la playa de Sildestrup, los verdes botellines no faltaban a su lado. Siempre Carlsberg en botella, recuerda la dueña de la tiendecita que hay junto al banco donde Arne podía pasarse horas bañando al sol su cabello rubio rojizo. Aún hoy echa de menos al cliente que nunca se ponía tonto por muchos botellines que bebiera. Muchos lo recuerdan por sus cervezas, por las muchas que bebía, aunque, si se le pregunta a su hermana Birthe si era alcohólico, ella responde que no. «Nunca», dice; «disfrutaba de la vida».

Y bien que lo pudieron apreciar los médicos del Hospital Nykøbing Falster al recibir los resultados de los primeros análisis. El cuerpo del paciente presentaba lesiones, por abuso de alcohol, que habían dejado su huella en el hígado, ahora debilitado, de Arne. Y también estaba la impronta del tabaco. Un día Arne le confesó a un médico que probablemente podía fumar treinta o cuarenta cigarrillos al día desde que tenía quince años. Se anotó asimismo en el historial médico. Igual que la tos. Esa tos que hacía que, mientras se tomaban el café de la tarde, los vecinos de Falkevej exclamaran: «Bueno, parece que Arne ya está en casa».

Arne vivía en la esquina del camino en la que se alzaban los árboles menos cuidados, entre casas de madera recién pintadas que se usaban para el veraneo o como residencia habitual. Su casa era originalmente un remolque que unos cuantos años antes había crecido con un anexo de bloques de hormigón en el que había espacio para una estufa de leña que por su pequeña chimenea lanzaba permanentemente un humo negro entre las copas de los árboles en cuanto bajaba la temperatura. Desde la puerta de su casa había solo unos cientos de metros hasta la playa, pero Arne casi siempre estaba dentro, salvo cuando iba a por algo con la cesta de la bicicleta por delante. En esos momentos era cuando los vecinos lo veían a la entrada de su casa, cuando salía o acababa de llegar. Si te saludaba como es debido (para los recién llegados bien podían pasar un par de años antes de que se presentara esa oportunidad), descubrías que el ermitaño era bastante locuaz.

Tenía actitudes que podían retraerte. Se ponía serio por lo general cuando hablaba de las residencias de ancianos y la forma en que la sociedad trata a sus personas mayores. Y casi todos los de la familia habían escuchado su opinión sobre las drogas y los estupefacientes, los cuales Arne maldijo a lo largo de toda su vida; nunca entendió que la gente se metiera en ellas. Sin embargo, se volvía apacible cuando hablaba de su juventud, en la que, siendo adolescente, conoció el mundo desde barcos con el logotipo de la *Maersk* en los costados. De la época en que él y sus hermanos crecieron entre las oscuras tascas de Nørrebro. De cuando Arne, antes de hacerse basurero, vendía flores y verduras en el mercado mayorista de Grønttorvet en Copenhague, el lugar donde conoció a su futura esposa, allí en el *pub* para fumadores de al lado. Su ánimo era alegre, tanto como el de una discoteca un par de horas antes de cerrar. Le encantaban las fiestas y era conocido por ser capaz de arrancarse con canciones y tonadas de marinero, y por dar siempre la impresión de estar divirtiéndose, incluso estando solo en su casa cuando alguno de los hermanos llegaba sin avisar y lo encontraba disfrutando de un plato de carne con patatas, su comida favorita. Pero últimamente no, Arne llevaba un tiempo triste.

Se dice que una de las cosas más horribles que pueden sucederte en este mundo es perder a un hijo. Arne supo lo que eso significa. Unos meses antes de caerse en el suelo del baño, recibió la noticia de que Jimmy, su único hijo, había muerto.

La pérdida de Jimmy se convirtió en su mayor tragedia. Le dejó un agujero en su vida de pensionista y un nudo en la garganta que no era capaz de deshacer, por muchas cervezas que tomara para ello. En su etapa final, ya ni siquiera les ocultaba a sus hermanos que en realidad se había rendido. Estaba totalmente desanimado, cansado de estar solo, decía, y, por mucha leña que le llevaran a su fría casa los dos hermanos varones, Arne no era capaz de hallar cosas agradables con las que hacer entrar en calor su mente. Tampoco le apetecía ya calentar platos preparados. Prácticamente lo único que recorría su cuerpo era cerveza. Su humor se agrió y a los hermanos de Arne les resultaba inquietante asistir a ese declive. Por eso, en cierto modo, fue tranquilizador para la familia que lo ingresaran y que estuviera así rodeado de profesionales que podrían hacerse cargo de la situación.

Cuando Arne entró en el hospital, temblaba y estaba pálido. Estaba congelado, les comentaba una y otra vez a las enfermeras, pero pronto quedó claro que no se estaba muriendo.

«Creo que el mayor problema aquí es que el paciente no ha comido durante un mes», indicó un médico especialista en el historial de Arne después de tres días en la Unidad de Cuidados Intensivos. Y el cuarto día, su estado ya no era crítico, por lo que fue trasladado al pabellón M130. Allí el personal tenía que encargarse de que ganara peso.

La sección M130 alberga a algunos de los pacientes más delicados del Hospital Nykøbing Falster. Sus habitaciones acogen principalmente a pacientes con enfermedades gastrointestinales. Entre ellos hay bastantes enfermos con cáncer. Pero también es en la M130 donde se ingresa a los alcohólicos y otros adictos, a los que tienen el hígado dañado; a los que tienen que someterse a desintoxicación; a los que suelen tener también que luchar con otras patologías además de la que los ha llevado a ser hospitalizados. En esa sección están los «clientes más complicados», como señalan las enfermeras. Y esa clientela más compleja no es de extrañar que sea ingresada una segunda o una décima vez, así que no resulta raro que en las habitaciones haya caras conocidas. Y por lo general están más tiempo que los ingresados en otras alas del hospital. Un paciente de la M130 puede fácilmente estar hospitalizado durante varias semanas.

En la sala hay dos corredores, el pasillo treinta y el cincuenta, que forman un ángulo recto entre sí y que distribuyen habitaciones a ambos lados. Arne fue ingresado en una habitación del pasillo treinta, justo enfrente del baño. Al principio, el personal consideró que el nuevo paciente era tranquilo, de los que prefieren reposar y dormir y no tienen ni ganas ni fuerza para nada más. Pero, a medida que pasaban los días, varios notaron que Arne comenzaba a revivir.

«El paciente está hoy más expresivo y más hablador espontáneamente», se anota en su historia cuatro días después de su llegada al hospital.

El mismo día, una enfermera de la M130 agregó:

«Se incorpora él solo en la cama y come lo que se le sirve».

Arne todavía tenía tos, a menudo se mareaba y también tenía que seguir recibiendo oxígeno a través de un tubo y la comida por sonda nasogástrica, que era más sencillo que conseguir que comiera algo más sólido.

«Empieza a tener apetito de nuevo y a ingerir más» y «hoy ha pedido comida», indicó el personal en su informe en los días posteriores. La ATS Louise también observó que el ánimo de Arne iba remontando a medida que comenzaba a tomar alimento. Cuando conoció al paciente en la habitación 134, él le habló de la muerte de Jimmy y le afirmó que no sabía muy bien si quería seguir viviendo. Cuando médicos y enfermeras entraban a ver a Arne, a menudo hablaba de su tragedia y, en consecuencia, varios de ellos concluyeron en sus informes que se mostraba deprimido. Pero un día, Arne le dijo a Louise que en realidad ya tenía ganas de volver a casa. En ese momento llevaba hospitalizado casi dos semanas, y en esos días en la unidad se dieron cuenta de que algo importante le sucedía a Arne. En general, parecía más feliz.

Hablaba más. Estaba más despierto. Con el tiempo, su condición física era tan buena que el personal de entre semana comenzó a pensar cuándo sería dado de alta.

Una enfermera anotó en su historial el jueves 1 de marzo de 2012, trece días después de que Arne llegara al hospital: «Se espera que el paciente sea dado de alta a principios de la próxima semana».

Cuando Kenny fue de visita por trigésima vez el viernes, pudo ver que lo que le estaban haciendo a su hermano parecía funcionar: Arne todavía estaba un poco confundido, pero había engordado. Su sobrina Marie-Louise también notó que su tío estaba más feliz. Se mostraba alegre, sonriente, sí, incluso bromeó y le contó una historieta.

Sus otros dos hermanos, Birthe y Vagn, lo visitaron el sábado, el decimosexto día de Arne en el Hospital Nykøbing Falster. Al sentarse junto a su cama, le informaron de que la casa de Falkevej estaba ya lista para cuando lo dieran de alta: su cuñada había lavado las sábanas, las cortinas y todo. Había quedado muy linda.

Arne, sin embargo, todavía estaba demasiado delgado. En el pasillo, una enfermera le dijo a Birthe que probablemente sería mejor que su hermano pequeño fuese primero a algún sitio donde pudieran estar pendientes de que comiera lo suficiente. Tal vez una residencia o algún otro tipo de apoyo. Quizá solo unos días; luego podría regresar a casa. Su hermano Vagn estaba al otro lado de la cama y sonrió cuando Birthe le presentó el plan a Arne. Sabían bien cómo reaccionaría, porque tenían muy presentes todas las veces en que él había hablado de las residencias de ancianos de Dinamarca como lugares a los que no se debía enviar a nadie.

«Si estuviéramos en el quinto piso, me tiraría por la ventana», recuerda Birthe que respondió Arne. Aún sonríe cuando lo recuerda hoy en día. Ese tipo de comentarios eran propios de él.

*

El día siguiente a la visita de Birthe y Vagn, cuando el reloj acababa de dar las nueve, el personal de la M130 comenzó a prepararse para el café matinal del domingo.

Dos horas antes se había producido el cambio de guardia. Ida y Nina se habían marchado a casa y la auxiliar de enfermería, Louise, se había reunido con los enfermeros Peter y Christina. En su turno, una de las primeras cosas que había hecho Louise fue darle a Arne gachas con crema, y habían acordado que después lo ayudaría a darse un baño.

Luego lo dejó solo en la habitación para que pudiera comer tranquilamente. Cuando un cuarto de hora después regresó, Arne le preguntó por el plato vacío: «¿Qué? ¿Contenta?». Se lo había comido todo. Sonrió. Realmente estaba recuperando el ánimo.

Los dos enfermeros, que, como Louise, habían llegado a las siete en punto, habían leído hacía ya mucho los informes médicos y se habían ido a su ronda matutina. La enfermera Christina era la responsable de administrar la medicina sólida a los pacientes y había estado recorriendo las habitaciones para hacer el reparto. Mientras tanto, el otro enfermero, Peter, también había estado en la habitación de Arne, en la que había dejado una toalla y ropa limpia. El enfermero había medido las constantes de Arne: temperatura, presión arterial, respiración, frecuencia cardiaca y oxígeno en sangre. Nada llamaba la atención. Justo lo que el equipo de noche había notificado en el cambio de turno.

Peter fue el primero en terminar su ronda y, alrededor de las nueve, comenzó a hacer café para sus compañeros en la Sala de Personal.

Siempre desayunaban junto con los del pasillo 50 cuando terminaban las primeras tareas rutinarias, y ahora los colegas iban llegando poco a poco. La guardia pintaba tranquila. No había pacientes de urgencias.

Pero entonces sonó el aullido. Alguien había tirado dos veces del cordón del pulsador en una de las habitaciones para activar la alarma de paro cardiaco. Peter, Louise y los demás corrieron por el pasillo 30 y giraron a la izquierda pasando entre las dos jambas rojas de la 134. Su compañera Christina estaba de espaldas a la entrada en el borde de la primera de las dos camas de la habitación. Había rasgado la camisa de Arne y estaba dándole un masaje cardiaco.

Christina presionaba el pecho de Arne mientras Louise apartaba la cama de la pared para que tuvieran sitio. Peter preparó los medicamentos y las jeringuillas. Una auxiliar del pasillo cincuenta sacó una máscara para que el paciente pudiera recibir oxígeno extra. Y una tercera enfermera miraba. Era la primera vez que asistía en serio a un intento de reanimar a un paciente. Acababa de titularse y estaba recién llegada a la unidad, pero Christina la había animado a quedarse y presenciar lo que estaba a punto de suceder. Le vendría bien saber cómo se desarrollaba una cosa así, le había dicho la enfermera veterana.

Los celadores y médicos llegaron de inmediato. Christina se apartó, pero permaneció cerca. Indicó quién era el paciente, sus constantes, por qué había sido hospitalizado, cómo lo había encontrado sin vida y cómo se había iniciado la reanimación. Cuando tantos profesionales, con su experiencia combinada, estaban intentando restablecer un ciclo vital, incluso los enfermeros y médicos experimentados podían perder la visión general. Por ejemplo, Peter parecía nervioso cuando Christina, de pie a su lado, le decía lo que debía hacer. Le temblaban las manos y llegó a tirar el tensiómetro al suelo. Sin embargo, Christina destacó. No tenía miedo de tomar el control cuando otros dudaban. Y era muy razonable que así fuera, pues era muy competente cuando llegaba el momento. Muchos en la unidad ya se habían dado cuenta.

Se consiguió que el corazón del paciente volviera a funcionar.

Arne fue llevado inmediatamente de regreso a la Unidad de Cuidados Intensivos, de la que había salido doce días antes. Su pecho ahora destrozado con once costillas rotas se movió ligeramente. El cuerpo respiraba, pero necesitaba la ayuda de un respirador, y el personal no llegaba a comprender cuál era el motivo de esta nueva complicación.

¿Qué hizo que de repente el cuerpo de Arne se rindiera? ¿No estaba mejorando?

Una médica jefa le levantó los párpados tratando de ver si allí podía encontrar la explicación. Las pupilas estaban contraídas y muy pequeñas. Se sorprendió. ¿Podrían haberle administrado demasiada morfina?

Los trabajadores de la Unidad de Cuidados Intensivos del Hospital Nykøbing Falster ya habían observado varias veces con anterioridad que en el torrente sanguíneo de los pacientes que les bajaban desde la M130 sin constantes vitales se podían hallar opioides y benzodiacepinas. Hay opioides en la morfina. Las benzodiacepinas se encuentran en el Stesolid, entre otros. Pero varias veces ocurrió que ni uno ni otro tipo de medicamento habían sido prescritos y, por lo tanto, registrados en los historiales médicos de los pacientes.

Tampoco estaban recogidos en el sistema electrónico de medicinas en el que las enfermeras informaban cuando administraban la medicina. Por eso en la Unidad de Cuidados Intensivos prestaban especial atención a los casos que llegaban de la M130.

Era bien sabido que la M130 era una sección muy ajetreada, lo que, sin duda, aumentaba el riesgo de errores. También se sabía que había muchos adictos ingresados en esa unidad y, aunque era extremadamente raro, podía suceder que los pacientes trajeran drogas de su casa, algo difícil de controlar por parte del personal. Sin embargo, a menudo el error había resultado estar en las enfermeras. Por ejemplo, alguna vez habían fallado al intentar desintoxicar a adictos. En una ocasión uno de estos pacientes recibió Klopoxide [1] en cantidades excesivas. El Klopoxide es un medicamento que se usa para mitigar la abstinencia de alcohol y las enfermeras generalmente administran entre 50 y 200 mg distribuidos en unas horas. Aquel paciente había recibido dos gramos.

Era una barbaridad, y con tal dosis no fue de extrañar que ese mismo día sufriera un paro cardiaco del que tuvo que hacerse cargo la Unidad de Cuidados Intensivos. También varias veces se habían cometido errores con la morfina. En un centro médico siempre son las enfermeras las responsables de administrar los medicamentos, que, como norma general para los hospitales daneses, han sido previamente prescritos por un médico. Son, por tanto, los médicos quienes deciden cuándo y cuánto, y todo ello queda determinado cuando el médico lo deja pautado en el historial del paciente. En el caso de la morfina, por ejemplo, se indica también «i.v.» cuando ese potente medicamento se debe administrar por vía intravenosa, es decir, directamente en el vaso sanguíneo y no en forma de píldoras.

Las enfermeras recogen el fármaco en las Salas de Medicamentos de cada unidad. Allí, en los armarios cerrados con llave, los médicos nada tienen que hacer; son los dominios de las enfermeras. Así sucede en el Hospital Nykøbing Falster. De las salas de medicamentos las enfermeras sacan las ampollas de medicina de los estantes, las rompen y extraen los mililitros prescritos en una jeringuilla. Una vez medida la dosis, vierten el exceso de medicamento en el fregadero, la ampolla rota la tiran a la basura y, finalmente, el personal de enfermería lo deja registrado en el sistema del hospital una vez que él o ella ha regresado de la habitación después de haber inyectado la dosis.

Siempre debe quedar anotado en el registro el momento en que un paciente ha recibido un medicamento. Es una de las primeras cosas que se aprende en las escuelas de enfermería.

En ninguna parte del historial de Arne o del sistema médico había quedado registrado que se le tuviese que administrar morfina, pero, aun así, un anestesiólogo probó a darle un revulsivo después de ver sus pupilas. De inmediato sucedió lo que sucede cuando el cuerpo reacciona repentinamente a una combinación química adecuada: la presión arterial aumentó, así como la frecuencia cardiaca. Parecía que Arne sentía cierto alivio al respirar. Y también se reflejó en las pupilas: aumentaron de tamaño y comenzaron a reaccionar a la luz. Se le hizo una prueba de orina. Mostró que no solo había opioides procedentes de la morfina, sino también trazas de benzodiacepinas, lo que podría indicar que Arne también había recibido Stesolid.

Los médicos se asombraron, tuvieron que revisar varias veces su historia clínica y el registro electrónico de medicación para estar absolutamente seguros de que no habían pasado nada por alto. Pero no, no se habían prescrito, anotado ni mencionado la morfina, el Stesolid ni ningún otro medicamento que contuviera opioides o benzodiacepinas. Los médicos de la Unidad de Cuidados Intensivos intentaron aclarar después qué podría haber sucedido. La primera explicación que buscaron fue si el personal de la M130 había administrado a Arne el medicamento que el otro paciente en su habitación debería haber tomado. Esto podría explicar por qué Arne fue «visto con vida unos quince minutos antes de que se hallara al paciente en paro cardiaco», como se indica en sus informes. Pero, como agregó un médico en la historia de Arne a las 13:30 h:

«Se contacta con el personal de enfermería de la sección, que explica que el paciente vecino no está recibiendo ningún medicamento». Dos horas y media después, el misterio seguía sin resolverse: «No se puede descartar que el paciente haya tomado o se le haya administrado una medicación incorrecta. En cualquier caso, no hay explicación para los opioides y benzodiacepinas que se encuentran en la prueba de drogas de la orina del paciente», escribió un nuevo médico que ahora se había hecho cargo de aclarar este asunto.

El paro cardiaco de Arne lo había dejado en coma. Su cerebro se había dañado porque había pasado demasiado tiempo sin recibir oxígeno y, después de un TAC y algunas pruebas más, no había duda: Arne nunca se recuperaría. El hospital se puso en contacto con su hermano Kenny, quien se encargaría de contarle al resto de la familia que los médicos no podían hacer nada más. Y esa noche, él y el resto de familiares se reunieron en la Unidad de Cuidados Intensivos.

«Se les informa de que las lesiones del paciente son tan extensas que presenta fallo orgánico múltiple y de que la continuación del tratamiento es inútil. La familia dice que el paciente llevaba mucho tiempo sin ganas de vivir y que ahora todos desean que tenga paz.

Están de acuerdo en que detengamos el tratamiento activo y solo apliquemos cuidados paliativos», resumió un médico jefe a las 21:00 h en el historial de Arne, después de haber hablado con Kenny y los demás.

Esa noche, la familia estaba reunida alrededor de Arne cuando los médicos desconectaron las máquinas que lo mantenían con vida. Estaban Kenny, Vagn y también dos de las sobrinas de Arne. Y vieron que el paciente dejaba de respirar cuando se apagaron los dispositivos.

El domingo 4 de marzo de 2012 a las 21:30 h Arne Herskov fue declarado muerto en el Hospital Nykøbing Falster.

*

La policía no encontró respuestas a la pregunta de cómo habían llegado la morfina y el Stesolid a las venas de Arne.

Un total de siete trabajadores del hospital fueron interrogados en la investigación del caso, la mayoría de ellos al día siguiente de su paro cardiaco, cuando dos oficiales de policía cursaron una nueva visita a la M130 y fueron conducidos a una sala de reuniones. Allí dedicaron un par de horas a interrogar a los testigos. Entre ellos se encontraban dos médicos y el enfermero Peter, que estaba en la Sala de Personal de la M130 cuando sonó la alarma de paro cardiaco. Y también Christina, que fue la persona que la accionó.

Los oficiales señalaron en el informe del interrogatorio de Christina:

«La interrogada explicó que el domingo por la mañana recorrió las habitaciones y halló que la puerta del ahora fallecido estaba cerrada.

Abrió la puerta de la habitación compartida, y el compañero de cuarto del ahora fallecido declaró: "Duerme mucho hoy". La interrogada explicó que se dirigió al ahora fallecido y que lo encontró boca arriba en la cama y sin respiración».

En las anotaciones de los oficiales, también recogieron que Christina había sido «líder de grupo» durante el fin de semana, y eso, según la enfermera, significaba que tenía que aprobar todos los medicamentos administrados en las habitaciones. A Arne le habían dado medicamentos para el hígado y vitaminas mientras estaba hospitalizado en la M130.

Eso fue todo, explicó Christina.

«La interrogada explicó que el ahora fallecido no había recibido en la sección ninguno de los medicamentos que habían aparecido en el análisis de orina. En caso contrario, ella lo habría sabido», informó el agente a partir del interrogatorio de la enfermera, que se completó en veinte minutos.

Ninguno de los compañeros ni tan siquiera insinuó ante la policía que consideraban a Christina sospechosa. Ni Ida ni Nina, que decidieron que no les hablarían a los oficiales del recuento del Registro de defunciones ni de las sospechas sobre su compañera.

Los trabajadores de la sección no volvieron a saber nada de la policía. Tras una breve investigación, las autoridades optaron por cerrar el caso de la muerte de Arne, a pesar de que la autopsia confirmó lo que los médicos creyeron descubrir, es decir, que había morfina y Stesolid en el torrente sanguíneo de Arne, lo que no concordaba con su historial médico.

Para tratar de encontrar una respuesta a ese misterio, el hospital puso en marcha una investigación interna que determinó que Arne debió de haber conseguido las drogas en la sección y que habría tomado una sobredosis voluntariamente. La resolución fue entregada a los familiares de Arne, que nunca creyeron la versión oficial. Simplemente las cosas no cuadraban.

Arne siempre había sido un feroz enemigo de las drogas.

Capítulo 3

El Hospital Nykøbing Falster, el más pequeño de la región de Selandia, está ubicado en un rincón del mapa danés donde estadísticamente la gente enferma más que el promedio.

Los médicos que han trabajado en otros lugares cuentan que esa fue una de las primeras cosas que notaron cuando entraron a trabajar en el hospital provincial: en Nykøbing Falster, se encuentran con muchos pacientes con más de un diagnóstico. Muchos socialmente desfavorecidos y que luchan con una extensa serie de problemas aparte de los que se pueden tratar en una cama de hospital. Muchos que han acabado siendo un ejemplo patente de lo que sucede cuando esperas demasiado para ir al médico con tus dolencias. En esta zona, los pacientes generalmente son «más pesados», como dicen en el hospital situado más al sur del país. Estos pacientes son los que más abundan en Lolland.

Es en el llano paisaje de la cuarta isla más grande de Dinamarca donde están a la venta los metros cuadrados más baratos del país. En los últimos años, esto ha contribuido a que Lolland se convierta en una especie de fin de trayecto sureño para muchas de las personas que no pueden permitirse vivir en otro lugar. Según una serie de historias aparecidas en los medios de comunicación, los municipios en torno a Copenhague han ayudado mucho a esa evolución. Se ha descubierto que se ha estado utilizando Lolland como el destino al que señalan sus asistentes sociales cuando un usuario dice que ya no puede pagar el alquiler. De este modo, la isla ha terminado como un lugar al que los municipios más ricos «deportan» a familias vulnerables, como lo expresó un frustrado concejal liberal cuando él y sus colegas del ayuntamiento de Nakskov descubrieron hace unos años lo que estaban haciendo los municipios capitalinos.

Desde la década de 1990, un número inusualmente alto de receptores de ayuda social y desempleados ha cruzado los puentes, mientras que los jóvenes y las familias de más recursos han huido en tropel por el otro carril. Como resultado, Lolland tiene hoy el récord de Dinamarca tanto en subastas judiciales como en desempleo juvenil, y tiene la mayor proporción de beneficiarios de prestaciones en efectivo. En cuanto a hábitos de vida poco saludables, el territorio insular también encabeza las estadísticas en las que nadie quiere ser el líder. Las cifras más recientes son de 2017, cuando la Junta Nacional de Salud publicó su extenso informe sobre salud, enfermedades y bienestar de los daneses. Una vez más, Lolland era castigada con fuerza por una serie de tristes cifras. Según el informe, es en Lolland donde vive la mayor proporción de personas que no cumplen con las recomendaciones mínimas de actividad física. Allí vive una mayoría que nunca o muy rara vez tiene contacto con sus amistades. Lolland tiene el porcentaje más alto de obesidad grave. Una mayoría son fumadores. Sin olvidar a los que padecen diabetes, dolores de espalda o lumbares o alguna enfermedad de larga duración. En todas las categorías Lolland está entre los tres primeros puestos.

En el ayuntamiento, empiezan a estar hartos de que, al parecer, la región insular sea conocida solo por los problemas. Lo mismo que sucede en el municipio de Guldborgsund, donde vive casi la mitad de los pacientes del Hospital Nykøbing Falster. En el centro hospitalario, se tiene la misma sensación.

Si se escribe a la gerencia y se solicita que señalen historias de las que estén orgullosos, un jefe de la secretaría responde con los siguientes seis puntos: un «nuevo y hermoso edificio» inaugurado recientemente, un «Servicio de Urgencias que funciona bien» y el hecho de que el hospital está «bien situado en varios parámetros» relacionados con las llamadas «bases de datos de calidad clínica». El Departamento de Pediatría es elogiado por los pacientes. Y los últimos dos puntos de su lista: recientemente, «han tenido estudiantes de doctorado en el hospital», y los médicos jóvenes y estudiantes de la Universidad de Copenhague generalmente ofrecen «muy buenas evaluaciones educativas».

Los mil cuatrocientos trabajadores también pueden estar orgullosos de que su lugar de trabajo en las afueras de Nykøbing Falster destaque repetidamente como una auténtica piedra angular de la comunidad local. Un total de ciento cincuenta mil personas tienen el hospital de Falster como el lugar al que acudir cuando se ponen enfermos. Y si el hospital no hubiera estado ahí con sus doscientas setenta camas, la alternativa quedaría muy lejos. De hecho, no hay ningún otro hospital en la región de Selandia al que le corresponda atender a pacientes de un área geográfica tan grande como la del hospital más pequeño de la región.

Pero con independencia de lo bien que cada día desempeñen su trabajo los médicos, las enfermeras y todos los demás trabajadores del Hospital Nykøbing Falster, parece que lo que la gente recuerda son las noticias negativas. El hospital ha sido elegido varias veces como uno de los lugares del país donde mueren más pacientes en comparación con las expectativas de vida. En 2010 el periódico *B. T.* le otorgó al Hospital Nykøbing Falster el segundo lugar en su lista de «hospitales daneses en los que más peligra la vida». Dos años más tarde, *Ekstra Bladet* nombró al hospital de Falster «el peor de Dinamarca». Y también se recuerdan, por ejemplo, las noticias de 2016 de que la región tuvo que detener las operaciones en el Departamento de Cirugía Gastrointestinal del hospital porque se cometieron demasiadas negligencias; esto, precisamente, no le daba prestigio ni las noticias que obligaron al director del hospital a comparecer ante los medios de comunicación y asegurar que los pacientes podían ingresar en el Hospital Nykøbing Falster con toda tranquilidad. Más tarde han sido ya demasiadas las veces en que algo así ha resultado necesario. Y con cada una de ellas, el prestigio del pequeño hospital sigue sufriendo.

El hospital también se enfrenta a problemas de contratación. La escuela de enfermería se sitúa en el otro extremo de la ciudad; actúa como un imán humano y cada año es capaz de ofrecer una nueva promoción de licenciados procedentes, sobre todo, del entorno local. Pero, cuando se trata de médicos, la situación es más difícil.

Para los recién titulados, el Hospital Nykøbing Falster está entre los menos populares de la región de Selandia a la hora del sorteo para hacer las prácticas obligatorias antes de poder entrar en el mercado laboral. Cuando finalmente están preparados para un trabajo fijo, también son muy pocos los nuevos médicos que miran hacia el sur. Por eso el Hospital Nykøbing Falster a menudo tiene que solicitar sustitutos o contratar médicos extranjeros para poder cubrir las guardias. Justamente en este problema se hizo hincapié al explicar el informe de 2016 sobre los errores en el Departamento de Cirugía del hospital.

Que sea de toda la región el hospital que tiene menos especialidades hace aún menos atractivo al Nykøbing Falster. El personal lo tiene bien presente en cada una de las múltiples ocasiones en las que tienen que derivar pacientes a otros hospitales en cuanto surge alguna complicación, salvo que tengan alguna dolencia cardiaca: uno de los cardiólogos más destacados del país trabaja actualmente en el Hospital Nykøbing Falster. Su nombre es Peer Grande. Hace unos años, el hospital logró secuestrarlo a él y a otros nombres prominentes del Rigshospital de Copenhague. Fue todo un éxito para la región de Selandia, aunque parte de esta historia es que los cardiólogos solo consideraron hacer el viaje al sur después de que el Rigshospital los despidiese y denunciara a la policía por un caso de robo y malversación de los fondos de investigación. Tiempo después, Peer Grande fue declarado culpable de haber gastado más de dos millones de coronas, que deberían haberse destinado a investigar, para pagar, entre otras cosas, viajes privados, relojes Rolex y encuentros en restaurantes.

En los últimos años, el Hospital Nykøbing Falster ha lanzado varias iniciativas para lograr que haya más médicos que consideren su centro como un posible lugar de trabajo. Se han organizado autobuses regulares, los cuales por solo cincuenta coronas trasladan a los profesionales desde Copenhague hasta el hospital provincial bajo el lema «Ven al trabajo durmiendo». Se ha abierto un hotel para aquellos trabajadores que prefieran quedarse algunas noches y la Dirección incluso ha conseguido dinero para que la cafetería permanezca abierta de madrugada. Pero, a pesar de que las ofertas de trabajo siempre mencionan sus «vistas al pintoresco estrecho de Guldborg»; pese a que la página web de la campaña *komsydpaa.dk* intenta atraer con el hecho de que los pacientes, debido a una «base demográfica singular», tienen «múltiples diagnósticos y problemas complejos que no son tan comunes en otras partes del país»; y aunque el complejo hospitalario declara que desempeña un «papel especialmente importante» para los ciudadanos de este particular rincón del país, porque «la distancia a otras opciones de tratamiento es bastante complicada», todavía no se ha logrado superar los problemas de las contrataciones. Problemas que ya existían también, por cierto, cuando se contrató a la joven enfermera Christina Aistrup Hansen en 2009. Incluso cuando aún no había leído su trabajo de fin de carrera, Christina estaba ya vinculada a la unidad M130, y no pasó mucho tiempo antes de que su jefe le prometiera que habría un puesto listo para ella el día que pudiera presentar su título. Así pues, obtuvo su primer trabajo de enfermera en el Hospital Nykøbing Falster ese verano, cuando se graduó a los veinticuatro años.

El lugar era completamente diferente a lo que había vivido en los otros hospitales en los que había hecho prácticas. La escasez de personal en este lugar al sur se notaba sobre manera. También en la M130, en donde eso suponía adquirir rápidamente mayores responsabilidades y tener más posibilidades aun siendo una enfermera recién graduada. Christina era una recién llegada.

Había estudiado en la Escuela de Enfermería de Herlev y había hecho las prácticas en el hospital de esta ciudad. En comparación con él, el Nykøbing Falster parecía pequeñísimo, y no solo porque bastan unos doce minutos para recorrer todo el complejo. Christina también tuvo que acostumbrarse a que todo fuera tan pequeñito que aparentemente todos se conocían.

Cuando cogía el ascensor del edificio más alto del país, el Hospital de Herlev, normalmente viajaba en una cabina con caras que no había visto antes. Eso nunca ocurría en los ascensores del Hospital Nykøbing Falster.

Christina pronto hizo un puñado de buenos amigos en la M130. Y también enseguida se sintió muy satisfecha con su trabajo. Su jefe la apreciaba y se elogiaba su profesionalidad. También por parte de los médicos, que se fijaron en la enfermera morena que era conocida en el hospital por su ambición y compromiso con su trabajo. Pero Christina también se dio a conocer por ser una persona polémica. Después de un par de años en la M130, empezó a llamar la atención. Varias de las enfermeras más jóvenes de la unidad comenzaron a comentar que no les agradaba. De repente algunos ya no querían trabajar con Christina porque les hacía sentir muy incómodos, según le dijeron a su jefe.

Había «algo» en ella, explicaban.

Cuando llevaba trabajando en la M130 algo más de tres años, Christina decidió comenzar de nuevo. Bajó a las oficinas y solicitó un puesto en el Servicio de Urgencias. Allí consiguió el trabajo en el que siempre había pensado que podía ser realmente buena. Y así fue. De nuevo fue digna de elogio por parte de los médicos, que querían trabajar con la enfermera. Hasta que la cosa se volvió a torcer.

*

En el Hospital Nykøbing Falster las urgencias estaban ubicadas en la planta baja, formaban una sección alargada que se prolongaba hacia las puertas corredizas por donde entraban los equipos de emergencias llevando las camillas con los pacientes nuevos.

Las urgencias eran conocidas como las más largas del país. Su columna vertebral era un larguísimo pasillo, recto, recubierto de linóleo con anchas puertas a ambos lados. Si se fuera de un extremo al otro, se atravesarían tres secciones, denominadas Urgencias 1, Urgencias 2 y Urgencias 3. Tres secciones que no estaban separadas por puertas y cuyas habitaciones estaban todas agrupadas junto al ancho pasillo alumbrado con fluorescentes en el techo. Cerca de cien trabajadores hacían su recorrido a diario en este pasillo. Lleno de batas blancas, camas e instrumental, parecía no tener fin, porque realmente no se podía ver dónde terminaba el pasillo. Primero estaba Urgencias 1. Allí se recibía a los pacientes, se cosían dedos, se escayolaban piernas y se limpiaban las heridas en las habitaciones próximas a la sala de espera. En Urgencias 1 estaba la sala de primeros auxilios, y también era allí donde las puertas corredizas de vidrio esmerilado se abrían para las ambulancias y adonde llegaban los casos más graves: las víctimas de tráfico, los pacientes cardiacos, los enfermos con coágulos de sangre, los pulmones de fumador y todo lo que pudiera arrastrar a las personas a una situación de emergencia.

En Urgencias 1, se recibía a los pacientes recién llegados en la sala de triaje donde se les asignaba un color dependiendo de la gravedad de su estado. Una enfermera formada para evaluar rápidamente el estado de los enfermos era la responsable de la tarea: el color rojo indicaba una reanimación, que su vida corría peligro y que necesitaba atención médica de forma inmediata; el naranja, una emergencia menor; el amarillo, una urgencia, y el verde, una urgencia menor. Una vez anotado el color en el historial médico, el paciente era trasladado (a menos que se tratara de un caso crítico que fuera directamente a la Unidad de Cuidados Intensivos) a las habitaciones de Urgencias 2 o Urgencias 3.

Las dos salas tenían, cada una, dieciséis camas. En un día, los celadores podían entrar a la carrera con entre cincuenta y ochenta pacientes nuevos que había que ingresar en alguna habitación.

Evidentemente, si se podía hacer, era porque los pacientes solo estaban ingresados en urgencias por un breve período antes de ser enviados a otras unidades del hospital. Como mucho podían estar en una cama de urgencias durante cuarenta y ocho horas; pasado ese plazo tenían que ser trasladados o dados de alta. Esa era la norma. En el Servicio de Urgencias, solo podía trabajar quien pudiera soportar caras nuevas constantemente. Pero justo eso era lo que atraía a un grupo especial de enfermeras y médicos al pasillo más ajetreado del hospital. Ese corredor al que llamaban de «sentido único» porque los pacientes nunca se quedaban aquí, siempre salían en ambulancias y luego, tras recorrer la unidad, eran trasladados a otra sección del hospital. Allí había movimiento. Allí había que estabilizar y gestionar con rapidez a los pacientes. Y también estaba el trabajo detectivesco, que era la esencia para los médicos y enfermeros de Urgencias 2 y Urgencias 3, donde, sobre todo, tenían que intentar averiguar qué le pasaba al paciente al que acababan de ingresar.

Al médico jefe, Niels Lundén, le encantaba recorrer las habitaciones y vencer lo que él mismo llamaba la «necesidad de diagnóstico». Era uno de los médicos que se había resignado a que el título de «Médico de Urgencias» no fuera uno de los más prestigiosos que se podían elegir.

Pero para Niels su objetivo nunca fue hacer la ronda en las unidades más prestigiosas. Por el contrario, siempre se había sentido atraído por lo que sucedía en la planta baja, con las ambulancias aparcadas en la calle; precisamente, por ese trabajo detectivesco y por la adrenalina. Situaciones que de repente podían irse de las manos, por lo que había que pensar rápido y demostrar que realmente poseía el ingenio de la profesionalidad. Sabía muy bien que para los demás podía resultar morboso, pero Niels se sentía «afortunado» por tener un trabajo en el que se le permitiera dedicar la mayor parte de su tiempo a los pacientes que se encontraban en una situación más comprometida, a los que llamaban «rojos» y «naranjas». Los días en que había muchos ingresos eran los mejores. En esos momentos, Niels tenía la sensación de que realmente él podía marcar la diferencia. Igual que cuando sonaban las alarmas de paro cardiaco. Si por él fuera, podían saltar cuantas fueran cuando estaba de servicio.

Cuando, en 2009, con cuarenta y un años, entró a trabajar en las urgencias del Hospital Nykøbing Falster, durante los primeros años a menudo fue el único médico fijo en la unidad. Enseguida se sintió cómodo en el largo pasillo. Nunca había sido uno de esos médicos que piensan que es estupendo sumergirse en libros especializados o enfrascarse en discusiones sobre, por ejemplo, enfermedades tropicales infecciosas. Tampoco lo pensaba durante los años en la Facultad de Medicina, sus estudios solo le apasionaron realmente cuando empezó a hacer las prácticas. Niels llegó a trabajar durante unos años como médico de medicina general antes de conseguir una sustitución en el hospital provincial y, por fin, un puesto en el Servicio de Urgencias, donde descubriría su auténtica vocación de médico de esta especialidad, porque en aquella planta el trabajo era muy práctico y no había tiempo para tanta cháchara. Y allí abajo sentía que de verdad triunfaba. Más que nada, porque aún no se había decidido que los médicos deberían formarse para convertirse en médicos de urgencias, es decir, aquella no era una especialidad en los primeros tiempos de Niels en la unidad. Por eso sentía que con su puesto a jornada completa muy rápido se había convertido en uno de los mejores en su especialidad; un campo al que los otros médicos solo se dedicaban por poco tiempo, hasta que eran reclamados y trasladados desde la planta baja hacia otras especialidades ubicadas en los pasillos del hospital.

Así, fue por casualidad por lo que el médico jefe se mudó a Nykøbing Falster. Ocurrió por sorteo. En ese momento le gustaba vivir en la capital, pues se había formado como médico en la Universidad de Copenhague. Pero el sistema de rotación, por el que los licenciados en medicina tarde o temprano tenían que prestar servicio obligatorio en un hospital, envió a Niels al pequeño hospital del sur.

Fue una mujer a la que conoció unos años después y con la que tuvo un hijo la que le hizo quedarse. La relación terminó, pero, después de que lo contrataran en el Servicio de Urgencias, conoció a Pernille. Al principio, fue un jaleo. Por un lado, Niels pensaba que era una enfermera recién contratada, pero luego resultó que era estudiante y que estaba todavía en prácticas. Por otro, estaba la diferencia de edad entre los dos, más de veinte años. En sus comienzos, mantuvieron su relación en secreto en el hospital. Pero su amor siguió adelante. Pernille estaba loca por el médico jefe, que podía tener canas, pero, para compensar, a veces resultaba infantil, decía ella riendo cuando tenía que defender su apuesta ante sus amigas. Así que, al final, Pernille y Niels optaron por pasar de lo que la gente pensara.

Hicieron oficial su relación y terminaron comprando una casa grande en la campiña de Lolland, a las afueras de Maribo. Era un lugar donde había mucho espacio para que los huéspedes se quedaran a dormir y varias habitaciones para que sus anteriores hijos pudieran compartir (Pernille también tenía un hijo con el hombre que en su día la hizo mudarse de Odense a Lolland) con el hijo que pronto tendrían juntos. Con una familia recién formada, Niels y Pernille dibujaban un futuro brillante y despreocupado. También en el hospital, donde Pernille había comenzado a trabajar en un puesto fijo al día siguiente de obtener su título de Enfermera.

*

Una de las primeras cosas que cautivó a Niels, cuando la enfermera Christina Aistrup Hansen comenzó en urgencias, fue su belleza, cabello largo teñido de negro azabache, siempre con rímel en las pestañas y sus formas redondeadas y generosas. Era agradable, parecía competente y aparentemente se integró con facilidad entre las demás enfermeras de la unidad.

Christina estaba muy comprometida con su trabajo, así que llegaba al hospital quince o veinte minutos antes de que comenzara su turno. Y cuando libraba, no era raro que llamara a sus compañeros para preguntar cómo había ido todo con el paciente de tal o cual habitación.

Estaba claro que a los pacientes a los que Christina prestaba más atención era a los «rojos», es decir, a aquellos que al principio del pasillo habían considerado de máxima prioridad. Christina quería estar cerca de esos pacientes. Quería estar a su lado si les pasaba algo, y le costaba bastante ocultarlo. Cuando se hacía demasiado obvio, a algunos de sus compañeros les parecía fuera de lugar, como cuando se acercaba al principio del corredor para preguntar en la otra sección si no tenían ese día ningún paciente grave. Pero Christina, por otro lado, era una enfermera a la que era bueno tener a mano cuando surgían emergencias y había que pensar rápido. Aunque las opiniones sobre la forma particular que Christina tenía de demostrarlo estuvieran divididas, en ese punto todos parecían estar de acuerdo: era una enfermera competente.

La jefa de enfermeras de la M130 había quedado tan satisfecha con Christina que había autorizado a la joven enfermera para que pudiera entrar cuando quisiera, aunque las urgencias no parecieran nada especiales, lo eran. Algo completamente diferente a las guardias de la M130, donde los pacientes podían permanecer acostados cuatro, cinco o seis semanas seguidas sin sufrir cambios importantes. En urgencias, el ritmo era el que Christina recordaba de Herlev. La idea de volver alguna vez a la M130 se alejaba cada vez más a medida que, día tras día, un paciente tras otro recorría el largo corredor hasta ser ingresado en las habitaciones.

Pernille entró a trabajar en el Servicio de Urgencias cuando Christina llevaba ya allí un poco más de año y medio. Pernille detectó desde el primer día lo que muchos ya habían notado en Christina: la enfermera era muy buena ocupándose de los recién llegados a la unidad.

¿Necesitas algo? ¿Me hago cargo de eso? Si no sabes dónde está te lo enseño en un momento… Christina, que pronto llevaría empleada en el hospital cinco años, era muy amable y servicial, incluso con Pernille.

Pernille había recibido su título cuatro meses antes y hasta entonces la enfermera, de veintisiete años, había trabajado en la M130, donde había escuchado a sus colegas hablar de Christina, pero nunca habían hablado hasta que ambas coincidieron en el cuadrante de turnos de las urgencias. Pernille inicialmente pensó que Christina era encantadora, pero también un poco especial. No era una de esas enfermeras que pasaban desapercibidas entre las blancas paredes del lugar, sino todo lo contrario. Con su cabello negro, la marcada línea de ojos y los suéteres a menudo ajustados debajo de la bata llamaba la atención, y los celadores volvían la cabeza cada vez que recorrían la unidad empujando alguna cama.

Entre las enfermeras, se recordaba a Christina principalmente por sus historias. Casi siempre tenía alguna tremenda anécdota sobre sus pacientes. Procesos clínicos que de repente se habían desarrollado de forma dramática, pero en los que ella había destacado o los cuales había logrado controlar con su cualificación profesional. Cuando en la Sala de Personal Christina contaba algo, solía hacerlo de forma pormenorizada y con una inflexión de voz propia de una locutora. Y lo normal era que después alguien comentara lo «desafortunada que era Christina». Y realmente lo era. A menudo surgían en sus guardias ajetreadas situaciones de vida o muerte. Pernille se convirtió en una compañera que lo vivió de cerca.

Las dos enfermeras solían compartir los turnos de noche. Se convirtieron en un dúo habitual por la noche, junto con algún ATS , que tenía la responsabilidad de Urgencias 3 cuando la unidad andaba escasa de personal.

Una guardia típica trascurría desde las siete de la tarde hasta las siete de la mañana. Cuando por la mañana se daba el relevo al nuevo turno de guardia, Pernille estaba a menudo en la Sala de Personal. Y empezaba a pensar que, aunque las historias de Christina versaban sobre lo humano y lo divino, siempre trataban de lo mismo: de Christina. No se trataba tanto del paciente grave, sino de cómo Christina había descubierto dónde estaba el problema y cómo había resuelto la situación.

Pernille tenía la sensación de que más de una de las otras enfermeras también pensaba que Christina dramatizaba tanto sus historias que no siempre cuadrarían con lo que realmente habían pasado los pacientes. Pero, cada vez que Pernille interpretaba una sonrisa en la comisura de los labios de una colega como una señal de que pensaba lo mismo, de repente la afectada podía exclamar: «Es que Christina es tan buena». Y de nuevo Pernille se quedaba sola con sus sospechas. Nunca le preguntó a Christina al respecto, pues, cuando veía a las otras enfermeras tragarse sus cuentos, pensaba que evidentemente nadie se los tragaba.

En las urgencias y en los hospitales en general, no es raro que entre el personal reine un cierto humor negro. Una jerigonza que resultaría inapropiada si alguien ajeno pasara por la Sala de Personal y escuchara a las enfermeras hablar de la muerte y de la enfermedad o de los enfermos de las habitaciones. Pero el personal del hospital defiende que esa jerga es el resultado de un mecanismo de supervivencia, puesto que un día sí y otro también todos ellos tienen que lidiar con la muerte, y que, por definición, allí se comparte con otros compañeros cuando alguien de su alrededor está enfermo. La jerga se construye como una forma de defensa contra las situaciones insoportables que los familiares de los pacientes experimentan en pequeñas dosis cuando visitan un hospital, pero a las que los trabajadores están expuestos en cada turno; al menos en un lugar como el Servicio de Urgencias.

En lo que respecta al humor negro, las dos enfermeras, Pernille y Christina, sabían muy bien que se tenían la una a la otra porque estaban en la misma onda y utilizaban la misma jerga. Era un toma y daca. Cuando Pernille recuerda todavía la forma en que se entendía con Christina, la palabra que le viene a la mente es: «¡Toma, toma ya!».

Esa expresión entre el asombro y la admiración. En eso las dos formaban un buen tándem, porque, cuando se ponían las batas blancas, no tenían ningún problema en decir burradas y bromear para que un turno de noche no se hiciera eterno.

Aunque las dos enfermeras se convirtieron en buenas compañeras, nunca llegaron a una relación muy estrecha. Intercambiaban mensajes, aunque por lo general eran sobre alguno de los pacientes de los que habían pasado por la unidad y de los que una de las enfermeras informaba a la otra cuando recibía noticias después del trabajo. Cuando ambas tenían guardia en Urgencias 3, a veces también iban juntas al trabajo, con frecuencia Pernille llevaba a Christina en su pequeño Peugeot 107 negro. Pero solo eso; por lo demás, nunca se veían en su tiempo libre. Había algo en Christina, algo que Pernille no conseguía explicar bien, pero que creó en ella una creciente reserva hacia su colega. Al inicio, era solo porque cada vez le resultaba más fácil descubrir las pequeñas mentirijillas de Christina, sobre todo a medida que ella misma ganaba más experiencia como enfermera. Empezó a molestarle que su compañera pareciera hacer cualquier cosa para llamar la atención. No obstante, todavía se sentía a gusto trabajando con Christina; hasta que Pernille empezó a sospechar. Fue cuando llevaba en la unidad poco más de nueve meses y, una vez que su intuición se materializó, fue tan terrible que Pernille no supo qué hacer.

*

La sospecha surgió un fin de semana a mediados de febrero de 2015.

Pernille tuvo que trabajar viernes, sábado y domingo. Esta vez en Urgencias 2. Christina también estaba de guardia, pero, por una vez, las dos enfermeras tenían turnos consecutivos: Pernille, de 7:00 a 19:00 h, y cada tarde entregaba los pacientes a Christina, que llegaba al turno de noche con una de las otras enfermeras.

Ese fin de semana, hubo varios pacientes en Urgencias 2 que dejaron de respirar de repente.

Una de ellas era una anciana que, completamente perdida y confusa, fue ingresada y trasladada a la habitación 21. La propia Pernille pudo ver en sus análisis de sangre lo mal que estaba. Los valores estaban completamente desajustados, pero, durante el turno, el personal logró estabilizar a la paciente, y, en los análisis de sangre que siguieron haciéndole a intervalos de solo media hora, pudieron ver que iba mejorando. Media hora antes de que Pernille se fuera a casa, le hicieron un último análisis, el cual arrojó que la paciente ya estaba oficialmente «restablecida», le explicó Pernille a Christina cuando la compañera llegó para tomar el relevo.

Doce horas después, cuando Pernille estaba de servicio nuevamente, la mujer había sido trasladada a la Unidad de Cuidados Intensivos.

Christina se dio cuenta de que la paciente había dejado de respirar de repente. Pernille no llegaba a comprender cómo podía haber ocurrido, pero lo vivió varias veces ese fin de semana: Pernille entregaba a un paciente pensando que estaba mejorando, pero, al cambiar el turno, resultaba que empeoraba de repente.

Hubo un paciente que llegó casi preso del pánico porque pensaba que el dolor en el pecho era una señal de que su corazón, como ya le había pasado anteriormente, había comenzado a fallar. Cuando lo engancharon a la máquina para controlarle el ritmo cardiaco, el personal de la unidad pudo tranquilizarlo asegurándole que todo iba bien. Hasta que cambió el turno. Entonces su corazón comenzó a comportarse de forma errática y fue trasladado a la Unidad de Cuidados Coronarios.

O el paciente hospitalizado porque la infección de una de sus piernas había avanzado de tal forma que lo había debilitado. La pierna estaba literalmente descompuesta, pero el hombre, de más de setenta años, se negaba a que se la amputaran, a pesar de que era la única opción de recuperación. Con toda probabilidad, su terquedad terminaría matándolo en algún momento. En algún momento; esto es lo que consideraba Pernille cuando se reunió con el paciente y sus familiares y les explicó que los líquidos le protegerían contra la deshidratación y que los antibióticos le harían algún efecto, pero que el tratamiento no podría curar la infección, lo que vaticinaba un final nada halagüeño.

En algún momento, pensaba Pernille. Hasta que se enteró de que el hombre había muerto en una habitación individual pocas horas después de que entrara el turno de noche.

Y también el paciente que ingresó con retención de orina, una dolencia que impide vaciar la vejiga. También él tuvo un paro cardiaco durante la noche, apenas una hora después de tratar al paciente con una infección en la pierna. Pernille no conseguía entenderlo. Sí, claro que la gente muere en un hospital, pero, por regla general, los análisis de sangre y la sofisticada maquinaria le dan al personal unos indicios de la proximidad del óbito, para que al menos no les resulte una sorpresa a las enfermeras y a los médicos. Y durante el fin de semana no se sorprendieron una sola vez; fueron cuatro. En el fin de semana, la enfermera Carina también volvió a casa completamente afectada por estos hechos.

Esa noche había estado trabajando con Christina y, cuando Pernille apareció por la mañana, Carina le contó que había estado hablando con la anciana de la habitación 21 poco antes de que la encontraran sin vida. La enfermera había entrado en el cuarto porque la paciente había tirado del cordón del pulsador que colgaba junto a la cama. La mujer sintió ganas de orinar, le había dicho a Carina. Pero la enfermera le explicó que tenía un catéter, le mostró el tubito que salía de debajo del edredón de la paciente y la tranquilizó insistiéndola en que no debía preocuparse. La señora se quedó satisfecha y se volvió a tumbar en la cama. Tan solo diez minutos después sonó la alarma de paro cardiaco. Carina y Pernille estaban en la Sala de Personal de pie junto a la máquina, preparando café para el siguiente turno, mirándose sin mediar palabra. Entonces Pernille le preguntó:

«¿Pero qué les hace?».

Carina no respondió. Tampoco le preguntó a Pernille a quién se refería. Pernille interpretó por la mirada inquieta de Carina que estaban pensando lo mismo.

*

Pernille se dio cuenta de que Christina quería que pareciera como si fuera un secreto compartido por las dos: resultaba gracioso que los pacientes siempre se pusiesen muy graves cuando les tocaba la guardia a ellas. Y así era; sucedía a menudo que las dos enfermeras acababan teniendo turnos en los que de repente los pacientes empeoraban. En los mensajes de texto que las dos colegas se intercambiaban en esos momentos, parece que resaltaban reiteradamente esa coincidencia, que denominaban «maldición».

«Hemos tenido un turno vacío y hemos llenado el CAR y la UCI . Creo que tenemos una maldición», escribió, por ejemplo, Christina a Pernille el 15 de febrero de 2015.

El mensaje se envió una hora después de que Christina se hiciera cargo de la unidad y de que Pernille, tras hablar con

Carina tomando café, se hubiera ido a casa. «Turno vacío» significa que ya no quedan pacientes en las habitaciones del Servicio de Urgencias donde trabajaban y del que eran responsables. «CAR » y «UCI », que según el mensaje de Christina estaban ahora «llenos», son las abreviaturas de jerga para referirse a la Unidad de Cardiología y a la Unidad de Cuidados Intensivos, respectivamente. En el mensaje de Christina, se adjuntaba un emoticono guiñando el ojo.

Pernille respondió: «¡Puf!, vaya demonios, pues sí que parece que tenemos una maldición».

Y poco después, le escribió un nuevo mensaje de texto a Christina:

«Cruza los dedos para que tengáis una noche tranquila, a pesar de las maldiciones y otros demonios. Me voy a la cama».

«Que duermas bien», respondió Christina, y añadió: «Nosotras nos ocupamos. Ya verás, mañana tendremos un turno vacío», seguido de un emoticono de diablillo.

Pernille ya no escribió más, pero a la mañana siguiente recibió un nuevo mensaje en su móvil. Había sido enviado a las 5:28 h, mientras Christina todavía estaba en urgencias, e hizo una foto de unas notitas azules sujetas a un tablón de anuncios blanco por varios imanes. Las enfermeras las llaman identificadores dactilares, que son unas etiquetas que se cuelgan con una pequeña cuerda alrededor del dedo gordo del pie derecho de los difuntos que deben ser trasladados a las cámaras frigoríficas. Si un paciente ha fallecido en el Servicio de Urgencias, el identificador dactilar se empareja con la notita correspondiente, que se coloca en el tablón de anuncios del que Christina había tomado una foto con su móvil. En la imagen había un total de cuatro notas.

«Este es el tablón después de nuestro fin de semana», le escribió Christina después de enviarle la imagen a su colega. El mensaje iba acompañado de un emoticono que representaba a un ángel.

Pernille se quedó sin palabras. Había empezado a pensar que todo aquello resultaba muy desagradable.

Capítulo 4

Katja era una de las compañeras con las que más a menudo se veía Pernille.

La había conocido en urgencias cuando Pernille aún era estudiante y Katja una recién licenciada a la que acababan de contratar. Desde entonces, para Katja se había convertido en una rutina aparcar en la entrada de la casa de Pernille, poner la correa a su labrador, que la acompañaba en el asiento trasero y, sin llamar, entrar en la casa para preguntarle a su amiga si le apetecía ir a dar un paseo.

Fue en uno de esos paseos cuando Pernille por primera vez puso palabras a sus sospechas.

Mientras salían por la puerta de casa, Pernille todavía tenía la mirada de Carina clavada en algún lugar de su estómago, bajo el abrigo. Los paros cardiacos del fin de semana, un par de días antes, aún estaban con vida, y Pernille había decidido que necesitaba contarle a su mejor amiga su alocada teoría.

Bajaron a los lagos de Maribo. Siempre paseaban por allí, normalmente estaban solas. En esa zona se sentían seguras, no había nadie más, aparte de los dos perros que daban los tirones al final de cada una de las correas cuando husmeaban entre los arbustos. Y fue allí donde Pernille se lo dijo:

«Creo que la autora es Christina».

Un poco antes la propia Katja había empezado a hablar de su colega. Le había comentado que resultaba poco verosímil que Christina pudiera contar tantas historias de guardias dramáticas. Katja, que casi nunca trabajaba al mismo tiempo que la enfermera de cabello oscuro, apenas había vivido ese tipo de situaciones en sus turnos.

Pernille había intentado primero lanzar el anzuelo con preguntas como «¿No te parece raro que sea siempre en las guardias de Christina donde haya pacientes tan graves?». Pero Katja no lo mordió. De hecho, mientras seguía el sendero, cambió el tema de conversación, y comentó lo cómico que resultaba ver a Christina corriendo para salvar a los pacientes. Aquella era una conversación que podía tener con muchos otros compañeros de la unidad y que a menudo terminaba con una sonrisa indulgente. Pero ahora Pernille estaba muy seria.

«Creo que Christina mata a los pacientes deliberadamente. ¡Joder!, creo que es ella quien lo hace».

Su amiga nunca lo había pensado: relacionar a Christina tan directamente con los paros cardiacos era una conexión que el cerebro de Katja nunca había establecido. Pero ahora estaba muy claro. Al principio se sobresaltó con lo que Pernille sugería, pero, al momento, se quedó sorprendida de que, a pesar de todo, no se hubiera asombrado más y no hubiera rechazado automáticamente lo que acababa de escuchar. Lo cierto es que aquel era un febrero invernal y traspasaba hasta la piel bajo las múltiples capas de ropa. En parte todo encajaba. Por mucho que fuese una locura, se oyó a sí misma afirmar:

«Cuadra».

Salieron al lugar de su ruta en el que el paisaje se volvía a abrir y permitía ver a lo lejos. Katja aún no estaba convencida; Pernille, tampoco. Prometieron mantener en secreto sus sospechas. Esto podría arruinar una vida si empezasen a correr rumores por el hospital. No querían ver expuesta ni a Christina ni a nadie. En eso ambas estaban de acuerdo.

Pero junto al lago acordaron que, a partir de entonces, vigilarían a su colega.

*

Katja acababa de irse. El frío del exterior apenas había desaparecido del pelaje del perro de granja danés-sueco de Pernille cuando se sentó frente a su novio en el sofá para hablar de nuevo sobre Christina.

En realidad, las amigas habían acordado no comentar con nadie sus sospechas hasta que fueran confirmadas y poder denunciar un crimen.

Pero Niels debería saberlo, pensó ahora Pernille. El médico podría ser su camino hacia las pruebas.

Al principio pensó que estaba bromeando. «Sí, sí, está bien», sonrió él, sin que la sonrisa llegara a completarse. Pero Pernille aguantó. Niels la dejó hablar. Escuchó. Y luego Niels Lundén estalló.

No se dice tal cosa de un colega. Eso te lo guardas para ti, casi gritó Niels, que ya no sonaba como un novio, sino más como un médico jefe que quería dejar algo claro a una de sus enfermeras. ¿Puedes entenderlo? ¿Puedes entenderlo? Tantas veces lo dijo Niels que, al final, Pernille, sentada en el sofá, sintió vergüenza.

Pero Pernille no se arredró. Le habló de los pacientes del fin de semana. Le habló de la anciana de la habitación 21, que iba mejorando, pero que tuvo que ser trasladada a la Unidad de Cuidados Intensivos cuando Pernille regresó doce horas después. Del hombre de la pierna descompuesta que de repente dejó de respirar. Y del paciente que había sido hospitalizado porque no podía orinar, pero que terminó expirando en la cama del hospital.

También Niels había estado trabajando ese fin de semana. Él mismo había estado examinando a la mujer de la habitación 21, y también la había considerado como estable, pero en la reunión de la mañana con los otros médicos fue del paciente de la habitación 20, del de la retención urinaria, de quien se habló.

El turno de guardia anterior había explicado que no estaban seguros de la causa real de la muerte. Niels había intervenido. La gente no muere por una retención urinaria. Al menos no en un hospital. Pero no había nada que apuntase a que se hubiera producido un error. Parecía que se había actuado correctamente. Se siguieron los procedimientos habituales y se realizaron los análisis de sangre.

Aun así, Niels estaba asombrado. Ante los demás médicos subió el tono de los argumentos porque le parecía absurda la situación: un paciente que ingresa por problemas de micción y que acaba engrosando las estadísticas de defunciones de la unidad. Pero luego miró a los médicos más jóvenes y menos experimentados, quienes estaban a cargo y en ese momento presentes en la reunión. Y luego a los dos médicos superiores más experimentados, quienes, siguiendo el protocolo establecido, habían sido llamados inmediatamente después y habían aportado su conocimiento. Y en lugar de seguir por ese camino, hubo un asentimiento general en el círculo después de que se formularan, consideraran y respondieran a las preguntas obvias. Pasaron al siguiente punto.

Sin embargo, el médico con el que Niels compartía despacho no se libró de la explosión que Niels había reprimido. Niels maldijo: «¿Qué demonios ha pasado con ese paciente? ¡No tiene sentido!». Pero luego comprobó él mismo la historia clínica del paciente. Y finalmente encontró algo que lo tranquilizó: se había registrado un efecto de algunas enzimas cardiacas en el cuerpo del paciente, una especie de momento de estrés en el miocardio. El hombre debía de sufrir ya este tipo de problemas, y fueron ellos los que, muy probablemente, terminaron por quitarle la vida. Una «arritmia cardiaca inesperada», pensó Niels. Todo el mundo puede sufrirla. Como si se apagara un interruptor en el interior; puede afectar a las personas, que de repente se desploman sobre el césped, en el suelo del salón o en el autobús sin que en los minutos anteriores hubiera ninguna señal de que algo andaba mal. Aquí el paciente lo sufrió mientras estaba acostado en una cama de hospital. Sorprendente, pero no imposible, razonó Niels. Tenía sentido.

Eso fue también lo que le explicó a Pernille. En el historial del paciente, Niels no encontró absolutamente nada que pareciera criminal. Y por la misma razón, el médico jefe no había ordenado una autopsia. «Arritmia cardiaca repentina», le repitió a su novia.

Niels prometió buscar en el sistema del hospital para ver si podía detectar algo sospechoso en los otros casos, porque las enfermeras no podían entrar y leer la historia médica de quien ya no estaba hospitalizado. Pero tampoco allí pudo Niels encontrar nada llamativo cuando investigó en los días posteriores, y tranquilizó a su novia. No había ningún indicio de crimen.

Finalmente convenció a Pernille de que tenía que dejar de pensar en ese fin de semana. A cambio, hicieron un trato: sin decírselo a nadie más, intentarían conseguir descubrir a Christina en una situación que no se pudiese justificar. Pernille trataría de vigilar de cerca a su colega la próxima vez que compartieran turno de noche y, hasta entonces, Niels y Pernille no decidirían si llamaban a la policía. Era lo mejor. También para la propia pareja: si denunciaban a una compañera por algo tan grave como matar pacientes a propósito y luego resultaba no ser cierto, aquello podría dañar su futuro en el hospital.

Junto con Niels, Pernille comprobó en su horario que en menos de una semana y media ella y Christina tendrían su próximo turno de noche conjunto. A Pernille se le hizo un nudo en el estómago. A pesar de ello, unos días después le envió un mensaje a Christina. Adjuntó una foto que había tomado del cuadrante de turnos de la Sala de Personal, donde se podía ver que los nombres de las dos enfermeras estaban anotados uno junto al otro con esmerada caligrafía. Le envió la foto la noche del 19 de febrero; quedaba poco más de una semana.

«Qué miedito», le escribió Pernille a Christina. Y en el mensaje agregó el emoticono del mono tapándose los ojos. Enviar un mensaje parecía cruzar algún límite, pero quería que Christina pensara que todo estaba igual que antes, que las dos seguían compartiendo su jerga especial y podían burlarse de la «maldición» que pendía sobre urgencias cuando las dos enfermeras tenían turno de noche.

Christina respondió poco más de media hora después. A la respuesta de la enfermera la acompañaban cinco emoticonos: cuatro caritas asustadas y una sonriente.

Y luego el mensaje:

«Va a ser una pasada».

Capítulo 5

Antes del turno de noche, Niels y Pernille habían hablado mucho sobre cómo ella debía comportarse. Pernille tenía que fijarse en lo que hacía Christina y dónde estaba si algún paciente empeoraba. Pernille debería prestar atención a dónde dejaba Christina posibles pruebas y tal vez revisar la Sala de Medicamentos y comprobar si algo en concreto desaparecía durante el turno. Y también tenía que mirar en los pequeños cubos de basura amarillos que estaban por toda la sección y en los que el personal arrojaba las ampollas y agujas usadas. Tal vez hubiera alguna prueba que diera indicios de un crimen.

Pernille esperaba sinceramente no encontrar nada. Que la guardia nocturna fuera la que le confirmara que, fijándose un poco, todo era fruto de su imaginación. En ese caso, le había prometido a Niels que trataría de echar por tierra todas sus sospechas.

A medida que se acercaba la guardia nocturna, Niels podía sentir que su novia se iba poniendo cada vez más nerviosa. Por su parte, él reaccionó de manera completamente diferente. Pasó de ser un escéptico sin reservas y el médico jefe que con toda seriedad reclamaba prudencia, a verse atrapado por la tensión. Tenía que admitir que lo que estaban haciendo era como si le hubieran dado un chute de adrenalina. ¡Y si aquello fuera cierto! Y si ellos dos fueran los únicos que hubieran descubierto a Christina. Niels ya había intentado imaginarse la atención que un caso así tendría en los medios.

En un primer momento todo se pospuso. El viernes, Christina informó de que estaba enferma, pero, como no se recibió la petición de baja para el día siguiente, quedó claro que sí sucedería. Concéntrate, pensó Pernille mientras con manos temblorosas asió el frío volante de su automóvil el sábado 28 de febrero y condujo hacia el hospital para su turno de noche, que comenzaba a las 19:00 h. Ninguno de sus compañeros debía notar que tramaba algo, de lo contrario, las oportunidades de descubrir a Christina, casi seguro, se esfumarían.

*

Por supuesto, también esa tarde Christina había llegado antes de tiempo. Cuando alrededor de las 18:50 h apareció Pernille enfundada en sus zuecos y uniforme saludando a todo el mundo, Christina ya estaba de pie en la Sala de Personal informándose sobre los pacientes de las diferentes habitaciones.

El enfermero Anders, que había estado trabajando hasta entonces, le explicaba que el turno de doce horas que acababa de terminar había sido tranquilo. Todo estaba en orden. Urgencias 3 no había tenido ningún paciente grave esa tarde.

El personal se repartió las habitaciones; siempre lo hacían así, en dos grupos (que llamaban «grupo bajo» y «grupo alto»), cada uno formado por la mitad de las dieciséis camas de la unidad. Con ese sistema, las enfermeras y auxiliares evitaban realizar el seguimiento de todos los pacientes de Urgencias 3 a la vez. Solo tenían que concentrarse en los ingresados en las habitaciones que se les habían asignado, así que básicamente no tenían nada que hacer dentro de un cuarto que no fuera de su propio grupo, a menos que surgiera una situación de emergencia o los colegas del otro grupo pidieran ayuda.

Christina y Pernille serían las dos líderes de grupo. Es decir, los ingresados en la unidad eran «sus pacientes», como solían decir, y los médicos se dirigían a ellas si había que tratar sobre el estado de alguno de ellos. Los líderes de grupo eran quienes tenían una visión global, estaban al día de los historiales y, por ejemplo, se aseguraban de que los pacientes recibieran la medicación que los facultativos habían prescrito.

A Christina se le asignaron las habitaciones de la 30 a la 34, el «grupo bajo». Eran las dos habitaciones individuales y las tres habitaciones dobles de las que Anders se había encargado hasta ese momento, por eso él conocía, entre otras cosas, a la paciente de setenta y dos años, Maggi Margrethe Rasmussen, que había sido ingresada en la habitación 34 por la mañana con un dolor agudo en la parte superior de los brazos que se extendía hacia los omóplatos.

Al principio parecía una embolia coronaria, pero resultó ser una fibrilación ventricular. Ahora estaba estable y conectada a un monitor de vigilancia para que las enfermeras pudieran controlar los valores de Maggi. Tenía respiración normal. La presión arterial estaba bien. Pernille y Christina se sentaron frente a sus respectivos ordenadores para leer los historiales médicos. Ese día no había mucha información con la que tuvieran que familiarizarse. Había poco más de un puñado de pacientes en la unidad. La enfermera responsable de los pacientes de las habitaciones de la 35 a la 38 durante el turno de día le habló a Pernille de Viggo Holm Petersen. Ese era el paciente al que la nueva líder del grupo debía vigilar con regularidad. Viggo, de sesenta y seis años, estaba gravemente enfermo. Tenía cáncer y Pernille fue informada de que, si sufría un paro cardiaco en algún momento, el personal no debía intentar reanimarlo ni trasladarlo a la Unidad de Cuidados Intensivos. La decisión la había tomado un médico y había quedado registrada en su historia clínica. Desde luego, las constantes de Viggo presentaban valores muy malos.

Tina, la novia de Viggo, estaba con él en la habitación junto con algunos de sus parientes. Pernille entró y se presentó. Como no había mucho trabajo, Pernille tuvo tiempo suficiente para responder a sus preguntas. Viggo se quejaba levemente mientras dormía. ¿Era normal? Sí, explicó Pernille, pero prometió que hablaría con un médico para que dejara registrado en el historial de Viggo que podría recibir una dosis de analgésicos y sedantes, morfina y Stesolid, si fuera necesario. Se puso en contacto con una de las doctoras extranjeras, que le dijo que se ocuparía de ello. Sin embargo, la doctora era una de las caras nuevas en el pasillo y no estaba segura de la cantidad de medicamento que debía recetar. Se olvidó de comprobarlo y finalmente nunca llegó a hacerlo. No se registró nada en los papeles de Viggo.

Las enfermeras realizaron sus rondas haciendo el trabajo de la unidad. Pernille estaba en la Sala de Medicamentos mezclando un nuevo lote de antibióticos que debía dejar en reposo junto a una solución salina.

Poco después, la bolsa colgaría junto a la cama de Viggo.

Christina recorría las habitaciones saludando y, mientras tanto, una tercera enfermera, Marlene, y una auxiliar iban haciendo la ronda. La unidad estaba tranquila; también Pernille. Hasta que Christina entró desde el pasillo con noticias sobre uno de sus pacientes. En ese momento, Pernille solo llevaba trabajando unos veinte minutos. Estaba en el despacho con Marlene cuando Christina entró y les dijo que Anna Lise Poulsen, de la habitación 31, había dejado de respirar. Christina no había comprobado el pulso de la paciente, pero le pareció que desde la puerta se podía observar, dijo. Christina miró a Marlene. Marlene llevaba trabajando desde las tres de la tarde. Había cuidado justamente a los pacientes de las habitaciones de las que Christina se había hecho responsable esa noche, y había estado con Anna Lise varias veces. Se quedó sorprendida con lo que Christina estaba contando en ese momento.

Anna Lise Poulsen era una mujer de ochenta y seis años a la que habían llevado en ambulancia por la tarde. La recogieron en su residencia de ancianos porque le faltaba el aire y fue ingresada como «paciente rojo», con los labios azules y el corazón latiendo rápidamente. Anna Lise estaba muy débil y era difícil entablar algún contacto con ella.

Tenía neumonía; posiblemente, también, una septicemia. Padecía demencia. Y, además, estaba moribunda. En su historial, el médico había escrito que el tratamiento adecuado para Anna Lise era «mucho cariño». Cuando un médico anota estas dos palabras en los papeles del paciente, no supone un llamamiento a que el personal de enfermería trate a esa persona con cariño, que es algo que se da por supuesto. Es mucho más serio. Si se prescribe «mucho cariño», significa en realidad que se trata de un paciente incurable y que, de acuerdo con el criterio del médico, el personal no puede ni debe hacer nada más para tratar de curar al paciente. A partir de ese momento, el personal se centra únicamente en asegurarse de que el paciente no tenga dolor en sus últimos momentos. En eso consiste el cariño. Y las enfermeras se ocupan de que así sea.

A la vez que «mucho cariño», el médico suele prescribir también analgésicos o tranquilizantes que las enfermeras pueden administrar si lo consideran necesario. Se le llama prescripción PN , del latín *pro necessitate*, según sea necesario. Con una prescripción PN , el médico autoriza a que las enfermeras evalúen si el medicamento debe administrarse o no. Sin embargo, si se da el caso, siempre debe quedar registrado en el historial del paciente, pues, de lo contrario, existiría riesgo de doble medicación.

En la historia médica de Anna Lise, el médico había determinado que el cariño consistiría en interrumpir el tratamiento con antibióticos y en que se le retirara el tubo de oxígeno. Si Anna Lise dejase de respirar en un momento dado, el personal no debía activar la alarma ni tratar de reanimarla. Ese era también el deseo de la familia. Incluida su hija, con quien el médico había hablado por teléfono.

«Ella y el hijo de la paciente tienen la convicción de que la paciente no desea someterse a un proceso de tratamiento, donde la única perspectiva es volver a su estado anterior a la hospitalización actual», anotó en el historial de Anna Lise tras la conversación con la familia. Posteriormente, el médico añadió una prescripción PN de un máximo de 2,5 mg de morfina y 2,5 mg de Stesolid, si las enfermeras consideraban que era necesario un «tratamiento para el dolor o para la ansiedad». La paciente había recibido ya 2,5 mg de Stesolid, que fueron administrados a las 14:15 h por goteo intravenoso en su brazo izquierdo. A Anna Lise se le recetó el medicamento aproximadamente tres cuartos de hora después de su hospitalización porque, hasta ese momento, había estado inquieta y se había mostrado violenta. Se quejaba a gritos cuando el personal la tocaba porque tenía la piel hipersensible. Pero el Stesolid la hizo relajarse. Desde entonces había permanecido inmóvil en su cama.

Aun a pesar de que se esperaba que Anna Lise muriera pronto, a Marlene le sorprendió que Christina hubiera encontrado a la mujer de la habitación 31 sin vida.

Unas dos horas antes de que llegara el nuevo turno, Marlene había estado en la habitación de Anna Lise y le había preguntado si tenía hambre. La paciente estaba despierta y, aunque ya no le quedaban muchas palabras, había respondido que sí. Cuando la enfermera le dio la comida, se sorprendió de la cantidad de puré de patatas con salsa que Anna Lise había devorado. Anna Lise bebió abundantemente; también tomó un tazón de leche sopada, y de postre, dos bolas de helado de vainilla. «Una buena porción», había anotado la enfermera en el historial médico a las 17:30 h, después de que Anna Lise se recostara en la cama nuevamente y cerrara los ojos. Al poco, los médicos comentaron el estado de la paciente en una reunión. Estaba en la agenda porque el anterior jefe del grupo, Anders, había visto a Anna Lise incorporada en la cama. Pensaba que estaba recuperada y parecía más animada, y luego Marlene explicó que la paciente también había comido mucho. Uno de los médicos tenía dudas, por lo que, tras la reunión, él y un colega regresaron a la habitación de Anna Lise para reevaluar la situación. Sin embargo, eso no cambió el hecho de que el tratamiento siguiese siendo «mucho cariño». Pero Marlene la mantuvo bajo observación y vio que Anna Lise no se iba. Aproximadamente cada veinte minutos, cuando la enfermera pasaba por el pasillo, miraba a la paciente, y todas las veces percibió lo mismo: el edredón o el camisón que los dedos de la mano derecha de Anna Lise acariciaban. Así pues, todavía le quedaban fuerzas, pensaba Marlene. También la última vez que la enfermera echó un vistazo a la mujer de la habitación 31, en torno a la hora en que aparecieron Pernille y Christina. Los dedos de Anna Lise todavía se movían.

Marlene y Christina fueron a la habitación en la que estaba sola Anna Lise. A Marlene le asombró que Christina hubiera podido ver desde el pasillo que la paciente no respiraba. Y le asombró aún más por qué la enfermera no había entrado para verificarlo. Las dos colegas se colocaron a ambos lados de la cama. Era difícil encontrar un lugar en el cuerpo de Anna Lise donde se pudiera sentir el pulso. Colocaron un oxímetro en el dedo de la paciente, medidor de saturación que permite comprobar la frecuencia cardiaca y la cantidad de oxígeno que circula en la sangre. Este dispositivo indicaba que Anna Lise no estaba muerta. Respiraba muy débilmente. Pero la saturación de oxígeno era muy baja, según pudo observar Marlene. «Y qué pálida se ha puesto», pensó Marlene. Anna Lise estaba mucho más pálida que unas horas antes cuando le dio de comer.

Ya era imposible hablar con la paciente y Christina sugirió ponerle a Anna Lise su propia ropa, para que tuviera buen aspecto cuando vinieran los familiares. No tardarían en llegar. Un médico los había llamado hacía bastante tiempo para que pudieran despedirse.

*

Para su hija, era difícil entender lo que le estaban diciendo por teléfono. El médico del Hospital Nykøbing Falster hablaba un pésimo danés y Mona Jørgensen tuvo que pedirle varias veces que repitiera lo que estaba tratando de explicarle sobre su madre. Finalmente, ella le pidió que buscara a otro facultativo que pudiera explicarse mejor. El siguiente con el que habló por teléfono también era extranjero. La comprensión seguía siendo complicada, pero Mona pudo entender lo más importante: si quería despedirse de su madre, lo mejor era que se dirigiera hacia Nykøbing Falster de inmediato.

La familia había estado de acuerdo en que a Anna Lise no le quedaba mucho tiempo. El día anterior, Mona había visitado a su madre en la residencia de Rødby y Anna Lise se quedó acostada boca arriba, respirando con dificultad, cuando fueron a felicitarla por su octogésimo cumpleaños. Durante la hora en que Mona y su prima habían estado junto a la cama tomando café, no habían podido establecer comunicación con ella, por eso Mona también se sorprendió al llegar al hospital provincial el sábado cuando lo primero que hizo una enfermera fue decirle que su madre había comido muy bien aquel día.

Mona cogió a su hija y partió de Copenhague poco después de que el médico colgara. Llegaron a urgencias alrededor de las

19:20 h. En ese momento, Anna Lise estaba en la cama, y a Mona le pareció un cuerpo en las mismas condiciones en las que había estado el día anterior en la residencia de ancianos: completamente ida, con los brazos a ambos lados del cuerpo y una mandíbula encajada que ni siquiera le permitía mantener la boca cerrada. Anna Lise parecía estar al límite. Después de una charla con los médicos, cerraron la puerta de la habitación. Mona y su hija se quedaron sentadas junto a la cama, fueron al rinconcito donde los familiares podían servirse un café. Unos minutos después, regresaron a la habitación con dos tazas calientes. Se sentaron y hablaron entre el silencio de los aparatos apagados ya desconectados del cuerpo que yacía entre ellas. Y no pasó mucho tiempo antes de que lo notaran: la respiración de Anna Lise dio un cambio, disminuyó y se hizo más lenta. Cada vez se acortaba más el tiempo entre cada inspiración hasta que empezaron los primeros estertores de la muerte; hasta que, finalmente, la respiración cesó por completo. Le dieron el último adiós. Entreabrieron una ventana y se quedaron sentadas un rato sin decir nada. Entonces la hija de Mona salió y buscó a una enfermera, a quien le dijo que su abuela había fallecido. Pronto llegó una doctora.

A las 20:37 h, Anna Lise Poulsen fue declarada muerta en la habitación 31. Era el segundo paciente que la facultativa declaraba muerto en Urgencias 3 aquella noche. Unos minutos antes, había estado en otra habitación al final del mismo pasillo donde un hombre mayor también acababa de expirar.

*

Viggo se sintió mal de repente después de que su familia se fuera alrededor de las 20:00 h.

Poco antes, Tina, la pareja de Viggo, había pasado por el despacho donde Christina y Pernille estaban frente a sus ordenadores registrando los medicamentos y anotando la información pertinente en los historiales médicos de los pacientes. Desde la puerta, Tina le preguntó a Pernille si la familia podía irse a casa a dormir y regresar al día siguiente. A la enfermera no le pareció que hubiera problema alguno. Tina y la hijastra de Viggo llevaban muchas horas en el hospital, y Pernille prometió llamarlas si el estado de salud de Viggo cambiaba. En aquellos momentos no había ningún indicio de que el hombre de sesenta y seis años pudiera morir en breve.

Por la tarde habían recogido a Viggo en su casa de ladrillo rojo de Lolland. En los últimos días, apenas se había levantado del sofá. Por lo demás, Tina había observado que iba mejorando desde que regresara a casa del Hospital de Næstved, donde Viggo estaba siendo tratado de un cáncer de vejiga. Anteriormente había padecido un cáncer de boca que los médicos habían logrado curar, y la familia esperaba que la historia del nuevo tumor de Viggo terminara de la misma manera. Pero en los últimos cinco días, de repente, la evolución había empeorado, y Tina se había dado cuenta de que Viggo había comenzado también a tener líquido en los pulmones, lo que le hacía jadear cuando hablaba. Probablemente se debía a una neumonía, pensaron los médicos del Hospital Nykøbing Falster cuando lo ingresaron, y, por lo tanto, habría que ponerle antibióticos. También oxígeno y toda la ayuda que se le pudiera dar. Pero, como también anotó el médico en su historial: Viggo «no era candidato para reanimación» en caso de que tuviese un paro cardiaco. El paciente de sesenta y seis años estaba demasiado débil para eso.

A Tina le habían dicho que el estado de Viggo era crítico, pero, después de unas cuatro horas en el hospital, le pareció que estaba mejorando. Estaban disminuyendo las altas tasas de infección de las que aquella tarde había oído hablar a los paramédicos desde el asiento delantero de la ambulancia. Y en eso pensaba Tina mientras se dirigía a paso ligero hacia la estación de tren de Nykøbing Falster con su hija, después de despedirse de la enfermera Pernille. En el camino, Tina llamó a una amiga y le dijo que todo iría bien. Viggo se estaba recuperando. Pero, cuando casi habían llegado a la estación (ya podían verla en la curva después del McDonald's), Tina recibió una llamada. En su móvil aparecía un número desconocido. Era el del hospital. Se dieron la vuelta. Caminaban tan rápido que casi corrían e iban regresando por los mismos senderos que acababan de recorrer. Christina había abandonado el despacho poco después de que la familia de Viggo se fuera. Pernille permaneció sentada observando los monitores. La mitad de la pared estaba llena de pantallas que mostraban los datos de los equipos conectados a algunos de los pacientes en las habitaciones. Había monitorización cardiaca. Los oxímetros de pinza estaban colocados en los dedos de la mano, que también enviaban sus indicadores. Un tensiómetro de brazalete para medir la presión arterial que podría configurarse para inflarse a intervalos regulares y enviar una señal a la unidad y a la Sala de Medicamentos, donde también había monitores.

En la sala de Viggo, las enfermeras habían conectado los equipos de vigilancia y ahora pitaba la pantalla que enviaba información desde allí. Uno de los valores del paciente había sobrepasado el umbral de alarma. Era la saturación de oxígeno en sangre, es decir, lo bien que Viggo lograba inhalar aire a los pulmones y oxigenar su sangre. Debido a su neumonía, el límite de alarma se estableció un poco más bajo de lo habitual, pero ahora la tasa había caído por debajo de ochenta. La pantalla emitió un pitido. Pernille volvió la cabeza y lo comprobó. La saturación de oxígeno de Viggo seguía disminuyendo.

Cuando sonaba la alarma, a veces era porque el oxímetro se había desprendido del dedo. Pernille fue a la habitación 35 y comprobó el equipo. Volvió a colocar el clip en el dedo y miró la pantalla junto a la cama de Viggo, pero no hubo cambio alguno. No hubo reacción. No había nada que la enfermera pudiera o debiera hacer ahora. El paciente respiraba en largos intervalos: una pausa larga, luego una respiración espontánea; una pausa larga, una respiración… Pernille miró a su alrededor. ¿Podía detectar algo sospechoso en la habitación? En principio, no.

Vio que la bolsa de antibióticos que el turno de ese día había colgado en el gotero del paciente estaba vacía porque los medicamentos se habían acabado. Pernille la reemplazaría por la bolsa que acababan de preparar y que ya debería estar lista en la Sala de Medicamentos.

Después comprobó el tubo flexible que iba hasta el dorso de la mano de Viggo.

Prácticamente a todos los pacientes ingresados en el Servicio de Urgencias se les coloca un Venflon, también conocido como catéter intravenoso, que se sitúa en el dorso de la mano o en el antebrazo.

Estos catéteres son el acceso directo del personal al torrente sanguíneo. En la parte delantera tiene una aguja fina que se introduce en la vena y se sujeta a la piel con un apósito. Detrás, un tubo de plástico flexible que lleva a la bolsa del gotero, que se cuelga de un portasuero para que esté por encima de la cama, y en la que el personal puede administrar medicamentos y líquidos. Este sistema funciona con una llave lateral, que tiene una pequeña cámara en la que se puede inyectar el medicamento directamente tantas veces como sea necesario, en vez de estar pinchando al paciente con una aguja en repetidas ocasiones, y, aproximadamente a dos tercios de la longitud del tubo, un regulador de flujo con los que el personal puede ajustar con mucha precisión el ritmo de perfusión de la solución medicamentosa. La llave lateral funciona como grifo que regula las tres vías. Las enfermeras tienen que girarla para abrir antes de inyectar el medicamento y, cuando vuelven a cerrar, recolocan el tapón de la llave y se aseguran de que quede lo suficientemente ajustado como para que los gérmenes no tengan acceso a la sangre.

Pernille vio que el tapón de la llave lateral de Viggo no estaba ajustado e hizo una inspección exhaustiva. En la cámara de goteo en la que las enfermeras inyectan la medicina, había restos de un líquido turbio que debió de haber sido inyectado. Tenía un color blanco lechoso. ¿Qué sustancia era de este color? Pernille intentó revisar en su cabeza qué tipo de medicamento había en los estantes de la Sala de Medicamentos. Solo se le ocurrió un tipo que fuera blanco, denso, pegajoso y bastante potente: Stesolid. ¿Habría Stesolid en la sangre de Viggo? A Pernille se le heló la sangre. ¿Qué se suponía que debía hacer? ¿Estaba ocurriendo lo que ella temía? No era capaz de encontrar una buena explicación a por qué Viggo podría haber recibido Stesolid en esos momentos. Ese potente medicamento generalmente se administra a pacientes que tienen ansiedad, inquietud o convulsiones repentinas; no a personas que yacen completamente tranquilas en sus camas y tan solo duermen y despiertan. Por primera vez, Pernille se enfrentó a algo que podría parecer una prueba de sus sospechas. Pero ¿era concluyente? Pernille trató de recapacitar: eran dos en la unidad las que tenían que ocuparse de Viggo. La propia Pernille, que era la líder del grupo y, por tanto, tenía la responsabilidad. Y su compañera, auxiliar, que también atendía a los pacientes de las habitaciones 35 a 38. Pero la auxiliar ese último rato había estado con un paciente en la habitación 38 que se había orinado muchísimo en la cama, era muy pesado, había tenido un coágulo en el cerebro y, por lo tanto, era casi imposible moverlo.

Tuvo que haber sido Christina quien entrase e inyectase la sustancia blanca en el gotero de Viggo. Pernille estaba segura de ello. Se inclinó sobre la cama e hizo una foto de la llave lateral con su iPhone. Eran las 20:19 h, según pudo ver mientras encuadraba la imagen de Viggo con su cámara. Fue en este punto cuando Pernille se sintió convencida de haber encontrado la primera prueba de que Christina había matado a pacientes.

Pernille quitó el conjunto del catéter de la mano de Viggo y el portasuero del que colgaba el gotero sobre la cama. Salió de la habitación 35 y cruzó el pasillo tratando de caminar con tranquilidad hacia la Sala de Enjuague mientras cargaba con el gotero como si llevara algo extremadamente frágil.

Intentó comportarse como quien tan solo hace su trabajo, trayendo y llevando goteros para cambiarlos.

En la Sala de Enjuague se guardaban palanganas e instrumentales varios. También había contenedores destinados a residuos con restos de medicamentos. Pernille guardó en unos contenedores de plástico altos y amarillos el gotero de Viggo con el tubo y lo que parecía un resto de Stesolid. No tenía duda alguna de que sería un lugar seguro hasta que se hiciera de día. Quedaban más de diez horas de guardia.

Viggo aún no había muerto. Pernille sabía que había un antídoto para la medicina que, estaba convencida, ocultaba en sus vasos sanguíneos. Pero no lo cogió. No podía situar a Christina en la habitación 35 en el momento de los hechos. Quizá hubiera ahora una prueba en la Sala de Enjuague, pero ¿una prueba de qué realmente? Con toda probabilidad nada que involucrase a Christina. Pernille tenía que mantener la cabeza fría. Decidió continuar como si nada hubiera ocurrido. Se dirigió a la Sala de Medicamentos y recogió el antibiótico nuevo. Parecía inútil colgar la bolsa mientras Viggo yacía en su cama y, casi seguro, moriría pronto, pero sintió que tenía que hacer algo. Y luego Pernille volvió a la oficina. No tratar de salvar a Viggo aquella noche ha atormentado a Pernille toda su vida.

Christina llegó poco después por el pasillo. Le hizo señas a Pernille para que fuera a la habitación de Viggo, y las dos enfermeras entraron y le hicieron una revisión. Prácticamente ninguna de las medicinas que Pernille había colgado en la bolsa sobre su cama había llegado a bajar por el tubo. Viggo ya no respiraba.
Como Viggo era paciente de Pernille, fue ella quien comprobó el pulso. Estaba en paro cardiaco. Le levantó los párpados y dirigió un pequeño haz de luz hacia las pupilas. No respondieron. Y mientras tanto,

Christina estaba a su lado mirándola. Pernille lo pasó muy mal, pero era como si un mecanismo de supervivencia se hubiera instalado en su cuerpo. Se puso en modo piloto automático para que Pernille no pareciera otra cosa que una enfermera que realizaba su trabajo con toda normalidad.

Las enfermeras abrieron la ventana. Siempre lo hacían cuando moría un paciente… para que el alma pudiera salir de la habitación, decían. Y un silencio solemne reinaba en la habitación 35. Pernille y Christina prepararon al paciente. Apagaron las máquinas que veinte minutos antes habían hecho saltar la alarma, retiraron los tubos y el Venflon de su cuerpo. Le pusieron otra camisa a Viggo. Doblaron una sábana adicional de una manera especial para cubrir con facilidad la cara del paciente cuando llegara el momento del traslado. Finalmente, encendieron una vela eléctrica y colocaron el Libro de Salmos (que normalmente no estaba visible en la unidad) sobre la mesita de noche. Pernille y Christina se ayudaron mutuamente como lo habían hecho tantas veces antes. Pernille no notó nada en su colega. Christina parecía como siempre: firme. De hecho, de buen humor, pensó Pernille. Y a Christina le ocurrió lo mismo. Más tarde diría que en aquella situación no notó nada diferente en Pernille.

Fue Pernille quien llamó a Tina. Cuando ella y su hija regresaron al hospital, Viggo Holm Petersen había fallecido. Estaban sorprendidísimas. A las cinco o seis estaba despierto. Tina, la hija y el yerno habían estado sentados al lado de Viggo. Habían subido al hijo del yerno y Viggo le había pellizcado el estómago con los dedos y le había hecho cosquillas. Ambos se habían reído. Viggo siempre estaba en la gloria cuando había niños. Y

Tina había notado que ese brillo travieso que en los últimos días había estado apagado comenzaba a reaparecer en sus ojos. Se había despedido de Viggo con un beso y le había dicho: «Hasta pronto», porque las enfermeras le habían dicho que no había ningún indicio para pensar que no fuera a ser así.

Pernille oyó a la hija llorar al ver a su padrastro a través de la puerta de la habitación 35, donde las dos enfermeras lo habían preparado.

La médica declaró muerto a Viggo a las 20:30 h. Luego cruzó al otro lado del pasillo, a la habitación de estar de Anna Lise y repitió el procedimiento. Cuando, más tarde, Pernille oyó decir a Christina que la señora mayor de la habitación 31 aparentemente ya no respiraba, le envió un mensaje a Niels.

«Ya tiene su primera *mortem…*», decía.

A las 21:00 h, sonó un nuevo mensaje en el móvil del médico jefe.

«Segunda. Y ya no tengo ninguna duda».

*

Pernille se encerró en la Sala de Medicamentos y llamó a Niels. Cuando la puerta eléctrica volvió a su lugar y se encontró entre ampollas y paquetes de medicamentos de diferentes colores, se había esfumado toda su profesionalidad. En cuanto oyó que había contactado con su novio, que estaba en casa, se vino abajo. Y mientras caminaba de un lado a otro del pequeño cuarto, Pernille lo repitió una y otra vez.

«Maldita sea, es ella. Sé que es ella quien lo hace, con Stesolid. Usa Stesolid, Niels. ¡Maldita sea!».

El novio trató de tranquilizar a Pernille. Y desde casa decidió tomar el control de la situación, porque Pernille estaba completamente fuera de sí.

Niels trazó un plan: Pernille tenía que intentar pasar la guardia sin que Christina se diera cuenta de que la habían descubierto. Y debería intentar encontrar más pruebas, dijo. Como había hecho con el gotero y la foto que ahora tenía en el teléfono que se apretaba contra la oreja. Niels llegaría al hospital a primera hora de la mañana siguiente, se encontraría con Pernille en el despacho de él y harían balance. Pasase lo que pasase, Pernille tenía que aguantar la guardia; era importante que tuvieran tiempo de repasar todo juntos y que estuvieran completamente seguros antes de llamar a las autoridades, señaló Niels.

Pernille sintió que aquello la ayudaba. En la pequeña habitación, le parecía no estar sola. Y lo que era más importante: notaba que en la voz de Niels algo había cambiado. Por primera vez, Pernille sentía que realmente creía en ella.

Su conversación fue interrumpida cuando la puerta corrediza se abrió porque una enfermera había pasado su llave electrónica al otro lado. Era Christina. Era imposible que no hubiese notado que Pernille estaba turbada, pero se le ocurrió decir algo sobre su perro, que estaba fastidiado, y con un «bueno, será mejor que vuelva al trabajo», terminó la conversación con Niels.

Aparentemente, Christina se había tragado su excusa, pensó Pernille mientras caminaba por el pasillo parpadeando. El plan podía continuar. No pasó mucho tiempo antes de que sonara la alarma de paro cardiaco. Venía de la habitación 30, una de las asignadas a Christina.

Capítulo 6

El paciente Svend Aage Petersen había sido trasladado a la habitación 30 hacía unos minutos.

Padecía EPOC y ya había estado ingresado en la unidad, pero hoy parecía ansioso cuando los paramédicos lo llevaban en la camilla poco antes de las 23 h. Svend Aage, de ochenta y seis años, había intentado explicarles que no quería que lo ingresaran, pero afortunadamente no le hicieron caso. Svend Aage apenas había sido trasladado a su cama cuando comenzó a tener problemas para respirar.

Fue Marlene quien lo vio en la habitación. Pudo reconocer su rostro, que ahora estaba completamente gris bajo la máscara de oxígeno que le habían puesto en la ambulancia. Marlene pensó que Svend Aage tenía que ser examinado por un médico de inmediato, a pesar de que el compañero al principio del corredor lo había categorizado como «paciente amarillo». Así que Marlene buscó un médico, y a Svend Aage se le receta de inmediato un medicamento que, con suerte, podría mejorar su estado.

Christina entró en la habitación y preguntó si podía echar una mano.

Ayudó a Svend Aage a quitarse algunas de las capas de ropa que se había puesto cuando salió con su andador. Luego, Marlene se dirigió a la Sala de Medicamentos para recoger lo que le había recetado el médico, mientras Christina permaneció en la habitación. Antes de que Marlene se fuera, Christina comentó que probablemente no pasaría mucho tiempo antes de que tuvieran que tirar de la alarma de paro cardiaco. Tenía razón, pensó Marlene, porque esa también era su opinión. Al rato, sonó la alarma.

Cuando el personal del Servicio de Urgencias entra en el hospital, se conecta inmediatamente a un busca que funciona con batería. Se lo enganchan al uniforme, por lo general en el borde del bolsillo del pantalón; este pequeño dispositivo de plástico gris con una pantallita se llama «busca» o «aullador». Todos deben llevar uno.

Esos pequeños dispositivos son los que avisan a las enfermeras con dos toques cuando un paciente requiere ayuda y ha tirado del cordón del pulsador que cuelga junto a la cama. Pero, cuando el aullador es imprescindible, es cuando se produce un paro cardiaco.

Si en algún lugar de urgencias se descubre a una persona que no respira, la enfermera debe presionar el botón rojo de la pared. En ese momento la enfermera sabe que, a partir de entonces, no pasarán muchos segundos antes de que los compañeros irrumpan en la habitación. La pulsación hace que todos los profesionales del hospital miren sus bolsillos e inmediatamente se dirijan hacia el número de habitación que aparece en su pantalla, porque hay una alarma de paro cardiaco. Sus aulladores gritarán histéricamente.

La alarma de paro cardiaco no activa una sirena estridente en la unidad, de este modo otros pacientes y visitantes no se darán cuenta de que ha surgido una situación de emergencia hasta que el suelo de linóleo de repente resuene bajo los múltiples pares de zapatos de los trabajadores que llegan a la carrera. Primero llegan a la habitación los compañeros más cercanos de la unidad, luego aparece un equipo de paro cardiaco, que permanentemente está preparado dando vueltas por todos los rincones del hospital. Está formado por médicos y enfermeras anestesistas, y por dos celadores que pueden empujar las camas y ayudar también a la hora de hacer una reanimación cardiaca. El equipo lleva un desfibrilador, un aparato que mediante unos electrodos proporciona descargas en el pecho y puede hacer que el corazón que está debajo vuelva a ponerse en marcha. Llevan con ellos medicación, una máscara que puede insuflar oxígeno en los pulmones y otro dispositivo que pueden sujetar al pecho del paciente y que se encarga del masaje cardiaco cuando los brazos ya están agotados.

Todo está ensayado y orquestado, y se intenta que nada quede al azar. Aun así, algunos de los que ya han «corrido a muchas alarmas» pueden explicar que uno nunca llega a acostumbrarse del todo. Incluso después de volar con el sonido de cientos de alarmas de paro cardiaco, todavía resulta incómodo y caótico, porque cada segundo es de vital importancia para el único de la habitación que está tumbado. Se dice que incluso los más experimentados pueden quedar traumatizados tras una situación así. Pero también hay quienes parecen disfrutar en ellas.

Retumbó el ruido de la alarma y el equipo de paro cardiaco llegó corriendo. Vinieron dos enfermeras de la Unidad de Anestesiología y, cuando llegaron a la habitación, ya había un grupo de médicos, celadores y varias personas del Servicio de Urgencias alrededor de Svend Aage, a quien Christina, a la cabecera de la cama, estaba aplicando oxígeno a través de una máscara. Christina resumió de qué paciente se trataba. Alto, claro y con la espalda recta y el pecho sacado, se inició el masaje cardiaco: presión, presión, presión, presión, presión, respiración… y así continuaron, pero Svend Aage no recuperaba el aliento. Probaron a colocarle el cardiocompresor mecánico, pero nada cambió. Finalmente, una enfermera aseveró: «Ya no tiene sentido». Y un médico decidió que suspendieran los intentos. El paciente estaba muerto.

Dos enfermeras de anestesiología se quedaron en el pasillo hablando con Christina mientras los colegas salían de la habitación 30. Ella les contó que ya eran varios los muertos en la unidad en las pocas horas que llevaba trabajando. Y eran solo las 23:30 h aproximadamente. «Una guardia dura», lamentó Christina. Ellas asintieron y Christina les preguntó si pensaban que de verdad lo había hecho bien. Es decir, en la habitación de Svend Aage. Sí, respondieron ellas. «Vamos, mujer, eres buena», la consolaron. Y así lo creían. No tenían ninguna razón para decir lo contrario: Christina había mantenido el control de la situación, había sido rápida y había ayudado al tiempo que dos de sus colegas de enfermería de la unidad se habían limitado a observar. Y Christina había podido hacer un breve, pero más que suficiente, resumen de cómo había latido el corazón del paciente a diferentes ritmos antes de que finalmente se rindiera. Fue impresionante.

Las dos enfermeras de la Unidad de Anestesiología, ambas de casi sesenta años y con experiencia, siempre habían considerado a Christina competente. Siempre lo comentaban cuando volvían a su unidad. Una de las dos, que llevaba más de veinte años en la Unidad de Anestesiología del Hospital Nykøbing Falster, le dijo a su compañera que había estado con muchos pacientes graves junto con Christina; tanto en urgencias como en la M130, donde anteriormente había trabajado la joven enfermera. Christina siempre parecía tener el control de la situación.

Ninguna de las dos enfermeras de anestesiología había notado nada especial o misterioso en el comportamiento de la enfermera esa noche, pero una de ellas había observado algo en la habitación de Svend Aage: se trataba de una de las otras enfermeras del Servicio de Urgencias.

La que estaba al pie de la cama y tenía que tomar nota de los medicamentos que se le estaban administrando mientras trataba de reanimar al paciente. Era la misma enfermera que introducía el medicamento en una jeringuilla y lo preparaba por si los compañeros lo necesitaban, y en la confusión había perdido un pivote que le dio en el pie y le dejó un puntito de la aguja en el dedo. Parecía que toda la situación la aterraba. No podía ocultar sus «ojos asustados», pensó la compañera. El nombre de la enfermera era Pernille.

*

Pernille no dejó de observar que Christina estaba hablando con las dos enfermeras de la Unidad de Anestesiología. No podía oír lo que comentaban, pero podía ver a Christina gesticulando mientras explicaba. Parecía estar metida en un intenso relato. Probablemente narraba la situación de la que acababan de ver el final, pensaba Pernille mientras caminaba hacia la oficina con la bandeja de parada cardiorrespiratoria.

Una bandeja de parada cardiorrespiratoria, o una bandeja de urgencias, como algunos la llaman, contiene una caja de cartón con los fármacos que el personal puede necesitar cuando intenta reanimar a un paciente. Siempre había dos cajas con estas sustancias salvavidas en la Sala de Medicamentos; precintadas, preparadas y listas para abrir y acceder a las ampollas protegidas por gomaespuma. Todos conocían el procedimiento: si sonaba una alarma de parada cardiorrespiratoria, una enfermera debería recoger inmediatamente una de las bandejas de urgencias y hacerla llegar a la habitación para que las medicinas, como la adrenalina, el cloruro de calcio y el Cordarone, estuvieran inmediatamente al alcance. La adrenalina se puede utilizar para elevar la presión arterial, estimular la circulación sanguínea o avivar un corazón que ha dejado de bombear. El Cordarone se usa para controlar el miocardio cuando se contrae de manera irregular y tiene arritmias.

Todos los estupefacientes son potentes y pueden devolver la vida a personas que carecen de ella, pero también son capaces de matar si se inyectan en alguien que no padece los problemas para los que el fármaco está prescrito.

Cualquier bandeja de paro cardiaco debe estar siempre precintada y, si estuviera abierta, tendría que ser reemplazada por una nueva del almacén de Urgencias 1. Pernille se aseguraría de sustituir la bandeja que se había abierto en la habitación de Svend Aage, pero antes tenía que preparar el cuerpo antes de que llegaran los familiares, por lo que entró en la oficina y colocó la bandeja junto al teclado de su escritorio. El papel en el que había anotado los medicamentos utilizados lo colocó en la mesa de la otra líder de grupo. Era Christina la responsable de registrar en el historial de Svend Aage con qué medicación se había tratado de reanimarlo.

Christina y Pernille colaboraron en la preparación; lo peinaron, alisaron las sábanas, le cerraron la boca, abrieron la ventana, le pusieron las manos en el pecho, y le quitaron los tubos y aparatos. Mientras tanto, las dos compañeras trataron de hablar de naderías desde cada lado de la cama. Como si todo fuera normal. Christina le preguntó a Pernille qué había hecho con la bandeja de paro cardiaco. Enseguida se ocuparía de ello, respondió Pernille. Y añadió que ahora mismo estaba en su mesa de la oficina.

Cuando Pernille regresó a la oficina, la bandeja no estaba. Christina había pasado por Urgencias 1 y la había cambiado, según informaron a Pernille. La enfermera se sorprendió e imaginó que no lo había hecho solo para echarle una mano: quizá Christina había querido aprovechar la oportunidad para recorrer el pasillo pasando por Urgencias 2, donde podría contar el dramático paro cardiaco y atraer la atención. ¿O tal vez había visto la ocasión perfecta para robar las medicinas de la bandeja del paro cardiaco? Habría sido inteligente. No podía ser descubierta si dejaba caer un par de ampollas en el bolsillo de su bata. Nadie contaba los medicamentos cuando cambiaban las bandejas.

Pernille no tuvo mucho tiempo para desarrollar sus teorías, porque lo que había comenzado como una guardia tranquila se había convertido en un ajetreo constante. En la unidad entró una nueva paciente que se retorcía sobre la sábana blanca, sudando y quejándose ruidosamente mientras la llevaban en una camilla de ruedas por el pasillo. Era evidente que sus fuertes dolores procedían del abdomen.

La joven fue ingresada en una de las habitaciones de Pernille, que llamó por teléfono al médico y obtuvo permiso para suministrarle analgésicos a la paciente. Quizás el conducto biliar había sufrido una perforación después de que le hubieran extraído un cálculo recientemente. Le dieron morfina en dosis altas, pero no ayudaron, por lo que tratarían de darle Petidina en su lugar, un analgésico fuerte parecido a la morfina pero que solo se usaba en raras ocasiones en el Servicio de Urgencias y que, por lo tanto, no estaba disponible en la Sala de Medicamentos de Urgencias 3. Pernille le pidió a Christina que recogiera el medicamento en la Unidad de Cuidados Intensivos, de forma completamente deliberada. Pernille no quería salir de la habitación.

Estaba convencida de que Christina había hecho daño a los otros pacientes esa noche, y ahora una joven yacía en la cama a la que sencillamente no debía tocar, pensó.

La enfermera regresó con una jeringuilla que Pernille recogió.

«Gracias». Pero entonces se le ocurrió una idea: ¿cómo podía estar segura de que se hubiera llenado la jeringa con el medicamento correcto, que ahora yacía como un líquido transparente y anónimo dentro del plástico? Pernille estudió la jeringa. ¿Se atrevería a empujarla hasta el fondo? En una situación normal con cualquier otro colega, nunca lo hubiera pensado. Las manos de Pernille temblaron, pero, por lo demás, se las había arreglado hasta entonces para fingir que no pasaba nada charlando con Christina cuando estaban en las habitaciones. Sin embargo, ahora Pernille sintió la necesidad de proteger a esta mujer desconocida que yacía en la cama. Pernille temía que a la paciente ingresada le sucediera algo.

Por un lado, Pernille quería decirle: «¡Basta ya!» o «A esta no la vas a tocar». Pero, por otro lado, Pernille aún no tenía ninguna prueba concreta contra Christina. Tenía ahora casi la seguridad de que era culpable, pero no la había visto hacer nada contra lo que no pudiera defenderse. Todas las pruebas que tenía contra su compañera se limitaban a un resto mínimo de un líquido blanco, casi insignificante, en el tubo de un gotero que ahora estaba en la Sala de Enjuague.

¿Sería suficiente? Quizá sería suficiente como para decir «Párate ya de una vez»? Si Pernille no le daba a la paciente la jeringuilla con la medicina que necesitaba, probablemente llamaría la atención. ¿Qué le respondería Pernille al médico cuando le preguntara por qué no le había dado el medicamento que le habían recetado y que había recogido? ¿El plan era no hacer sospechar a Christina echándolo todo a perder? Pernille sintió una gran necesidad de ver a Niels. Sentirse de nuevo en un equipo de dos. Preguntarle: «¿Me he vuelto loca?».

Presionó silenciosamente el émbolo hasta el fondo.

La paciente no tardó en calmarse; incluso mejoró.

Enseguida la tranquilidad reinaba en toda la unidad.

Capítulo 7

Después de la medianoche solo quedaban tres enfermeras en Urgencias 3: Pernille, Christina y una tercera que había llegado a las 23:00 h y había reemplazado a Marlene y a la auxiliar cuando estas acabaron su turno. A partir de esa hora las enfermeras se turnaban para echar una cabezadita. A veces iban a la sala grande de conferencias, en la que había sillones en los que podían recostarse, pero, si alguna habitación individual estaba vacía, cerraban la puerta, apagaban la luz y se acostaban en una cama. Oficialmente, se indicaba que las enfermeras podían echar un sueñecito de un máximo de veintinueve minutos. Por supuesto, siempre que la tranquilidad reinara en la unidad. Así ocurría en Urgencias 3 en aquellos momentos. Había muchas camas vacías y los pacientes no necesitaban vigilancia. La mujer con dolor abdominal ya no se quejaba a la vuelta de hacerse un escáner, y el paciente de la habitación 37, Henrik, también estaba ya bajo control. Lo había llevado una ambulancia esa noche porque había ingerido una dosis demasiado alta de una medicación nueva que se le había prescrito para la epilepsia. Esta dosis le había provocado temblores y calambres en las piernas. Se le había administrado Stesolid, que hizo que su cuerpo se relajara totalmente.

Como en Urgencias 3 no tenían en ese momento ningún paciente grave, Pernille y Christina pensaron que cada una podría tomarse un descanso de una hora u hora y media aproximadamente. Alrededor de la 1:30 h, Christina entró en una sala y cerró la puerta pesada detrás de sí.

Pernille se llevó la mano al bolsillo del pantalón, comprobó que llevaba el móvil y recorrió el corredor. En Urgencias 2 trabajaban esa noche Carina y Mette, dos enfermeras a las que Pernille conocía bastante bien. Las tres colegas fueron hacia la entrada posterior porque una de ellas quería fumar. En realidad, a las enfermeras no se les permitía hacerlo durante las horas de trabajo, pero allí, al otro lado de la puerta, al final la unidad, las tres mujeres en bata podían pasar desapercibidas por la noche, un poco escondidas en un rincón seco sobre los baldosines de la calle.

Carina preguntó si en la unidad de Pernille había ya más calma. Las compañeras no habían podido dejar de enterarse de que aquella noche en Urgencias 3 varios de los pacientes habían fallecido. Pernille asintió.

«Sí; como Christina duerme…», respondió.

Era una respuesta que no resultaba particularmente sorprendente para las otras dos enfermeras; pues se oía a menudo en la unidad. Por ejemplo, cualquiera podría preguntar: «¿Tienes turno con Christina? Seguro que no te falta trabajo». Y las guardias en las que había mucho ajetreo y muchísimos pacientes graves eran conocidas como «guardias-Christina». No es que se supusiese que hacía daño a los pacientes; en absoluto. Simplemente parecía que el mundo estuviera organizado de tal manera que el Servicio de Urgencias del Hospital Nykøbing Falster tenía siempre mucho trabajo cuando el nombre de Christina Aistrup Hansen aparecía en el cuadrante de turnos.

«¿Por qué no la dejas dormir?», preguntó Carina.

Pernille no respondió. Y se hizo el silencio mientras Carina intentaba mirar a los ojos a la enfermera que tenía enfrente. Carina trataba de adivinar si podía esperar algo más de Pernille, con quien había intercambiado una mirada especial mientras tomaban café catorce días antes, la mañana después del salvaje fin de semana en el que murieron varios pacientes. Pero Pernille no respondió.

Carina no sospechaba que ese fin de semana de hace quince días había activado todas las alarmas de su colega. Que Pernille tenía una sospecha que estaba investigando esa misma noche. Que ahora mismo tan solo estaba tratando de reprimirse, para que no se reflejara en su rostro. Pernille pensó que conseguía disimularlo bien, pero Carina se dio cuenta de que su colega no era la de siempre. Pernille era de las que normalmente llamaban la atención cuando se recorría la unidad: grandes movimientos de brazos, expresión corporal enérgica, siempre dispuesta a un comentario jocoso. Pero ahora parecía callada.

Abstraída y con pensamientos que, a simple vista, se negaba a compartir. Lo que Pernille no sabía era que Carina tenía exactamente las mismas sospechas que ella.

*

Carina Caroc era una de las muchas enfermeras jóvenes del Servicio de Urgencias. Cuando la contrataron para trabajar en el largo corredor, se quedó sorprendida de la frenética actividad que había realmente en ese lugar. Después de las primeras dos o tres semanas, Carina había comenzado a pensar que parte del trabajo consistía en correr con cierta frecuencia hacia alguna habitación en la que yacía un paciente con paro cardiaco. Hasta que habló con algunas de las enfermeras más experimentadas y les preguntó cuántas alarmas de paro cardiaco solían darse en sus turnos. Fue en ese momento cuando se dio cuenta de que el Servicio de Urgencias también podía ser un lugar donde no siempre había movimiento.

En las primeras cinco semanas de Carina en la planta baja, hizo casi todas sus guardias con Christina, porque esta era su mentora, es decir, la enfermera que tenía que formar a Carina. Carina pronto vio que su mentora estaba particularmente preocupada por los pacientes rojos. Dejaba todo lo que tuviese entre manos cuando llegaba a la carrera por el corredor. Y al final también comprendió Carina que era un alivio cuando Christina se iba a descansar durante los turnos de noche. Y si un paciente empeoraba y había que reaccionar rápidamente, las otras enfermeras sabían que no era necesario hacerlo a toda pastilla y recibiendo órdenes como si vinieran de un jefe de cocina en la hora punta de un restaurante. ¡Había tanto silencio cuando Christina dormía!

Después del proceso de formación, Carina trató diplomáticamente de decirle a su superior que ya tenía tanta seguridad en el trabajo que en el futuro no era imprescindible que sus guardias coincidiesen con las de Christina. Carina no dijo que no le gustaba la forma en que reaccionaba su mentora cada vez que la situación se volvía crítica: a Christina se le ponía una mirada salvaje.

Carina estaba entre las enfermeras de la unidad que pensaban que Christina mentía. Según Carina, también sobre las medicinas administradas a los pacientes. Por ejemplo, Carina recordaba un turno de noche en el que una mujer fue hospitalizada porque su corazón latía irregularmente. Christina al comienzo había entendido al médico que el paciente debía ser tratado con adenosina. La adenosina es un agente extremadamente potente que actúa con rapidez en los cuerpos en los que se inyecta y desaparece del sistema con la misma velocidad. Como un rayo líquido, el medicamento deja un paro cardiaco a corto plazo en un intento de restablecer el corazón para que pueda comenzar a latir nuevamente con un ritmo más estable. Ese turno de noche, Christina llamó a Carina y le preguntó: «¿No quieres entrar y verlo?». Christina estaba bastante eufórica. Parecía alegrarse. Sin embargo, al final el médico no consideró adecuada la adenosina y en su lugar recetó digoxina, un fármaco que actúa con mayor lentitud y evita que el paciente sufra un paro cardiaco provocado; sin dramatismo. Pero, aun así, al día siguiente, cuando Christina informaba al personal del siguiente turno, contó vívidamente cómo se le había administrado adenosina al paciente. Carina lo encontró raro. Los colegas podrían ver que Christina mentía si revisaban el historial.

Cuanto más tiempo pasaba Carina en la unidad, más sentía que ella misma tenía ya una idea clara de cuándo un paciente corría riesgo de dejar de respirar. Hasta que tuvo que hacer guardias de nuevo con Christina. Una y otra vez Carina se sorprendía cuando sonaba la alarma y su brújula profesional resultaba haberse estropeado de nuevo. Al final, Carina no pudo evitar pensarlo: ¿sería Christina la que creaba esas situaciones dramáticas en las que se veía envuelta? Era una teoría absurda. Tan absurda como la sospecha que Carina había tratado de desechar tras un incendio declarado en la unidad en septiembre de 2014.

En un turno de noche, sonó la alarma de repente porque salía humo del interior de una habitación. Christina llegó corriendo con el extintor.

Se había encargado de evacuar a los pacientes, de informar a la gerencia y, posteriormente, envió tantos correos electrónicos informativos que no hubo nadie que tuviese dudas de quién se había ocupado de que la situación estuviera bajo control. Pero había algo que Carina no conseguía encajar: el humo procedía de una bolsa de ropa que estaba en el suelo y a la que la propia paciente de la habitación habría prendido fuego. Esa fue también la conclusión a la que más tarde se llegó en la unidad. Pero a Carina no dejaba de resultarle sorprendente. Ella misma había estado atendiendo a la paciente poco antes del inicio del fuego. La mujer era alcohólica y se encontraba debilitada y profundamente dormida tras los tratamientos de desintoxicación que le habían administrado. Pero cuando Christina asumió la responsabilidad de esa habitación porque Carina estaba ocupada, no pasaron más de veinte minutos antes de que, de repente, sonara la alarma de incendios. Y Carina pensó de inmediato: ¿cómo pudo la paciente, que ni siquiera podía tenerse en pie, haberse levantado de la cama? Carina había visto a la mujer muy aturdida, y luego dormida y sin darse cuenta de que la estaban evacuando cuando sacaron su cama al pasillo.

Christina le dijo a Carina que, poco antes de que se declarara el incendio, la paciente le había dejado a la enfermera una quemadura en la mano cuando Christina intentó arrebatarle un encendedor: la mujer quería fumar un cigarrillo en la cama. Pero Carina tampoco lo creyó. En cambio, le llamó la atención que el fuego surgiera tan solo unos días después de que las enfermeras del Servicio de Urgencias asistieran a un curso sobre extinción de incendios.

El suceso solo produjo una pequeña marca en el suelo, pero el episodio dejó una enorme huella en la memoria de Carina. Trató de hablar con su padre sobre el suceso. Él, por supuesto, lo primero que le preguntó fue si tenía alguna prueba de que Christina pudiera haber estado detrás de ello. Carina tuvo que admitir que no. Tampoco la tenía en los casos de dramáticos procesos de algunos pacientes. Estuvo valorando la posibilidad de acudir a la gerencia. Sopesó varias veces la idea, pero Carina se temía que nadie la tomaría en serio cuando todo lo que tenía era un presentimiento. Por eso nunca tuvo el valor suficiente.

Al final, Carina se sentía mal cuando tenía que ir a trabajar y el nombre de Christina estaba en el cuadrante de turnos, pero no se lo dijo a nadie. Sin embargo, después de ese fin de semana de mediados de febrero (con las cuatro enigmáticas evoluciones de los pacientes y la mirada que cruzaron Pernille y ella en la Sala de Personal), Carina estaba segura de que no era solo cosa de su imaginación. Había algo que no funcionaba, pero no tenía ni idea de cómo demostrarlo.

Tiritando junto a la entrada trasera y mientras se fumaba el cigarrillo, Carina trató de sondear los ojos de Pernille para ver si por su cabeza pasaban ideas similares, pero esta no dijo nada y

Carina volvió a afligirse con sus propias dudas. Después, cambiaron de tema. Dejaron de hablar de Christina y entraron a Urgencias 2 para cenar.

Aquel rato fue una isla en una guardia que desde entonces Pernille ha descrito como la más horrible que jamás haya vivido. Las tres enfermeras se sentaron a hablar durante aproximadamente una hora.

*

Christina ya se había despertado y había vuelto al corredor cuando Pernille fue a una habitación alrededor de las 3:00 o 3:30 h para dormir un poco. Justo antes, Pernille había estado en la Sala de Medicamentos. Había intentado hacerse una idea general de cuántas ampollas de Stesolid había en las cajas de cartón blancas y moradas del estante. También había anotado cuánta morfina, Cordarone y adrenalina había en *stock*. Pernille se imaginó que esa sería la clase de drogas que a Christina se le podría ocurrir usar, porque todas con una pequeña dosis podrían producir un enorme perjuicio. Después de su siesta, Pernille comprobaría si en el ínterin había desaparecido algo. Ya en la habitación atenuó la luz con el interruptor que había junto a la puerta. Había dejado su aullador, pero, si sonaba la alarma, la oiría, porque en la Sala de Personal, que estaba al lado, había muchos aparatos cargándose y aullarían todos al unísono si se producía un paro cardiaco, pensó. Luego se acostó en la cama y cerró los ojos.

Pero no llegó a dormirse durante la hora u hora y media que estuvo tumbada. Le dio miles de vueltas a los diferentes escenarios y trató de hacer balance. Pues ¿podía probar algo? Ya

95

en la habitación de Viggo, Pernille se había planteado si era allí donde debía decir alto y alertar a las autoridades. ¿Pero por qué no había llegado a hacer nada? Permaneció tendida en la oscuridad, intentando convencerse de que había hecho lo correcto. Trató de defender su cálculo de que la muerte de Viggo no habría sido suficiente para que Christina fuera condenada. Lo peor que podía pasar era que el caso fuera tan débil que la trampa no resultara tras haber llamado a la policía. De ser así, Christina podría trasladarse a otro hospital y empezar de nuevo, pero con más cuidado, pensaba Pernille. Por eso Pernille se había ceñido al plan de aguantar la guardia sin llamar la atención. Pero ¿había supuesto alguna diferencia dejar que Christina continuara trabajando? Después de que Anna Lise muriese, Pernille no pudo encontrar nada que un oficial de policía pudiera utilizar como posible prueba. Lo mismo sucedió con Svend Aage. ¿Pero tal vez Pernille había pasado por alto algo? Tal vez si hubiera… Pero no pudo seguir cavilando, porque la puerta de la habitación se abrió de par en par y, de repente, los fluorescentes del pasillo iluminaron la habitación. Era Christina.

Otra paciente de la unidad estaba en estado crítico.

Era la de la habitación 34.

Maggi Margrethe Rasmussen estaba inclinada en el borde de la cama con una bolsa delante de la boca cuando Pernille entró en su habitación. La última vez que Pernille había visto a la paciente, la mujer de setenta y dos años caminaba sonriente por el pasillo camino del baño, solo ayudada por el andador que tenía ante ella. Ahora Maggi se quejaba de que estaba mareada mientras vomitaba. Pernille se puso en cuclillas junto a la cama para tomar una muestra de sangre. Mientras tanto, escuchó a Christina hablar por teléfono con la doctora Marina.

La facultativa había sido llamada a la unidad varias veces durante el turno de noche, tres de ellas para declarar la muerte de los pacientes. Ahora le dijeron que debía darse prisa en volver porque Maggi tenía dolores en el pecho. De los registros de la mujer convaleciente se desprende que también fue eso lo que Christina anotó posteriormente en el ordenador. «Dolor en el pecho», escribió la enfermera en el sistema a las 05:04 h. Pero Pernille afirma que se agachó y le preguntó a Maggi si le dolía algo, y que la mujer le respondió que no, pero que le repitió que estaba muy mareada, muy mareada. Esto fue también lo que oyó la tercera enfermera de la unidad cuando llegó un poco más tarde y le preguntó a la paciente lo mismo.

Maggi negó que tuviera dolor, pero cada vez le costaba más respirar, explicó jadeando.

Después de colocar pequeños electrodos en el pecho de Maggi para medir el ritmo cardiaco, el personal descubrió que latía demasiado rápido con un patrón irregular; como un «festival tecno», fue como al parecer lo calificó un cardiólogo después de que el experto observara el electrocardiograma de la paciente. «¿Qué le habrás dado?», se preguntó Pernille, observando que la situación había puesto en marcha a Christina. Llamaba a diferentes unidades, reclamaba pruebas y se quejaba en voz alta de la doctora, que tardaba mucho en llegar.

Christina estaba en el centro, demostrando de lo que era capaz, pensó Pernille.

Christina quería que trasladaran a Maggi a la Unidad de Cardiología, y sus compañeras la oyeron discutir constantemente con la doctora Marina por teléfono. No era algo inusual para la enfermera. Varios médicos habían tenido ya alguna discusión con Christina, quien, a diferencia de la mayoría de sus compañeras, no tenía dificultad en olvidarse de la jerarquía y comenzar una disputa sobre si un tratamiento concreto que el médico había prescrito era el correcto en esa situación.

Algunos lo veían como una muestra de compromiso. Otros lo encontraron profundamente molesto.

Esa noche Christina no se contuvo. Era evidente que no le gustó la forma en que la doctora gestionó la situación, y poco después de las 5:00 h, en plena madrugada, la enfermera anotó en el ordenador: «Marina no verá a la paciente», y añadió: «Se llama a Marina por centésima décima séptima vez, todavía sin novedades. Se le ha advertido encarecidamente a Marina que esto no se puede prolongar, ni para la paciente ni para el personal. La paciente ya no es de bajo riesgo y, por lo tanto, debe ser examinada por los cardiólogos».

La doctora finalmente acudió a la habitación 34 y vio a Maggi. Marina estaba muy ocupada solicitando exámenes, obteniendo respuestas y, en general, averiguando cuál podía ser el problema de la paciente. Pero, cuando poco después volvió a salir de la habitación, Christina se quejó otra vez en una voz tan alta que Pernille lo oyó también a la perfección. Pernille podía comprender bien su frustración. ¿Por qué no llevaban a Maggi a la Unidad de Cardiología? Al parecer, no había camas disponibles en este momento, fue la respuesta de la doctora, que prometió encontrar una solución.

Cuando Christina también salió del cuarto de Maggi, Pernille miró a su alrededor en busca de pruebas. Cogió la bolsa de la red de metal que colgaba de la pared y servía como cubo de basura. Tal vez hubiera desechado allí algo que podría servir para explicar por qué Maggi había enfermado. Pernille dobló la bolsa de basura, giró bruscamente a la derecha en el pasillo y se dirigió hacia el almacén que había al final de la unidad. Una vez cerrada la puerta tras de sí, se inclinó y abrió la bolsa para ver mejor lo que podía vislumbrar a través del plástico fino y traslúcido. En la parte superior había una jeringa de 12 ml. El émbolo estaba presionado hasta el fondo. Pernille entrecerró los ojos. En la punta creyó ver los restos de un líquido blanco. ¿Una vez más podría tratarse de Stesolid? Si lo fuera, no tenía sentido que se hubiera extraído con una jeringa tan grande. Cuando las enfermeras administraban Stesolid, por lo general inyectaban 1 ml en cada ocasión. Esa es la dosis habitual. ¿Qué hacía la sustancia blanca lechosa en una jeringa que podía contener doce veces más? Pernille hizo una foto a través del plástico con su móvil.

En la pared del trastero también había colgado un cubo de basura.

Levantó la bolsa y la escondió con su secreto.

Capítulo 8

Maggi había estado bien durante la tarde. Marlene, la enfermera que también había atendido a Anna Lise y a los otros pacientes del «grupo bajo» con Christina, le había llevado a Maggi y a su compañera de habitación pastel, café y té hacia las 20:45 h. Las dos mujeres habían comido y bebido recostadas en sus camas mientras charlaban. Cuando después Marlene pasó por el pasillo, parecía que las dos seguían estando bien, así que Marlene no se quedó preocupada por Maggi cuando acabó su turno alrededor de la medianoche.

Era verdad que a Maggi le costaba encontrar las palabras al hablar.

Era como si se le mezclaran en la cabeza. Llevaba unos meses así, desde que sufrió el derrame cerebral, que ahora también provocaba que Maggi cojease y tuviese que luchar con la motricidad del lado derecho de su cuerpo. Cuando volvió a ingresar en el hospital esa mañana, los médicos, en un primer momento, sospecharon que podía haber sufrido otro derrame;

sin embargo, pronto quedó claro que padecía una fibrilación ventricular y un ritmo cardiaco demasiado rápido, y se la trató con Digoxina, un medicamento para el corazón. Su situación era tan poco crítica que no fue ingresada en la Unidad de Cardiología. A lo largo del día había ido mejorando tanto que ya nadie consideraba que Maggi fuera una paciente con una urgencia especial. Estaba estable. Y como un médico de urgencias había anotado en el historial esa misma tarde: «Posible alta mañana si el ritmo cardiaco es el correcto». Pero ¿qué era lo que ahora había hecho empeorar a Maggi? Con los valores que registraban sus equipos, los médicos no eran capaces de llegar a ninguna conclusión.

Pernille entró en la Sala de Medicamentos y volvió a contar. Parecía que ahora faltaban cuatro ampollas de adrenalina y una de Stesolid, las cuales alguien habría cogido mientras ella estaba dormida.

Recorrió la habitación con la mirada y reparó en la bandeja de parada cardiorrespiratoria. A una de las dos cajas le habían quitado el precinto. Pernille miró más de cerca y vio que faltaba una ampolla de Cordarone, un medicamento muy potente que se administra a los pacientes con trastornos cardiacos y que se utiliza principalmente en los intentos de reanimación. Pernille hizo una foto de la bandeja, en la que la ampolla ya no estaba entre la gomaespuma. Eran las 5:10 h, según aparecía en la esquina de su iPhone.

Pernille trató de imaginar lo que los fármacos causarían si se hubieran inyectado al paciente de la habitación 34. La adrenalina probablemente habría estimulado el miocardio de Maggi con tanta fuerza que el corazón bombearía de forma desenfrenada durante los diez o quince minutos que suele hacer efecto una droga de este tipo. Pero a Pernille le resultaba difícil imaginar cómo reaccionaría el cuerpo al Cordarone teniendo en cuenta que en la sangre ya había Digoxina, otro tipo de medicamento para el corazón. Echó una ojeada a las estanterías del pequeño cuarto, en las que había cajas de cartón y frascos de pastillas. En principio no parecía que faltase nada más, pero también había, pensó Pernille, una Sala de Medicamentos en el Urgencias 2 sobre la que no tenía ningún control en absoluto.

Pasaron diez, veinte, casi treinta minutos sin que el personal consiguiera averiguar qué le pasaba a Maggi. En la oficina, Pernille miraba la pantalla que mostraba los latidos del corazón de la paciente. Varias veces levantó la vista sin ver nada nuevo, pero de repente notó que algo era diferente. Alguien en la habitación de Maggi debió de haber pulsado el botón que pone en pausa la función de alarma del equipo. Las enfermeras la utilizan a menudo cuando tienen que mover al paciente en la cama y quieren evitar el aullido que se produce cuando la pinza del dedo se cae con los movimientos. Cuando la enfermera pulsa el botón de pausa, no habrá ningún sonido si alguno de los valores medidos por los dispositivos excede el umbral de alarma.

Esta tardará exactamente dos minutos en volver a activarse de manera automática. Una cuenta atrás que aparece en la parte superior de la pantalla de monitorización que va marcando el tiempo que queda.

Pernille se quedó mirando la cuenta atrás. ¿Quién había pulsado el botón de pausa de la alarma? ¿Quién estaba en la habitación? En el pasillo, Pernille acababa de cruzar una mirada con Christina, que se dirigía de nuevo hacia la unidad de Urgencias 2 cuando ella entraba en la oficina. Pernille salió y se dirigió a la habitación de Maggi, que estaba enfrente. Intentó controlar el ruido que hacían las suelas de sus zuecos para colocarse en la puerta de la habitación 34.

Christina estaba encorvada sobre la vía verde que Pernille había colocado en la parte interior del codo de Maggi hacía media hora, justo cuando la llamaron. Christina estaba de espaldas a la entrada, pero parecía ocupada en algo. Era raro. Se suponía que Maggi no debía tomar la medicación en ese momento.

«¿Necesitas ayuda?». La propia Pernille se asombró de lo fuerte que sonó su pregunta, pero la exclamación fue fruto de un reflejo automático que lo que pretendía era que su colega dejara lo que fuera que estuviese haciendo.

También Christina se sorprendió. Dio un respingo y parecía bastante azorada, como si no supiera cómo comportarse o qué hacer con lo que parecía tener en las manos. Los brazos de Christina se movieron.

Parecía que se apresuraba a terminar algo, pero Pernille no llegaba a ver lo que era. Dio un paso adelante. Había un metro y medio entre las dos enfermeras. Estiró el cuello. Y entonces Pernille las vio: dos jeringuillas. Christina las sostenía en la mano izquierda, que ahora tenía metida bajo el pecho y con el brazo contrario encima trataba de cubrirlas. Cuando Christina se giró, Pernille pudo ver dos émbolos que sobresalían tan cerca de los mangos de las jeringuillas que, si había habido algún contenido en los dos cilindros de plástico, ya había desaparecido. Estaban presionados hasta el fondo. A juzgar por el extremo redondo de los émbolos, Pernille calculó que se trataba de dos jeringuillas de 20 ml. Este instrumento tiene un cilindro del tamaño de una moneda de cinco coronas y, como el tamaño de jeringuillas que tenían en la unidad tenían un tamaño similar a las monedas de dos coronas, Pernille no tuvo ninguna duda. Estas eran de cinco; había dos de cinco coronas, dos jeringas grandes de 20 ml.

Christina explicó que solo había arreglado algo, y se produjo un extraño silencio en la pequeña habitación. Los segundos se alargaron y ahora tampoco Pernille sabía cómo actuar. Al final dijo que, si Christina necesitaba ayuda con algo, que la avisara. Pernille pensó que, si se quedaba allí un milisegundo de más haciendo cálculos sobre mililitros y monedas de cinco y de dos, su colega iba a sospechar.

Entonces Pernille salió de la habitación y entró en la Sala de Medicamentos. Allí había colgados monitores que podía vigilar ella sola. Fijó la vista en el monitor de Maggi. Dos o tres minutos como máximo y la saturación de oxígeno en sangre empezó a bajar. Bajó desde noventa y pico. Ochenta. Cayó aún más. Setenta. Bajó. Sesenta.

Pernille se quedó mirando. Y entonces pudo oír a Christina. La enfermera gritó un nombre desde la habitación. Era fácil de entender, aunque la puerta de la Sala de Medicamentos estaba cerrada.

«¡Pernille!». Se hizo el silencio en el pasillo. Entonces sonó la alarma de parada cardiorrespiratoria.

La enfermera Mette vino corriendo desde la Urgencias 2. Christina había ido a pedirle que trajera un desfibrilador de la Unidad de Cardiología y lo llevara a la habitación 34. Por eso Mette ya estaba en camino y a solo diez o quince metros del cartel que al fondo del pasillo señalaba hacia la habitación de

Maggi cuando se activó la alarma que indicaba que había llegado el momento. Cuando entró, vio que la cama había sido apartada de la pared, el cabecero había sido retirado y Maggi estaba tumbada con el pecho desnudo y una camisa desabotonada extendida a los lados. Christina había llevado un biombo para que la compañera de habitación de Maggi, que estaba más cerca de la ventana, no pudiera ver lo que estaba a punto de ocurrir. Estaba todo listo.

Mette miró el monitor que colgaba sobre la cama. Maggi tenía sesenta y nueve pulsaciones. Miró a Christina. Mette observó que las pupilas de su colega eran inusualmente grandes.

Entró la doctora Marina, que había estado hablando por teléfono con un especialista del Rigshospital sobre el cardiograma de Maggi, y, cuando sonó el aullador a aproximadamente las 5:30 h, tuvo que colgar. El equipo de paro cardiaco acudió sin aliento y pronto hubo una nueva habitación en Urgencias 3 llena de personal de diferentes unidades del hospital que intentaba salvar a un paciente. Muchas de las caras eran las mismas que habían estado en torno a Svend Aage unas horas antes.

En la Sala de Medicamentos, Pernille cogió la bandeja de paro cardiaco precintada. Había que trasladarla a la habitación de Maggi en un carrito blanco a la habitación de Maggi, inmediatamente; pero la enfermera albergaba sus dudas. A Pernille le costaba prepararse para lo que iba a ocurrir. Dentro de un momento entraría en una habitación donde sus colegas lucharían con lo mejor que habían aprendido para salvar la vida de un nuevo paciente. Se analizarían y consultarían los historiales, se medirían los valores y se sacarían conclusiones, se aplicarían los masajes cardiacos y la medicación adecuada. Pero habrían caído en una trampa. Al fin y al cabo, se trataba de una obra de teatro médico realizada por personas que creían estar trabajando con el único y eterno propósito de ayudar a los pacientes, pero que en esta noche eran tan solo unos extras. Pernille se sentía muy violenta con esta situación cuando la puerta corrediza se desplazó hacia un lateral y salió al pasillo en el papel de la enfermera que ahora llevaría la caja salvavidas al escenario.

Por el pasillo llegó también Carina corriendo. «¿Qué demonios está pasando?». Pernille soltó el carrito y agitó los brazos. Pudo ver que Christina, dentro de la habitación 34, estaba ocupada ayudando a Maggi a aspirar aire por una mascarilla de oxígeno con un balón de reanimación que la enfermera apretaba y apretaba.

Al principio hubo dudas en la habitación. La alarma de paro había sonado, pero el monitor de Maggi mostraba un corazón que seguía latiendo lentamente. La paciente yacía totalmente inmóvil, con los labios azulados. No respiraba y no se podía establecer comunicación con ella. Pero mantenía el pulso. Los celadores empezaron a practicar la reanimación cardiopulmonar, pero, cuando un médico llegó a la habitación, se les ordenó que se detuvieran. Al fin y al cabo, la parada cardiorrespiratoria aún no se había producido.

A los médicos les costó mucho averiguar cuál era el problema. ¿Quizá Maggi había recibido una sobredosis de la Digoxina con la que estaba siendo tratada? ¿Tal vez fue un envenenamiento? A la paciente se le recetó una medicación adecuada que le ayudaría si el diagnóstico era el correcto. Llegó otro médico. Más de diez personas estaban ahora de pie alrededor de la paciente. La mitad eran médicos estupefactos.

¿Podría Maggi haber recibido morfina? Un médico preguntó en la habitación. En principio, nadie respondió. Tampoco lo hizo Christina; la más experimentada de las enfermeras de urgencias en la habitación pensó para sí misma: «Tienes que saberlo, mi niña». Varias personas que se encontraban alrededor de la cama se preguntaron por qué Christina guardaba ahora silencio, porque, si alguien sabía la respuesta a la pregunta del médico, tenía que ser la enfermera encargada del paciente de la habitación 34. Pero entonces Christina exclamó repentinamente, casi de forma espontánea, que le había dado a Maggi 2,5 mg de morfina que aún no se habían anotado en la historia clínica. Pernille fue enviada inmediatamente a la Sala de Medicamentos para buscar el antídoto.

Christina estaba reprendiendo a Marina por encima de la cama. La enfermera la había llamado al menos diez veces y la doctora no le había cogido el teléfono, afirmaba Christina. Un médico con más años de experiencia a sus espaldas les pidió que dejaran la discusión para más adelante. Pero Christina se dirigió ahora a otro doctor y explicó que, en todo caso, tendría que hablar con él después, porque la actuación de esa noche había sido inaceptable. El médico no respondió.

Se limitó a mirar a Christina escéptico. Era un momento inapropiado para una discusión así.

Maggi todavía necesitaba ayuda para respirar con la mascarilla de oxígeno, de la que se había hecho cargo una enfermera de la Unidad de Anestesiología. Siguió insuflando oxígeno en los pulmones de Maggi, y algunas de las personas de la habitación vieron que parecía estar ayudando: bajo la mascarilla la paciente adquiría un tono más saludable. Pero

Maggi no se despertó. Tampoco ayudó que le dieran un antídoto contra la morfina.

El médico preguntó si se había administrado Stesolid.

—No.

—¿Es posible que se haya utilizado otras benzodiacepinas?

—No.

Esa fue la respuesta. Tampoco se desprendía de la lista de medicamentos que le habían administrado a Maggi. ¿Pero qué le estaba sucediendo? Los ojos de la paciente no se movían y las pupilas estaban completamente contraídas. ¿Quizá había sufrido una embolia o una hemorragia cerebral? Esa era una explicación probable. Al fin y al cabo, ya había tenido episodios similares anteriormente y ese era también el motivo por el que esa tarde el personal la había llevado allí, para poder mantenerla en observación. ¿Tal vez por la medicación anticoagulante había sufrido una hemorragia cerebral?

Al poco tiempo los médicos dedujeron que podría tratarse de un derrame cerebral, tal y como ellos lo denominan. Es decir, un accidente cerebrovascular importante, que en el caso de Maggi podría haber afectado justamente a la zona de la cabeza que hace que las personas respiren. Se decidió que era necesario realizarle un TAC de inmediato.

Llevaron a Maggi al escáner. Y de allí rápidamente obtuvieron una respuesta que finalmente confirmaba una de las teorías de los médicos.

Se avisó a los familiares, porque las imágenes del escáner mostraban que, con toda probabilidad, los médicos ya no podían hacer nada por Maggi. En el interior de su cabeza había una mancha que brillaba en las imágenes, lo que indicaba justamente que se había producido un derrame cerebral. A las enfermeras les dijeron que Maggi había entrado en una nueva categoría: «la de mucho amor». Podían llevar a la paciente de regreso al Servicio de Urgencias. Una enfermera y una joven médica interna de la Unidad de Anestesiología escoltaban la cama de Maggi hasta el corredor donde la habían recogido poco antes.

Mientras tanto, la enfermera anestesista seguía insuflando oxígeno en la mascarilla de Maggi. El médico jefe de su unidad había decidido que el tratamiento debía interrumpirse. Las posibilidades de la paciente eran casi inexistentes, pero, a pesar de todo, la enfermera quería que Maggi estuviera viva cuando llegaran los familiares. Como enfermera experimentada (pronto cumpliría sesenta años), estaba acostumbrada a un poco de todo, pero esa noche sentía que aun así le costaba mucho aceptar que esa mujer fuera a morir. Así que siguió apretando, apretando, apretando el balón frente a la cara de Maggi.

Christina y Pernille estaban listas en la habitación cuando llegó la cama. Todos estaban de acuerdo en que era terrible lo que había sucedido. En eso coincidían. Christina fue a hablar con la enfermera de anestesiología. Allí estaban de nuevo las dos colegas que habían hablado por última vez cuando salían de intentar salvar a Svend Aage. La enfermera mayor volvió a decirle a Christina que era buena. Poco antes, en la habitación de Maggi, había quedado impresionada porque Christina había podido explicar que el trastorno del ritmo cardiaco de la paciente había consistido primero en una fibrilación auricular, que luego se había convertido en un aleteo auricular. Desde luego, no todas las enfermeras eran capaces de interpretar y detectar estas cosas a partir de los electrocardiogramas. Al parecer, Christina le dijo que había ampliado su formación y había superado un examen en Cardiología, bueno, de evaluación cardiaca. La enfermera anestesista estaba de nuevo impresionada. Más aun cuando Christina añadió que ella misma se había pagado el curso. Christina soñaba con algún día ser enfermera anestesista, le explicó, y su colega la animó: «Sigue así», felicitó a la joven enfermera.

Christina jamás había hecho un examen de Cardiología, pero tampoco lo había comentado nunca, según dice ahora. La conversación con la enfermera anestesista es una de las cosas que, según Christina, nunca se produjeron.

El personal desconectó todos los equipos de Maggi. Las máquinas para medir la saturación de oxígeno y la frecuencia cardiaca fueron retiradas y apagadas. No podían hacer nada más. Las enfermeras del Servicio de Urgencias habían habilitado una habitación individual para que Maggi estuviera sola cuando llegara el momento de su muerte. Allí la dejaron.

A las 6:21 h Pernille envió un mensaje de texto a Niels. «Número 4…».

A Pernille le pareció adivinar sorpresa en el rostro de Christina cuando les dijeron en urgencias que era un derrame cerebral lo que acabaría con la vida de Maggi. «Vaya, eso no lo vi venir», recuerda Pernille que exclamó Christina. Pernille estaba tan sorprendida como su colega, porque, hasta entonces, había estado convencida de que era Christina quien había hecho que Maggi dejara de respirar. Ahora Pernille sentía una sensación de alivio. El sentir que no podía haber hecho nada para salvar a Maggi. Así pues, no la había abandonado, pensó Pernille, que ya había considerado lo difícil que sería vivir con ese pensamiento si hubiera podido evitar otra muerte.

Pero Pernille aún se preguntaba por las jeringuillas que había visto usar a Christina en la habitación, y por las ampollas que parecía que alguien se había llevado de la Sala de Medicamentos. No obstante, ya hablaría con Niels sobre eso. La pareja tenía que revisar las pruebas que tenían y las que no tenían, y ver si eran lo suficientemente sólidas. El turno de noche pronto habría llegado a su fin.

Desde casa, el médico jefe respondió al mensaje de Pernille veinte minutos después:

«Voy para allá. Espérame en mi despacho. No te cambies».

Después de que desconectaran a Maggi de las máquinas, un médico jefe entró en el despacho de Urgencias 3 y tomó prestado un ordenador. Tras hablar con el radiólogo poco antes, los dos habían coincidido en que los daños cerebrales debían de ser la causa de la dolencia que probablemente pronto acabaría con la vida de Maggi en la habitación de urgencias. Pero después había empezado a reflexionar. Encontró el antiguo escáner tomado durante la última hospitalización de la paciente, alrededor de las Navidades, cuando se le diagnosticó a Maggi el coágulo de sangre que desde entonces la dejó con dificultades para caminar. Y ahora, el médico jefe, al comparar esa imagen con la reciente de esa madrugada, se dio cuenta: eran iguales. Lo que los médicos habían pensado que era una nueva lesión cerebral presentaba el mismo perfil que la antigua. El médico jefe llamó al de rayos X de guardia del Hospital de Roskilde para asegurarse. No había ninguna duda. No se habían producido cambios importantes en el cerebro de Maggi desde la última vez que estuvo en un escáner.

La médica internista de la Unidad de Anestesiología vino a hablar con su colega en la oficina. La enviaron inmediatamente a la habitación de Maggi. Llamó a la enfermera que la había estado insuflando oxígeno hasta el último momento. Debía acudir inmediatamente al Servicio de Urgencias y llevar su equipo. Había que volver a conectar a Maggi a las máquinas. Debían trasladarla de la habitación 33, donde la habían dejado sola durante diez o quince minutos. Tenía que ir a la Unidad de Cuidados Intensivos lo antes posible. Había que salvarla.

La paciente estaba tumbada con la boca abierta y la lengua caída hacia atrás. La respiración de Maggi era estertórea; lenta, pesada y dificultosa cuando Pernille entró en la habitación. Pernille había acudido corriendo en cuanto se enteró de lo que el médico había hablado con su colega del Hospital de Roskilde. Tomó la mandíbula de Maggi, la empujó y le echó la cabeza hacia atrás para despejar la garganta, y luego le volvió a poner una mascarilla de oxígeno en la boca. Pronto llegaron los celadores a recoger a la paciente.

La enfermera jefa de la Unidad de Anestesiología reanudó su labor de ayudar a Maggi a respirar, mientras ella y la médica internista acompañaban la cama empujada por un celador. La enfermera apretaba y volvía a apretar con fuerza el balón que tenía entre sus manos. El tiempo entre las respiraciones de Maggi había aumentado, pero, mientras se dirigían por el pasillo hacia el ventilador de la Unidad de Cuidados Intensivos que se estaba preparando para la paciente, parecía que el oxígeno empezaba a dar resultados en el cerebro de Maggi. De repente, la paciente levantó un brazo. «¡Se está despertando!», exclamó la enfermera al celador. Maggi había empezado a mover los ojos bajo los párpados, que se entreabrieron ligeramente. La enfermera le explicó que estaba de camino a la Unidad de

Cuidados Intensivos. Mientras tanto, la joven médica internista le daba vueltas a algo que le había dicho Pernille en la habitación antes de que se marcharan con la cama.

Pernille le había preguntado si la paciente podría haber acabado en el estado en el que se encontraba Maggi si le hubieran dado Stesolid. La doctora había respondido inmediatamente preguntando a su vez si podía ser que a Maggi se le hubieran administrado sedantes y ello no se hubiera anotado en su historial. Pernille respondió:

—Yo no se lo he administrado.

Era una respuesta que a la médica le había resultado tan extraña como la pregunta que la joven enfermera había formulado inicialmente.

Cuando llegó el equipo con la cama de Maggi, la médica internista le repitió a un médico jefe de la Unidad de Cuidados Intensivos lo que Pernille le había preguntado. El médico recetó inmediatamente un revulsivo. Era poco probable que a Maggi le hubieran dado Stesolid, ya que no se mencionaba en su historial, pero, de todos modos, le trajeron Flumazenil, que es un medicamento que interfiere y bloquea los efectos de la benzodiacepina.

Normalmente bastan segundos para que el Flumazenil comience a actuar, suponiendo que haya algún sedante en la sangre con el que pueda reaccionar. La droga tarda entre medio y un minuto en recorrer las venas y dispersarse por todo el cuerpo. No pasó tanto tiempo antes de que en Maggi hubiera una reacción. Inmediatamente abrió los ojos y empezó a respirar con normalidad; la señora se sentó en la cama y miró al personal, que se quedó observando el misterio. Podía hablar. Maggi dijo a los médicos que tenía sed.

«En este momento no se puede determinar en absoluto cuál puede haber sido la causa de la parada cardiorrespiratoria de la paciente, pero ahora está respirando», anotó el médico jefe en el historial de la paciente a las 6:56 h.

La médica internista salió al pasillo con la experimentada enfermera de la Unidad de Anestesiología. La doctora solo llevaba unos meses en el hospital y estaba claramente afectada por lo que acababan de vivir. Había sido aterrador, porque, como le explicó a su colega, cuando aún no se tiene mucha experiencia, hay que confiar en lo que dicen los médicos más veteranos, pero esa madrugada ella había ayudado a decidir que había que dejar a Maggi abandonar este mundo en paz y tranquilidad. Ahora la mujer estaba en la habitación, de nuevo consciente. ¡Pensar que se pueden tomar decisiones tan equivocadas y fatales!

Los médicos de la Unidad de Cuidados Intensivos trataron entonces de explicar por qué el medicamento contra el Stesolid había funcionado en Maggi. En diversas ocasiones se pusieron en contacto con el Servicio de Urgencias para comprobar si alguien se había olvidado de anotar algún medicamento en los sistemas, pero ninguna de las enfermeras sabía nada al respecto.

«Tras el fin de semana, tendremos que investigar si a esta paciente se le pudo administrar algún preparado de benzodiacepinas en el Servicio de Urgencias. ¡No ha quedado documentado en ninguna parte!», señaló un médico de la unidad en el expediente de Maggi.

Uno de los médicos jefe llamó a la enfermera que había pulsado la alarma de parada cardiorrespiratoria. Quería saber si Christina podía saber algo que pudiera ayudar a los médicos a resolver el misterio. Cuando se llevaron a Maggi al escáner, Christina había dicho que le gustaría que la mantuvieran informada de los resultados, incluso aunque ya se hubiera ido a casa; podía llamarla cuando encontraran una explicación a la situación de Maggi, le había dicho Christina al médico, que ahora estaba al otro lado del teléfono. Christina le preguntó inmediatamente si habían tenido éxito.

«Se trataba con toda seguridad de una gran dosis de Stesolid», respondió el médico.

Según lo que posteriormente contó sobre la conversación telefónica con Christina, aquella mañana la enfermera le explicó que la de la habitación 34 no había sido una de sus pacientes. Christina tampoco había oído que nadie le hubiera inyectado Stesolid a Maggi, pero preguntó si los médicos habían investigado si la paciente había tomado algún somnífero por la noche. El médico le respondió que en sus veinte años de experiencia nunca había visto que los somníferos hicieran que un paciente dejara de respirar. ¿Estaba segura Christina de que no sabía nada del Stesolid? ¿Quizás alguien se olvidó de anotarlo en los sistemas? Al parecer, la enfermera repitió: «Maggi no era mi paciente». Ahora Christina niega haber omitido decirle al médico que ella había sido la jefa de grupo y responsable justamente de los pacientes de las habitaciones 30 a 34.

Durante toda la mañana, el personal de la Unidad de Cuidados Intensivos siguió inyectando el antídoto en el catéter venoso de Maggi a intervalos regulares. Cuanto más despejada estaba, más se lamentaba de lo mucho que le dolía el pecho. No era de extrañar, ya que los celadores le habían practicado la reanimación cardiopulmonar. Cuando el turno de tarde llegó, todavía seguían administrando el revulsivo. Una de las enfermeras del turno de tarde pensó que nunca había visto a un paciente necesitar tanto antídoto durante tanto tiempo. Llevaba trabajando en el hospital casi diez años.

*

El médico jefe Niels Lundén había acordado con su novia que evitaría llamar la atención en el hospital. Se había tomado vacaciones unos días antes, por lo que sería mejor que nadie lo viera y quizás empezara a preguntarse qué hacía un domingo por la mañana en el Servicio de Urgencias. De hecho, habían quedado en que él y Pernille se reunirían antes en el despacho y repasarían lo que ella hubiera descubierto. Eso era lo primero antes de involucrar a nadie más. Pero, de todos modos, Niels había salido de casa esa mañana y estaba en el hospital una media hora antes de que salieran las enfermeras de Urgencias 3. No podía esperar. En ese momento Niels ya contaba con que los pacientes sin vida del turno de noche se convertirían en un asunto de la policía y quería hacer lo que estuviera en su mano para garantizar que, tras avisar a la policía, los investigadores se encontraran en el lugar de los hechos el mayor número de pruebas posible. El médico jefe quería empezar a reunirlas.

Niels no había podido dormir por la noche. En casa había estado dándole vueltas a una estrategia. ¿Dónde podría haber pistas que se pudieran perder cuando la rutina de la mañana del Servicio de Urgencias se pusiera en marcha? ¿Y cómo se las arreglarían Pernille y él cuando terminara el turno de la enfermera?

Niels había descartado desde el principio acudir de primeras a la Dirección. Desde un punto de vista formal, sería probablemente lo más correcto, pero Niels temía que, en ese caso, la reacción fuera demasiado lenta. En primer lugar, los administradores tendrían que revisar los archivos para tener una idea de conjunto. ¿Y si la respuesta de la Dirección fuera convocar a Christina a una reunión para que se explicase antes de llamar a las autoridades? No. La pareja tendría que tomar un atajo y dirigirse directamente a la policía. Pero ¿qué sería lo mejor? ¿Llamar al número de la policía y presentar una denuncia o pensar una alternativa? Hacía tiempo que Niels se había decantado por esta última.

A la luz azul de la pantalla de su ordenador, había pasado parte de la noche intentando averiguar dónde vivía el inspector jefe de Policía Søren Ravn-Nielsen. Cuando el cuerpo de policía tenía que comentar casos lo suficientemente espectaculares como para que los periodistas se presentaran con sus unidades móviles, era él quien aparecía. Niels lo había llegado a conocer por su trabajo. El policía parecía competente, pensaba el médico jefe. Niels había considerado presentarse a primera hora de la mañana en la dirección privada de Søren Ravn-Nielsen e informarle en persona, con el fin de asegurarse así de que desde el principio tomara el mando un hombre con estrellas en el hombro. Si se llamaba a la comisaría, pensaba el médico jefe, el oficial de guardia probablemente enviaría un coche patrulla que aparcaría frente a la entrada principal del hospital y llamaría la atención, de tal modo que la gente hablaría y Christina quedaría avisada. Y para cuando la avanzadilla policial se enterase de que era un caso grave, las pruebas podrían haber desaparecido antes de que se avisara a algún jefe de investigación para recopilarlas. No, este caso requería desde el principio a alguien que tuviera experiencia en investigaciones a gran escala y que pudiera trazar una estrategia.

Solo había una oportunidad y, si fallaba, Niels y Pernille se encontrarían en graves problemas para dar una explicación.

Al fin, el médico jefe decidió llamar por teléfono a Søren Ravn-Nielsen, y buscó en internet el número del inspector jefe de Policía.

Además, era preferible que el médico jefe fuera directamente al hospital y viera primero a Pernille. La última vez que hablaron por teléfono, justo antes de la medianoche, parecía bastante alterada.

Antes de que llamaran a la policía, era mejor que le diera el abrazo que los mantuviera unidos. Pero, a la vez, luchaban contra el tiempo y contra todos los compañeros anónimos que no tardarían en llegar y que, como cualquier otro día, harían su trabajo, limpiarían y tirarían la basura, pero que, justo ese día, se arriesgaban a deshacer una escena del crimen. Por eso Niels se fue temprano de casa.

En torno a las 6:30 h estaba en el hospital. Pernille y Christina seguían trabajando en ese momento, y Niels sabía que no podía dejarse ver por Christina. Si detectara la más mínima anomalía, podría sospechar, según imaginaba este.

El médico jefe caminaba a un ritmo prudente y discreto cuando entró en el largo corredor con las tres subunidades y se encaminó sin dilación al cuarto de la basura en Urgencias 3. Pero pronto una auxiliar de enfermería le confirmó lo que Niels se temía tras mirar en el cuarto de la basura: el celador ya había pasado a recoger los residuos del turno de noche.

En el Hospital Nykøbing Falster, los celadores recogen la basura dos o tres veces al día. La primera ronda suele tener lugar a las 7:00 h de la mañana. Los resolutivos trabajadores de mantenimiento del hospital llegan a las unidades con sus cubos de color azul oscuro y se dirigen al cuarto de la basura, donde recogen todas las bolsas que las enfermeras, las auxiliares de enfermería y el personal de limpieza han ido sacando de las habitaciones y las oficinas durante el día y la noche. Todos los días se desechan jeringuillas de plástico vacías dentro de bolsas grises, negras y transparentes. Y todos los días se lleva todo al vertedero del hospital, donde se abren las bolsas y se clasifica el contenido y se mezcla con todos los demás residuos que han bajado de otras plantas.

En el patio, el médico jefe encontró al celador que buscaba.

Afortunadamente, en la oscuridad, pudo identificar los dos contenedores que había utilizado para recoger los residuos del Servicio de Urgencias. Se encontraban entre un grupo de contenedores azules, por lo demás idénticos, que acababa de reunir en un grupo sobre el asfalto. El celador también había llegado a recoger la basura de quirófanos y las bolsas de los Servicios de Radiodiagnóstico y de Urgencias. Pero esos dos contenedores de allí eran los que quería Niels, porque contenían basura de Urgencias 2 y Urgencias 3, dijo el celador. «¿Está seguro?». El celador no tenía ninguna duda y Niels le ayudó a empujar los contenedores al interior del hospital. Había que «custodiarlos», explicó Niels, una palabra policial para referirse a cuando los agentes se incautan de posibles pruebas y se aseguran de que están guardadas bajo llave o almacenadas de forma que no puedan perderse. Pusieron los contenedores al final del Servicio de Urgencias, en el fondo, donde no hay pacientes, sino despachos, incluido el de Niels. El médico jefe puso un pósit amarillo en cada uno: «2» y «3», escribió con un bolígrafo. Y le dijo al celador que, cuando hiciera su próxima ronda hacia el mediodía, todos los residuos de los dos pabellones debía dejarlos también allí.

*

Evidentemente en el hospital pronto comenzó a hablarse. ¿Qué era lo que pensaban los del largo corredor que podría estar escondido en una de las bolsas de plástico con tiras alrededor? El propio celador pensó que podría ser algo tan importante como una llave.

*

Pernille debería haber estado cansada después de sus más de doce horas en el hospital, pero se sentía muy despierta.

Todo lo que no había podido decir, lo dijo ahora, sentada en el despacho frente a su novio. Al salir de su boca parecía una completa locura. Estaba confusa. Se trababa al hablar y temblaba. Pero, cuanto más decía, más claro le quedaba a Pernille lo que tenían que hacer ahora. No había más remedio que llamar a la policía.

El móvil de Pernille sonó. Miró espantada a Niels. Era Christina. La enfermera le dijo que el médico de la Unidad de Cuidados Intensivos la había llamado para decirle que Maggi había tomado demasiados somníferos. Seguramente fueron las pastillas que le había dado su propio médico las que hicieron enfermar a la anciana. «No es culpa nuestra», recuerda Pernille

120

que le dijo Christina. «Así que no le des más vueltas», añadió la enfermera al otro lado de la línea. Las dos enfermeras se apresuraron a despedirse y Niels encendió su ordenador.

Podía buscar en los sistemas lo que otros médicos habían recetado a Maggi. También su propio médico de cabecera. No se le había recetado ningún medicamento para dormir. El médico jefe levantó la vista de su pantalla y miró a su novia.

«Tenemos que llamar a la policía».

De repente, Pernille quiso que esperaran un poco. ¿No deberían repasarlo una vez más? ¿Tal vez deberían dejar que todo se asentase?

«Tan solo tengo que…», intentó varias veces, incapaz de encontrar una razón de peso con la que terminar la frase.

Niels se limitó a mirar.

«Ahora mismo», se apresuró él.

Pernille se quedó sentada con el cubo de basura entre las piernas cuando el médico jefe llamó. Tenía miedo de vomitar. Sabía que, cuando terminara esa llamada, esto no habría acabado. Era solo el comienzo de algo de lo que aún no sabía las consecuencias.

Niels colgó. Había sugerido al inspector jefe de Policía que los agentes utilizaran la entrada posterior para no llamar la atención. Luego el médico avisó a la enfermera jefe de la unidad, la jefa de Pernille, y le pidió que entrara.

No pasaron muchos minutos antes de que un coche patrulla pusiera rumbo al Hospital Nykøbing Falster.

Capítulo 9

Si se observa un mapa de Ballerup, es inevitable fijarse en las cuadrículas: diez manzanas rectangulares de bloques, cada una de ellas rodeando una enorme zona ajardinada, en la parte sur del distrito, a unos cientos de metros de la autopista de Frederikssund, que conforma el límite meridional del municipio. Hedeparken y Magleparken son los nombres de la pequeña comunidad de bloques de tres alturas que acogen pisos de protección social, condominios y vecinos que, cuando llevan allí un número suficiente de años, dicen «aquí dentro» para referirse a las cosas que suceden en el complejo.

«Aquí dentro» en Hedeparken y Magleparken hay clubes, lavanderías, una iglesia y un centro comercial con una clínica, una farmacia, una panadería y dos tiendas de alimentación para elegir. Hay casas de niños y guarderías, e incluso una escuela, Hedegårdsskolen, justo al otro lado de edificio alto al final de la avenida que está encajada entre los bloques. Aquí las familias pueden ir andando a todos los lugares, excepto si tienen que desplazarse para ir al trabajo. Como dicen cuando alguien llama a la oficina que gestiona los pisos de protección oficial en un ala de esta microciudad: «Lo único que nos falta es una residencia de ancianos y entonces casi no habría ni que salir».

Gitte y Henrik Hansen son dos de las personas que han vivido en Hedeparken durante casi todas sus vidas. Se mudaron cuando las asociaciones de voluntarios de la zona eran prósperas y rara vez había dificultades para pronunciar el nombre de un nuevo vecino. Desde entonces, Hedeparken ha cambiado, pero, detrás de uno de los ventanales que da a uno de los jardines, la pareja sigue viviendo hoy en día. Es el mismo apartamento de noventa y un metros cuadrados en el primer piso donde criaron a dos hijas. Es la casa de la infancia de Christina. La única que tuvo antes de mudarse para estudiar el Grado de Enfermería.

Christina creció en lo que puede describirse como un típico núcleo familiar danés. Unos padres pulcros, una casa con alfombras limpias en los suelos y un candelabro en la mesa sin cera chorreando por los lados.

Como su madre cuidaba niños en su casa, siempre había alguien en el piso cuando Christina y su hermana pequeña volvían del colegio. El padre trabajó como tipógrafo durante unos treinta años antes de hacerlo en una funeraria y, finalmente, dedicarse a la pintura. Así pues, tenían unos buenos ingresos, no les faltaba de nada y podían permitirse excursiones al Tívoli en Copenhague y cada año unas vacaciones de verano en Malta. Siempre tres semanas en el mismo lugar, el Mellieha Holiday Centre, donde la familia Hansen (entre otros daneses que también habían aprovechado la oferta de Dansk Folkeferie) se alojaba en algún bungaló al lado de la piscina.

La infancia en Ballerup era tan segura como corta era la distancia que los separaba de sus abuelos paternos. Tenían un piso al otro lado de la calle, y de pequeña Christina iba a su casa continuamente. Y bajaba hasta el Parque de Aventuras que había en el límite del complejo de apartamentos; allí se podía montar en poni o cuidar conejos, y allí pasaba la mayor parte del tiempo cuando no estaba practicando artes marciales. Se decidió por el taekwondo cuando se dio cuenta de que nunca sería buena con un balón de fútbol. Aun así, Brian Laudrup siguió ocupando el puesto protagonista en la pared de su habitación azul de chica. Porque, de pequeña, Christina era, sobre todo, un chicazo. El tipo de chica que no tenía miedo de arañarse con los tablones cuando se trataba de clavetear alguna caseta en el club infantil o de ir a toda velocidad con las motocicletas de *motocross* que allí tenían.

Christina recuerda su infancia como una buena época en la que disfrutó y nunca experimentó acoso ni falta de amigas; era normal que las niñas subieran a la habitación de Christina, según recuerda también su madre. Pero cuando Christina empezó a ir a la escuela, no dio mucho ruido. Era tímida. «Retraída» es la palabra que ella misma utiliza. Los compañeros de la escuela Hedegård recuerdan a «una chica callada» que parecía insegura, hablaba en voz baja y daba la sensación de que como más a gusto estaba era llamando la atención lo menos posible.

«Creo que no tenía claro cuál era su lugar, así que se quedaba casi siempre en un segundo plano. En un momento dado, cuando nos hicimos un poco mayores, por un tiempo intentó juntarse con el grupo de los más guais. Pero Christina siempre iba detrás, siempre en segundo plano» —recuerda una compañera de clase que fue al colegio con Christina durante sus años de Educación Primaria.

Una y otra vez, en las charlas de tutoría se le decía a Christina que tenía que levantar más la mano en clase, pero a Christina no le gustaba que la atención se centrara en ella. Como cuando tenía que acudir a una exhibición de taekwondo para conseguir un nuevo cinturón.

Lo odiaba. O cuando la llamaban a la pizarra en la escuela para que hiciera una exposición ante la clase. También lo detestaba. No era que descuidase sus obligaciones: Christina siempre hacía los deberes y solía entregarlos en la clase del día siguiente, aunque se ponía muy nerviosa cuando tenía examen oral de alguna materia. En la familia se cuenta que en su primer examen de danés en la escuela Hedegård llegó a vomitar cuando se vio ante su profesor y un inspector. Hoy en día, sigue siendo un acto reflejo en Christina. Vomita cuando se ve presionada o se mete en situaciones desagradables de las que le es imposible salir.

La enfermera realmente quería ser matrona.

Sin embargo, la nota de Christina en el examen de acceso en el Instituto Vestre Borgerdyd no era lo suficientemente alta como para entrar. La solicitud en el reemplazo tampoco le permitió el acceso. Así que en febrero de 2005 comenzó el Grado de Enfermería en Herlev, principalmente porque esperaba que esas materias fueran su atajo para llegar a ser matrona algún día. Ser enfermera nunca había sido su pasión. Al principio, Christina asociaba la enfermería con lo que hace el personal de las residencias de ancianos, cambiar pañales y asegurarse de que los mayores se bañan. Christina pensaba en la residencia en la que vivieron sus abuelos paternos en sus últimos años. No tenía buenos recuerdos de un lugar en el que a todos los residentes les fallaba algo.

También fue en una residencia de ancianos (en concreto en Brøndby Strand) donde Christina empezó a trabajar en paralelo a los estudios, doce horas a la semana, para poder ganar un complemento a su beca de estudios, pero pronto descubrió que la enfermería era algo más que un trabajo de fin de semana. Una vez que el estudio comenzó a alejarse de la teoría y se convirtió en algo práctico, se volvió realmente emocionante: cuando las enfermeras dejaron los libros y aprendieron a poner una vía o un drenaje. Cuando tuvieron que aprender a mezclar medicamentos y los pacientes anónimos de las clases se convirtieron en personas vivas. Cuando las situaciones se volvían imprevisibles y podían requerir tener que hacerse rápidamente una visión de conjunto y relacionarlo con lo aprendido. En ese momento Christina empezó a entusiasmarse, a pesar de sus reticencias iniciales. Como un mecánico que se pone a trastear con un coche de verdad y descubre que puede hallar la forma de arreglarlo sin ambages.

La niña, que en la escuela primaria hacía sus deberes y solía repasar una y otra vez, se lanzó de la misma manera sobre la materia de estudio en cuanto empezó a gustarle. Para entonces, la timidez ya la había abandonado; fue en los años de la adolescencia. Y la joven descubrió que empezaba a gustarle que la gente le preguntara por la materia que estaba estudiando, porque, cuando uno se esfuerza en hacerlo bien y aprender los términos difíciles, al final también hay una sensación de recompensa cuando alguien te escucha. Christina lo descubrió durante sus estudios de enfermería.

Hizo prácticas en el Departamento de Hematología del Hospital de Herlev, que se ocupa principalmente de los pacientes con cáncer; estuvo en la Unidad de Cirugía Gastrointestinal de Glostrup, en el pabellón psiquiátrico justo al lado y en la residencia de ancianos de Lindehaven, donde habían vivido sus abuelos. Pero fue en su último período de prácticas, el más largo y el que cerraría sus estudios, donde Christina reconoció a la enfermera que llevaba dentro.

En el período previo a sus prácticas, el mayor deseo de Christina, y de muchos de sus compañeros, era entrar en las especialidades más populares de Pediatría o Cardiología. Christina había presentado su solicitud para el último de ellos. Y tuvo suerte. Después de las vacaciones de verano, ella y otra estudiante de enfermería pudieron empezar a trabajar en la Unidad de Cardiología del Hospital de Herlev.

Sin embargo, la condición era que dividirían los seis meses, de modo que una de ellas estaría en el Servicio de Urgencias la mitad del tiempo y luego cambiarían a mitad de curso.

Los dos primeros días de introducción fueron suficientes para ofrecerle una idea clara de lo ajetreado que puede ser un servicio como este. Pero entre el torrente de pacientes que llegaban de las ambulancias, estaba ella: la enfermera que al momento fascinó a Christina. La mujer estaba colocada en un improvisado box, donde recibía a todos los pacientes de urgencia que ingresaban. Coordinaba dónde había que enviar las camas y las distribuía entre las veinticinco plantas del elevado edificio. Decidía a qué dirección debían dirigirse los médicos. Y era capaz de detectar inmediatamente los casos críticos entre todas las camillas que llegaban, sin perder de vista los carteles indicadores en los que la información se iba actualizando con cuentagotas. A Christina le parecía extremadamente hábil evaluando y dirigiendo, sin dar la impresión de estar intimidada por el hecho de que una decisión equivocada en su box podría resultar fatal. Christina recuerda que la pusieron de observadora sin más. Se dio cuenta de que no parecía muy mayor (ni siquiera tenía canas) y, sin embargo, tenía aspecto de estar a gusto en esa frenética actividad. Ese día Christina se dio cuenta de que probablemente a ella le pasaría un poco lo mismo. En las otras unidades en las que había hecho prácticas, sus días buenos habían sido los de mucho trabajo. A Christina no le desanimó el hecho de que en el Servicio de Urgencias esos días parecían estar desbordados, sino todo contrario. Christina estaba fascinada por la ajetreada atmósfera y el trepidante ritmo, que nunca se terminaba. Por el que sus habilidades como enfermera se ponían a prueba una vez tras otra, y así sucesivamente.

Como ella misma explica hoy en día: «Era algo muy especial».

Probablemente, su compañera de estudios se alegró cuando le dijeron que podía quedarse en la Unidad de Cardiología durante el resto del tiempo. Christina renunció a sus meses allá arriba porque prefería tener más turnos en la unidad más ajetreada. Y a medida que ayudaba, observaba, aprendía y ella misma probaba, menos dudas tenía: cuando se graduara, no iba a ser matrona. Un día sería enfermera de urgencias, pero antes de eso tuvo que coger baja por maternidad.

Anders y Christina no llevaban más de ocho meses juntos cuando ella se quedó embarazada. Existen dos versiones de la historia de cómo se conocieron. Según Anders, fue una cita por internet. Christina dice que fue en una fiesta de la escuela de enfermería para la que Anders había conseguido una de las entradas gratuitas que siempre se repartían con el objetivo de mantener un equilibrio entre ambos sexos.

Sea como fuere, Christina estaba soltera en ese momento, porque ya no salía con el chico que, al terminar el instituto, la había llevado a irse de casa a un apartamento de Brøndby Strand. Ahora vivía en un piso de estudiantes junto al hospital. Se convirtió en un lugar al que Anders empezó a ir con mucha frecuencia, pero, cuando supieron que iban a ser padres, la cosa no podía seguir así, claro. Querían irse a vivir juntos y dejar de improvisar. Pero había mucha distancia hasta donde vivía Anders, en la isla de Møn, justo al lado de Falster y Lolland, y Christina prefería estar cerca de sus padres en Hedeparken, que no estaba ni a diez minutos en coche de su pequeño apartamento en Skovlunde. Sin embargo, su nuevo novio tenía planes de arreglar una casa que tenía y, aunque Christina tuviera la sensación de que la estaba presionando, terminó aceptando el mudarse a una provincia y poner rumbo al sur.

Al principio fue difícil. Era como si allí abajo todos hubieran ido juntos a la escuela y en el medio estuviera Christina, en una isla sin conocer a nadie. Echaba de menos a sus padres, lo percibía en el vientre, donde les habían dicho que iba creciendo una niña. Christina se sentía sola, pero decidió intentarlo. Ella y Anders estaban bien, la casa era bonita y había un hospital justo en Nykøbing Falster donde podría conseguir trabajo.

Un día de enero de 2008, sintió que por fin todo cuadraba; su cabeza dejó de cruzar el estrecho para ir a Ballerup. Ese fue el día en que nació Maja.

Capítulo 10

«Por fin en casa después del peor turno de noche de la historia, pero gracias por la lucha».

Christina escribió esa publicación en su muro de Facebook a las 7:34 h de la mañana, unos quince minutos después de dejar la bata en el vestuario y salir del hospital. Había sido un turno de doce horas frenéticas, especialmente al final, cuando surgió la situación con Maggi Margrethe Rasmussen. Aquello había trastocado todas las rutinas de la mañana en el Servicio de Urgencias y las enfermeras habían estado ocupadas hasta el cambio de turno.

Los compañeros del turno de noche se iban ahora a casa a dormir, pero Christina no. Había exhibición de gimnasia artística en Maribo: Maja estaría en la prueba de suelo, así que Christina solo pudo pasar por casa y volver a salir en esa mañana de marzo.

La enfermera se dirigió a paso rápido hacia su apartamento en el Hospitalsvej, a la vuelta de la esquina y a solo unos cientos de metros de la entrada principal de su lugar de trabajo. Se encerró en el segundo piso y dio de comer rápidamente a los dos conejillos de indias antes de volver a la calle, subirse a su Peugeot 208 negro y dirigirse al adosado de Peter, a unos diez minutos de distancia.

Peter era el novio de Christina. Llevaba ya varios meses con el paramédico. Unos años después de que naciera Maja, quedó claro que las cosas no iban a funcionar con Anders. Desde entonces, la relación entre los dos progenitores había sido mala. Cuando Christina decidió mudarse de Møn a Nykøbing Falster, Anders y ella discutieron sobre dónde debería vivir su hija de forma permanente. Al final la situación de Maja la tuvo que resolver la Administración, pero ni siquiera un estricto régimen de 7/7 había conseguido que dejara de haber siempre algún motivo de discusión. Con Peter era muy diferente. La enfermera y el paramédico planeaban un viaje a Turquía, y las cajas de mudanza listas por todo el piso de Christina eran un indicio de las perspectivas de futuro que los dos tenían: iban a irse a vivir juntos.

El contrato del apartamento del Hospitalsvej ya había sido rescindido y las pertenencias de la enfermera iban encaminándose al adosado al otro lado de la ciudad. Ese domingo por la mañana, la madre y el padre de Christina estaban esperando allí cuando la enfermera aparcó en la puerta.

Con un par de latas de refresco, se subió al asiento trasero. Había sido un turno duro, dijo Christina. Parecía cansada, observaron los padres, pero, por lo demás, en ese día no notaron nada en su hija que pudiera ser diferente. La compañera junto a la que a primera hora de la mañana Christina había salido de los vestuarios y cruzado el aparcamiento del hospital tampoco había notado nada extraño. Para ella, Christina estaba exactamente como siempre.

Pero en el hospital ocurría algo que distaba mucho de ser normal.

Mientras los Hansen iban en coche de camino al pabellón de Maribo, un coche de policía se dirigía al lugar de trabajo de Christina. Los dos agentes que iban en él habían sido enviados a una misión inusual por el inspector jefe de Policía Søren Ravn-Nielsen después de que viera interrumpido su café matinal del domingo por una sorprendente llamada a su domicilio.

Niels recibió a los dos oficiales de policía y los hizo pasar al despacho. Allí Pernille intentó resumir el turno de noche de la forma más sucinta posible: tres pacientes habían muerto en el Servicio de Urgencias en las últimas doce horas. Una cuarta persona había estado cerca, pero había sido reanimada.

«La declarante informó de que había sospechado que otra enfermera (Christina Aistrup Hansen) habría abusado de su posición, pues la declarante ha albergado sospechas de que medicaba a los pacientes para que fallecieran o sufrieran un paro cardiaco», señalaron los dos agentes en el informe que se convertiría en el primero de lo que a partir de entonces llegaría a ser un enorme expediente.

En los siguientes minutos escucharon con atención, intentando captar, mientras tomaban notas, todo lo que relataba Pernille: Anna Lise, Viggo, Svend Aage y Maggi.

«Cuando entró, Christina estaba junto al paciente. La declarante se dio cuenta de que Christina tenía dos jeringuillas en la mano. Se trataba de jeringuillas más grandes de las que se utilizan habitualmente en las unidades», escribió el oficial de

Policía. «Mostró un comportamiento nervioso e inseguro, pero la declarante no le preguntó nada más sobre el suceso. Poco después, el estado de la paciente se deterioró», indicaba también.

Una vez que Pernille hubo acabado de hablar sobre Maggi, los agentes la hicieron parar, se levantaron y fueron a llamar e informar a Søren Ravn-Nielsen. Se enfrentaban a un caso que en principio resultaba inquietante y que debía ser investigado más a fondo, informaron los dos enviados por parte de las autoridades.

El inspector jefe de Policía ya no tenía dudas sobre qué hacer. Søren Ravn-Nielsen quería ir él mismo al hospital y puso en marcha la maquinaria. Pronto quedó claro para cualquiera que trabajara en el Hospital Nykøbing Falster que algo estaba pasando en el Servicio de Urgencias. Se llamó a los técnicos de la policía científica de Copenhague. Se avisó a los expertos forenses. Varios investigadores, así como un jefe de investigación para coordinar, fueron convocados y tuvieron que interrumpir lo que estuvieran haciendo ese domingo. El aparcamiento de la institución fue invadido por un buen número de vehículos con visitantes que no parecían ni empleados ni familiares.

El Hospital Nykøbing Falster se había transformado en la escena de un crimen.

*

Christina subió a acostarse. Sus padres se habían quedado en el pabellón de Maribo con Anders, su expareja, para ver la última exhibición de gimnasia, pero Christina y Peter habían regresado en coche a su casa antes de que terminara para que ella pudiera dormir un poco. La enfermera tenía que volver a trabajar esa misma tarde.

Alrededor de las 23:00 h, Christina puso la alarma en su móvil para tener unas cuatro horas de sueño. Antes de cerrar los ojos, consultó Facebook. Varios compañeros habían comentado su entrada «el peor turno de noche de la historia». Christina aclaró en la sección de comentarios que había habido «tres muertes» así como una «parada cardiorrespiratoria».

«Esta mañana casi me ahorco», escribió. Luego se quedó dormida.

*

Tina estaba destrozada. La noche anterior había tenido que llamar al hijo y a la hija de Viggo para decirles que su padre había muerto. Y cuando volvió a la casa donde ella y Viggo habían vivido durante tantos años, no pudo dormir. En su cabeza veía la misma película una y otra vez. El viaje en el asiento delantero de la ambulancia, la subida de defensas, el brillo que le parecía ver en los ojos de Viggo y las cosquillas a Elías en la cama del hospital. Y luego la llamada telefónica y una enfermera diciéndole que Viggo había sufrido un paro cardiaco repentino. Tina había intentado explicar al personal que él había recuperado fuerzas. Hablarles del brillo que había vuelto a su mirada. La enfermera había dicho algo así como: «Tal vez no quería mostraros lo mal que estaba en realidad para protegeros». Tina no creía que fuese así. Había vivido con Viggo más de veinticinco años.

Lo conocía y se habría dado cuenta. Era un comportamiento auténtico.

La familia se reuniría frente a la capilla del hospital a primera hora de la tarde. El personal había dicho que un celador iría a

134

abrir a la una de la tarde para que pudieran entrar y despedirse de Viggo. Tina, su hija y su yerno entraron en el pequeño patio que precede a la amplia doble puerta de madera marrón que da acceso a la capilla.

Llamaron a la puerta y tiraron del picaporte, pero estaba cerrada.

Nadie abrió. Tina llamó al hospital y preguntó por qué no había nadie. Estaban de camino, le dijeron, y los tres salieron del patio hacia la carretera para ver si, mientras tanto, veían ya a los dos hijos de Viggo, que no podían tardar en llegar. Entonces sonó el móvil de Tina.

Era la policía. El hombre se presentó a Tina con un nombre que no le sonaba de nada, pero le anunció que se trataba de Viggo. Ella se paró en seco. «Estoy aquí», añadió el policía al teléfono. Y cuando Tina se giró y miró hacia el patio, pudo verlo. La puerta de la capilla se había abierto y ahora aparecía en ella un policía con el móvil pegado a la oreja. Era el subinspector jefe de Policía de la televisión, según pudo ver Tina. Ella trabajaba en una residencia de ancianos, por lo que estaba acostumbrada a avisar a la policía cuando se producían muertes inesperadas. El oficial que estaba bajo el tejadillo le preguntó a Tina si permitiría que trasladasen a Viggo a Copenhague para practicarle la autopsia. ¿En Copenhague? Se quedó asombrada. Hay un buen trecho hasta Copenhague, pensó Tina. ¿Era eso normal? El policía no dio más explicaciones, pero la novia de Viggo le dio permiso. A la reducida familia se le dijo que disponía de media hora para despedirse.

*

Mientras los familiares se reunían en torno a Viggo, un coche patrulla se dirigía hacia el norte. Había partido poco antes del aparcamiento del edificio principal del hospital y torcido en la esquina; en su interior iba Pernille de camino a la comisaría de Vordingborg, donde se la interrogaría formalmente.

Las notas de la policía tomadas esa tarde en la comisaría recogen que lo primero que se le dijo a Pernille fue que no estaba obligada a hablar. Sería interrogada «en calidad de investigada», como se denomina cuando la policía no puede descartar que los propios testigos acaben siendo acusados en el caso sobre el que declaran, una vez que las autoridades avancen en la investigación. Pero Pernille no necesitaba ni tiempo para pensar ni un abogado defensor a su lado.

Empezó a contarle a la agente todo lo que recordaba. La enfermera habló ininterrumpidamente durante más de dos horas. En el informe de la agente se indica que Pernille habló de los turnos del fin de semana de catorce días antes, cuando Pernille, «apenas abandonado el hospital, ya estaba recibiendo mensajes de Christina de que ahora "este y el otro" habían sido traslados a cuidados intensivos, y de que ahora "este y el otro" estaban muertos». Contó lo de la foto con las notas dactilares. Habló sobre la fama de Christina de estar cerca cuando los pacientes empeoraban. Y sobre la estrategia de Pernille, que incluía «seguir el juego o el humor de Christina» para que no sospechara y aumentaran las posibilidades de atraparla.

«La interrogada declaró que se daba cuenta perfectamente de que parecía una locura», señaló la policía en el informe del interrogatorio. También allí se afirma que se le preguntó a Pernille si no había tenido la oportunidad de detener a Christina antes.

«Ella no lo percibía así, ya que era una acusación muy grave y, aun en estos momentos, se sentía muy mal, en parte porque Christina tenía una hija de siete años. La interrogada declaró que se sentía fatal por ello, también cuando pensaba en el tiempo que había dejado pasar», escribió la policía en su informe.

El informe tenía veintiséis páginas, pero Pernille no consiguió explicar en ningún momento dónde estaba Christina antes de que Anna Lise diera su último suspiro. Tampoco sabía dónde había estado su colega en los minutos previos a la parada cardiaca de Viggo. O de Sven Aage. Pero Pernille insistió en que ella, en todo caso, no había dado a ninguno de los pacientes una medicación fuerte. La oficial de Policía lo marcó con letra resaltada en su informe. Y luego citó lo que Pernille había declarado sobre la culpabilidad de Christina después de haber contado lo sucedido en la habitación de Maggi:

«No tengo absolutamente ninguna duda».

Pernille dijo a la policía que no había hablado con nadie más que con Niels sobre sus sospechas. Bueno, excepto Katja, a quien Pernille se confesó en su paseo con los perros. Cuando terminó el turno de noche, y antes de entrar en el despacho de Niels, Pernille se había encontrado con Katja. Solo habían entrecruzado algunas palabras, pero Pernille había tenido tiempo para decirle una cosa a su amiga, le explicó a la mujer del uniforme que tenía enfrente.

«Algo así como "Es cierto"», señaló la agente.

*

Christina estaba bajando las escaleras para ir al sótano, donde estaba Peter, cuando oyó sonar su móvil, arriba en su dormitorio. Acababa de despertarse. Medio aturdida, se apresuró a subir de nuevo, solo para buscar su móvil con el registro de una llamada perdida de un número no registrado.

Christina devolvió la llamada.

«Aquí la policía», dijo el hombre al teléfono.

Tres agentes se encontraban en Hospitalsvej y habían comprobado que ni la enfermera ni su coche estaban en la dirección. Entre ellos había un comisario de Policía y ya se había llamado a un cerrajero, pero el policía no se lo dijo a la enfermera. Simplemente se le pidió que acudiera de inmediato. Se puso a temblar. «¿Le ha pasado algo a Maja?», dice Christina hoy que fue su reacción inmediata y una pregunta que le hizo repetidamente al oficial por teléfono. Recuerda que, al momento, pensó que Anders podría haber tenido un accidente con el coche llevando a su hija a casa desde el pabellón.

El agente negó que tuviese que ver con Maja, pero no quiso dar más explicaciones hasta que Christina fuese a su casa, algo que la enfermera debía hacer de inmediato o, en caso contrario, la policía iría a buscarla. Christina y Peter salieron inmediatamente hacia Hospitalsvej. Diez minutos después, llegaron al portal del edificio donde vivía la enfermera.

El 1 de marzo de 2015, a las 15:34 h, Christina Aistrup Hansen fue detenida y acusada de intentar matar a Maggi Margrethe Rasmussen. Allí mismo negó su culpabilidad.

*

En la calle ya había oscurecido cuando la encerraron en una celda de la antigua prisión de Nykøbing Falster.

Y entonces se hizo el silencio. Todas esas horas sin dormir prácticamente. La guardia nocturna y directamente a la exhibición de gimnasia en Maribo, y luego la llamada de la policía y su absurda acusación; sus preguntas, registros y cacheos; la detención, y el traslado para interrogarla y hacerle más preguntas, que no cesaron hasta las 23:10 h, cuando la oficial de la Policía finalmente dijo que eso era todo por el momento y, al acabar, anotó en su informe:

«Interrogada finalmente, la acusada afirma no haber participado de manera alguna en ningún acto delictivo en el hospital».

El interrogatorio de Christina duró más de tres horas y media, interrumpido solo por un forense que en un momento dado entró y preguntó si Christina estaba dispuesta a dar una muestra de sangre y orina.

Cuando la puerta blindada de la celda, de madera y de unos quince centímetros de grosor, se cerró, puso punto y final a un día que Christina nunca podrá olvidar.

Los informes policiales dicen que ella había accedido previamente a todo lo que los agentes le pidieron. Christina había respondido inmediatamente a la llamada perdida y había vuelto a casa sin demora después de que la policía se pusiera en contacto con ella. Había firmado voluntariamente la orden de registro que llevaban, que permitía a las autoridades inspeccionar su apartamento y su coche.

Respondió de manera afirmativa cuando se le preguntó si estaba dispuesta a declarar y a responder a las preguntas. Aceptó que se le tomara una muestra de sangre y orina. Accedió a leer y firmar la transcripción de su interrogatorio, declarando con ello que estaba de acuerdo con la forma en que la policía había reproducido su declaración, aun teniendo en cuenta que es algo que no es obligatorio hacer. Y había dicho que no cuando los dos hombres le habían preguntado al iniciar el interrogatorio si debían llamar a un abogado defensor antes de empezar. Aquella noche aún no le habían dicho a Christina que las autoridades sospechaban que estaba detrás de una serie de muertes. De las notas policiales se desprende que solo se le dijo a la enfermera que se trataba de Maggi.

Durante el largo interrogatorio nocturno, los agentes mencionaron al principio que tal vez Christina tuviera que presentarse a una vista preliminar al día siguiente. La propia Christina dice que, cuando se subió al asiento trasero del coche de policía unas horas antes, creía que tan solo respondería a las preguntas y luego se iría a casa. Pensó que, si no se resistía, los acompañaba, respondía de buen grado y explicaba convenientemente que había habido un malentendido, la llevarían de vuelta a su apartamento. Pero ahora se daba cuenta de que las autoridades iban en serio.

Christina lloró cuando finalmente se quedó sola. Pulsó el timbre para llamar a algún funcionario de prisiones y preguntó si sus padres sabían que estaba allí, en el calabozo. Pero no obtuvo respuesta.

Tampoco cuando lo intentó de nuevo un poco más tarde ni otra vez más.

El personal con las camisas azul celeste dijo que no podían informar sobre ello.

Christina no sabía cómo actuar. ¿Qué podía hacer? Algo le decía que debía aprovechar el tiempo, pero ¿para qué? Ni siquiera se atrevió a hacer la cama y, en su lugar, se sentó en el colchón azul agujereado, paralizada, llorando y mirando al infinito, que desde allí dentro se veía muy limitado. Christina miró a su alrededor. Encontró determinados puntos fijos en la luz amarillenta de la lámpara que teñían todo del color de la nicotina: el lavabo, la nevera, la silla, el armario, el escritorio, la cortina, la falsa ventana del fondo por la que no entraba la luz del exterior, el cubo de basura…

Christina cogió la papelera y vomitó en ella.

Capítulo 11

Había jeringas, tubos, bolsas, agujas, cajas, botes, envases, cartones, ampollas… La policía buscaba cualquier cosa que pudiera provenir del turno de noche y que pudiera tener huellas dactilares o que pudiera haber contenido medicamentos. Mientras los investigadores recogían pistas, los agentes trabajaban con intensidad en los dos despachos del fondo del Servicio de Urgencias que habían habilitado como puestos de trabajo permanentes y como lugar para ir llamando al personal para interrogarlo.

Cuando los agentes y los técnicos científicos llegaron por la mañana, se encontraron con que el hospital era una escena del crimen atípica sencillamente porque no se podía acordonar. Los pacientes no dejaban de llegar por el largo corredor del Servicio de Urgencias. No era un punto de partida óptimo para un caso de asesinato. Todo investigador con experiencia sabe que es esencial que la escena del crimen se preserve lo más rápidamente posible si se quiere conseguir pruebas no contaminadas.

También es de sobra conocido que las pistas más valiosas suelen encontrarse en las primeras horas posteriores al fallecimiento de la víctima. Pero un Servicio de Urgencias ajetreado no se puede cerrar, por lo que era aún más importante que los trabajos para preservar las pruebas se pusieran en marcha lo antes posible, para no arriesgarse a que se perdieran, se contaminaran, se echaran a perder o quedaran desatendidas.

Las autoridades utilizaron con avidez al médico jefe Niels Lundén, que ayudó indicando dónde podían encontrarse las posibles pruebas. En los informes policiales se puede leer que el médico jefe recorrió las habitaciones con un oficial y recogió bolsas de los cubos que aún no habían sido vaciados y que, por tanto, podían contener restos del turno de noche. Niels mostró a la policía la sección donde se guardan las muestras de sangre y donde señaló a los agentes los frascos de la sangre que se había extraído a los pacientes del Servicio de Urgencias nada más ser ingresados. Las muestras de sangre podían revelar si los pacientes habían llegado al hospital con o sin drogas en las venas, y por esa razón era importante que no se desecharan, razonaba Niels. El médico jefe les mostró a los agentes dónde estaban los contenedores especiales de plástico amarillos y rojos. Estos contenedores, repartidos por varios lugares del Servicio de Urgencias, eran utilizados por el personal para deshacerse de agujas usadas, ampollas y otros residuos químicos. Se colocaron nuevos contenedores; de este modo, la policía garantizó que las autoridades dispusieran de todos los que podían haberse utilizado como pequeños depósitos temporales para jeringuillas y ampollas usadas por el turno de noche. Y finalmente Niels entró en las salas de medicamentos de Urgencias 2 y Urgencias 3.

«En las Salas de Medicamentos, se le pidió al médico jefe Niels Lundén que señalara los medicamentos que, según él, serían letales y fáciles de usar si se tenían malas intenciones con los pacientes. Niels Lundén indicó los siguientes medicamentos», recogió uno de los dos oficiales de Policía en su informe, donde detalla que el médico jefe había señalado, entre otros, la morfina, la epinefrina, el Stesolid y el cloruro de calcio. Los agentes se pusieron guantes azules de plástico y pasaron una hora contando escrupulosamente todos los medicamentos de las estanterías y los cajones, anotando las existencias en uno de los cuadernos tamaño DIN A4 que llevaban.

Finalmente, también se aisló la basura. La policía acabó asegurando un total de cuatro grandes contenedores azules de basura. Dos de ellos eran los contenedores que Niels y el celador habían sacado y llevado de vuelta a la unidad por la mañana, antes de que llegaran las autoridades. Se añadieron dos nuevos contenedores con toda la basura extra que se había recogido en las habitaciones y los despachos durante la tarde y que, de hecho, podría haber procedido de la guardia nocturna. A lo largo del domingo se los llevaron todos a la cámara frigorífica, que se encuentra en el sótano bajo la capilla del hospital. Era un lugar obvio para almacenar temporalmente posibles pruebas. Solo unos pocos miembros del personal tienen la llave de la sala donde se guardan a seis grados los cuerpos de los pacientes muertos. Y el día siguiente sería más adecuado para que los investigadores abrieran las bolsas rodeadas de tiras y empezaran a clasificar todos los residuos.

El lunes, dos oficiales de policía comenzaron a trabajar. Pronto se les unieron otros tres. Y durante casi dos horas, los agentes permanecieron encorvados, escudriñando todo lo que (por lo que podían sentir a través de sus guantes de plástico) se había enfriado después de pasar toda la noche en el interior de los contenedores azules de seiscientos litros. Rebuscaron en tubos, guantes usados, frascos, envoltorios, papeles y cartones, pero sobre todo lo que buscaban eran jeringuillas.

En total, sacaron veinticinco. La gran mayoría tenía los émbolos presionados, pero todavía podía haber residuos de droga en el interior que los técnicos químicos podrían determinar, y en el exterior podía haber ADN o huellas dactilares. Había que enviar todas las jeringuillas de plástico para su análisis. Los agentes colocaron cada una de ellas en una bolsa transparente, diseñada especialmente para garantizar que las pruebas no se contaminen ni destruyan. El trabajo se hacía minuciosamente. Una o más de las jeringuillas podrían ser el arma homicida que la policía estaba buscando. Podría ser la prueba que sirviera para atrapar a un posible asesino.

*

La furgoneta, que estaba chorreando por la lluvia, recorrió menos de un kilómetro para llegar desde el calabozo hasta la entrada en el juzgado de Nykøbing Falster ese lunes al mediodía. En una esquina del aparcamiento, una puerta metálica se abrió con el tiempo justo para permitir que el coche accediera por la parte trasera del edificio. Y para preservar la intimidad, los oficiales sacaron a Christina de la furgoneta en un día gris y la condujeron hacia la entrada trasera. Habían pasado casi veinticuatro horas desde que la enfermera había sido detenida en su apartamento, a cinco minutos en coche. La policía quería asegurarse de que no volviera por ahora.

La puerta de la Sala B se abrió a las 14:00 h. Entró la enfermera, que escudriñó el suelo de linóleo y se dirigió directamente hacia la típica silla apilable Serie 7, diseñada por Arne Jacobsen, tapizada en negro y situada junto a la única mesa del centro de la sala, frente al juez. Mantuvo la mirada baja, pues los había visto desde un primer momento, sentados frente a su madre y su padre: los periodistas.

Dos horas antes de que Christina entrara en la sala, la agencia de noticias Ritzau había revelado en un comunicado que la policía había empezado a investigar «una serie de muertes sospechosas en el Hospital Nykøbing Falster». En ese momento, la noticia no dejaba de aparecer en el telediario de TV 2, en el que el director del hospital entraba en directo sin poder dar mucha información. En la Sala B, los periodistas se habían sentado en primera fila con sus portátiles, listos para informar sobre la vinculación que aquella mujer pudiera tener con el caso, pero todavía faltaban los detalles.

La fiscal de la policía, Jeanette Wincentz Andersen, comenzó pidiendo que la audiencia se celebrara a puerta cerrada y que se expulsara a los representantes de la prensa. Los periodistas de Ekstra Bladet, Ritzau, TV Øst y Lolland-Falsters Folketidende protestaron, pero el abogado defensor designado por Christina estuvo de acuerdo con los deseos de la fiscal y también el juez. Ni siquiera se permitió la lectura de la acusación ante el público.

Sin embargo, cuando, tras la vista, la fiscal declaró que se trataba de un «caso insólito», que «no tenía precedentes en Dinamarca», fue suficiente para que tanto TV 2 como Radio de Dinamarca informaran sobre el Hospital Nykøbing Falster en sus telediarios nocturnos, con dos reporteros de pie frente a un tribunal que aparecía ahora con las luces apagadas en el interior.

«Todavía no se sabe si la mujer acusada es empleada del hospital o ha estado allí por otros motivos», leyó el presentador del telediario en el estudio, desde donde preguntó a los enviados especiales de la cadena cómo había reaccionado la acusada ante esta la situación.

«Estaba muy turbada. De hecho, estaba sollozando cuando esta tarde la condujeron a la Sala del Tribunal. Y estaba claramente afectada cuando el juez le dijo que había decidido que debía permanecer en prisión preventiva», informó el periodista.

El director del hospital, Arne Cyron, también fue entrevistado para el telediario de esa noche. No pudo dar muchos detalles, salvo que fue la Dirección del hospital la que llamó a la policía.

«Ayer, miembros del personal se pusieron en contacto conmigo por unas muertes sospechosas que se habían producido aquí en el hospital. Lo investigamos y nos pusimos en contacto con la policía», explicó Arne Cyron.

No era la verdad, pero el director, que sabía de comunicación en momentos de crisis, no quería que se supiera aún que eran miembros del personal los que habían llamado a la policía. Así que repitió el mensaje con pocas variaciones a los periódicos y a las noticias de TV 2, añadiendo:

«Los trabajadores están, por supuesto, preocupados porque la Dirección del hospital haya tomado esta medida».

Tina Hansen estaba sola en casa viendo las noticias de la noche. En los distintos canales, los presentadores repetían que aún no se sabía en torno a quién giraba el caso, pero Tina no tenía ninguna duda, aun cuando la policía no se había puesto en contacto con ella para contarle lo que estaba segura de que pronto le dirían. El caso de la televisión era sobre Viggo.

*

Cuando el público abandonó la pequeña sala, Christina repitió al juez lo que había dicho a los dos policías en la comisaría el día anterior: que era inocente.

Pero el caso contra ella se había agravado aún más desde que se había ido a dormir a su celda. Ahora no se limitaba a un intento de asesinato. La fiscal leyó la acusación de que Christina también era sospechosa de matar a los pacientes Anna Lise Poulsen, Viggo Holm Petersen y Svend Aage Petersen.

La enfermera se declaró inocente de todos los cargos y, mientras la fiscal repasaba los puntos uno por uno, la acusada respondía lo mismo cada vez que se le preguntaba si había inyectado, por ejemplo, Stesolid en una vena del paciente en cuestión:

—No.

Sin embargo, dijo que sí le había administrado Stesolid a otro paciente durante su turno de noche y eso podría explicar que Pernille la viera con dos jeringuillas, porque ella estuvo allí en ese momento.

La situación vivida en la habitación de Maggi, que la compañera de Christina había descrito con detalle a los agentes, Christina no la quería tachar de mentira, dijo ante el tribunal, pero tenía su explicación.

Christina detalló que más o menos en aquel momento le había suministrado al enfermo de la habitación 37 (Henrik, el paciente que había sido ingresado por sobredosis de

148

medicamentos para la epilepsia) Stesolid, para apaciguar sus convulsiones. Christina había preparado el Stesolid en una pequeña jeringa de 2 ml y, aunque no estaba totalmente segura, quizás era la que llevaba todavía en la habitación de Maggi cuando entró Pernille. Sin embargo, Christina estaba segura de que llevaba una, pero solo una, jeringa de 20 ml. En su interior había algo tan inocuo como unos antibióticos destinados a una anciana de la habitación 33, insistió.

En principio, la explicación no era del todo descabellada. Los investigadores descubrirían más tarde, cuando empezaron a leer los historiales médicos, que era cierto que el médico había recetado Stesolid a Henrik. Y la mujer de setenta y cinco años de la habitación 33 efectivamente recibió antibióticos.

«De ningún modo trató de ocultar a Pernille las agujas. Por qué iba a estar asustada ante esta situación», se anotó en el acta de la vista. Mientras Christina y el pequeño grupo de semblante serio que la rodeaba estaba a puerta cerrada en el juzgado, seguía habiendo investigadores con guantes de plástico recorriendo el Servicio de Urgencias y buscando pistas. La investigación estaba solo en su segundo día; evidentemente, la policía aún no se había formado una idea completa del caso y de su alcance, y la fiscal no tenía ni idea de qué pruebas técnicas podrían encontrarse entre todas las cosas que las autoridades se habían llevado en bolsas del hospital. Pronto se pusieron en marcha los análisis, las tomas de las muestras de sangre, los medicamentos, los posibles restos de ADN y las huellas dactilares, pero pasarían semanas antes de que empezaran a llegar las respuestas. Por lo tanto, estaba condicionado lo que la fiscal, Jeanette Wincentz Andersen, podría esgrimir contra Christina durante la audiencia previa al juicio, por no hablar de los escasos interrogatorios a testigos que se habían llevado a cabo hasta el momento.

No obstante, la policía había recogido el domingo una selección de muestras sobre las que ya podía ser interrogada. Se trataba de los hallazgos que los agentes habían realizado en el domicilio de Christina. Entre otras cosas, un montón de blísteres medio vacíos con morfina, zopiclona y pastillas de Oxapax.

La zopiclona es un somnífero y el Oxapax, un sedante que alivia la ansiedad y la inquietud. Junto con las píldoras de morfina, eran medicamentos fuertes que necesitaban receta. Medicamentos que en principio Christina no estaba autorizada a tenerlos en sus manos. La policía encontró los blísteres dentro de un cajón y de una bolsa en el dormitorio de Hospitalsvej. También los localizaron en el bolso que Christina se había dejado en el coche de Peter. Y más aún en la casa adosada del novio, a la que se dirigieron dos agentes tras la detención, que también fue objeto de registro.

La enfermera también tenía varias jeringuillas, por ejemplo, en el bolso negro del coche, junto con un móvil, un peine y un cepillo de dientes; había dos jeringuillas pequeñas, aparentemente usadas, y dos envases individuales de agujas, uno de ellos estaba intacto. En el domicilio de Peter (en un cajón de la mesilla de noche del piso superior, en el botiquín y en un bolso de mano en la encimera de la cocina), los investigadores también encontraron varios paquetes de agujas hipodérmicas. Christina explicó al juez que las utilizaba para quitar astillas y que no era raro que tuviera a mano «material médico» para poder atender «heridas leves». Los envases y las jeringuillas usadas podrían haber llegado allí al vaciar los bolsillos de la bata tras el turno de noche. A veces los vaciaba en su bolso, que ordenaba de tarde en tarde, afirmó. Así quedó registrado en el acta.

El acta de la comparecencia también incluye la explicación de la enfermera sobre las pastillas: procedían de cuando cuidaba a su hermana menor, que enfermó gravemente de cáncer y murió en octubre de 2013. Durante la última etapa, Christina cogió una baja por enfermedad en el trabajo para así poder ayudar con los cuidados. Durante este periodo, a su hermana pequeña le recetaron una fuerte medicación, y posteriormente Christina había guardado lo que le quedaba, y utilizaba las pastillas para dormir.

Los investigadores tratarían de comprobar si se trataba de una explicación coherente. Otra explicación podría ser que la enfermera tuviera algún tipo de adicción, que pudiera mantener robando pastillas de las salas de medicamentos del hospital. La policía no había encontrado la teoría del todo inverosímil, y por eso, horas después de su detención, los investigadores pensaron que había que hacerle un análisis de drogas en sangre, y un forense, que durante el domingo había estado paseando por la cámara frigorífica del hospital examinando a algunas de las posibles víctimas del caso, había sido enviado a la comisaría y había interrumpido el interrogatorio de Christina para obtener una muestra de orina y otra de sangre. Pasarían unos días antes de que llegaran las respuestas, pero las sospechas de que Christina podría tener un problema de adicción no se disiparon después de que la policía presenciara el domingo cómo se comportó cuando se dio cuenta de que iba a ir al calabozo.

Cuando los investigadores empezaron a registrar su apartamento, se mostró inicialmente cooperadora y les indicó dónde había pastillas, pero por el rabillo del ojo un agente vio que la enfermera intentaba introducir dos pastillas en su zapato izquierdo. La cooperación cesó y fue registrada y llevada a la comisaría.

Christina admitió ante el tribunal que así se había desarrollado el incidente, pero negó que tuviera algún tipo de adicción.

«Lo que puso en sus zapatos eran analgésicos contra el dolor menstrual», señalaba el acta.

Durante el registro del adosado y del apartamento, la policía rebuscó en todos los papeles que pudo encontrar. Miraron el diario de Christina y los archivadores, las fundas y los cuadernos que tenía en los cajones, en los alféizares y en las baldas de las estanterías. Los agentes encontraron muchas notas y apuntes que daban a entender que Christina era una enfermera que se llevaba el trabajo a casa. En un cuadernito de color morado vieron que había intentado dibujar cuidadosamente a lápiz cómo se pueden interpretar los ritmos cardiacos en un electrocardiograma. «Fibrilación auricular, irregular. Aleteo auricular, bloqueo 4:1», decían las notas en las primeras páginas. Las autoridades también encontraron, entre otras cosas, un registro de la cantidad de morfina, Stesolid y adrenalina que pueden tomar un adulto y un niño. Y encontraron una serie de anotaciones que trataban sobre medicamentos para pacientes mayores y ataques al corazón. Pero, como señaló un agente en su informe tras examinar uno de los archivadores de anillas, se trataba «claramente de apuntes de clase relacionados con la formación como enfermera». En general, la gran mayoría de los muchos materiales de Christina que la policía leyó podía justificarse simplemente por ser una persona interesada por su profesión.

Sin embargo, había algunas hojas que destacaban. Eran historias médicas de pacientes. Historiales que Christina había imprimido en el hospital y se había llevado a casa. Entre ellos había dos expedientes en la cómoda del dormitorio, ambos sobre pacientes de sesenta y tantos años que habían sido ingresados el mes anterior. Y cuando el domingo por la tarde la policía registró la taquilla personal de Christina en el hospital, encontró varios historiales en una bolsa. Según las notas, dos de los pacientes habían fallecido durante su estancia en el hospital. La policía anotó todos los nombres y en sus informes escribió que en el bolso de Christina había una etiqueta con el nombre de Maggi Margrethe Rasmussen y el número de DNI de la paciente. En principio, todo parecía sospechoso, dijo la fiscal ante el tribunal.

Pero Christina no estaba de acuerdo.

Había impreso las historias médicas porque tenía que revisar un total de diez procesos clínicos con un compañero. Había que entender que eso era parte de la formación de enfermería de urgencias que Christina había superado el año pasado. Christina había guardado la nota con el nombre de Maggi porque tenía la intención de tratar la evolución con un médico cuando volviera al hospital. Como ella no estaba autorizada a buscar a los pacientes en los sistemas, tenía que recordar su número de identidad, explicó la enfermera, que también expresó que tenía intención de denunciar el incidente en la Oficina para la Seguridad del Paciente.

En el acta se añadió: «No cree que sea inusual o infrecuente que el personal del hospital tenga en casa información sobre los pacientes».

La audiencia duró casi cuatro horas. Para finalizar, la acusación argumentó que liberar a la enfermera ahora podría poner en peligro la investigación. Christina podría hacer desaparecer pruebas y tratar de influir en sus colegas, argumentó Jeanette Wincentz Andersen. El abogado defensor de Christina protestó. Y en lo que respectaba a Anna Lise y Svend Aage, el juez estimó sus protestas, considerando que la policía no había podido presentar nada para que la sospecha contra Christina fuera «motivada». Sin embargo, en el caso de Viggo y Maggi, ocurría lo contrario. Había razones de peso para creer que Christina podría haberlos envenenado, creía el juez. Y con ese argumento, permitió que la policía se llevara a la enfermera de vuelta al calabozo.

La defensa recurrió en el acto, pero el Tribunal de Apelación también dictaminó que la enfermera debía seguir en prisión preventiva. Por el momento, durante tres semanas. Christina también fue sometida a control de visitas y de correspondencia. Esto significaba que su correo sería leído al entrar y salir de la prisión, y que la enfermera no podría estar a solas con ninguna de las personas a las que se les permitiera visitarla. Un agente de policía estaría en todo momento presente en la sala, incluso en el caso de la hija de Christina.

Antes de que se llevaran a Christina, se le permitió ver a sus padres en una de las salas de la parte posterior del juzgado. Desde que su novio, Peter, llamó a su suegro el domingo y le contó lo de los policías que estaban en Hospitalsvej, la familia de Christina había intentado averiguar de qué era sospechosa.

Cuando fue detenida, Gitte y Henrik acababan de regresar al piso de Ballerup. Hasta ese momento, el domingo de padres se había convertido en un domingo auténtico para los abuelos, en el que desde los bancos del pabellón de Maribo habían aplaudido entusiasmados a su nietecita.

Cuando Peter llamó, habían pasado solo un par de horas desde que se despidieron de él en el pasillo. Ahora, al teléfono, parecía conmocionado. Les dijo que Christina había sido arrestada. Pero no pudo explicar mucho más antes de contarle a Henrik que tenía que colgar porque la policía iba camino de su casa para registrarla también. «Llamaré más tarde». Y la conexión se interrumpió.

Gitte y Henrik trataron de imaginar qué podría haber pasado, pero no se les ocurrió nada que tuviera sentido. No tenían ni idea, ignoraban de qué se trataba. Henrik intentó en vano llamar a la Comisaría de Vordingborg y presentarse como padre de Christina Aistrup Hansen, pero el agente no quiso contarle nada. La policía ni siquiera quiso confirmar que su hija había sido detenida después de que Henrik respondiera «sí» a la pregunta de si Christina era mayor de edad.

Gitte llamó a una de las amigas de la hija, pero ella tampoco sabía nada, y los padres tuvieron que acostarse el domingo sin saber nada. El lunes por la mañana, se levantaron tan temprano que estaban ya frente a la Audiencia Provincial de Nykøbing Falster cuando un empleado abrió la puerta de la recepción. En esos momentos el personal aún no tenía información sobre cuándo comparecería Christina ante el juez, o de si lo haría, por lo que los padres fueron a casa de Peter tan solo a esperar. A través de la televisión de su yerno fue como acabaron enterándose de por qué su hija había sido detenida por las autoridades.

Durante el día, Peter había escuchado decir a un conocido que probablemente la policía pronto emitiría un comunicado de prensa o tal vez daría una conferencia sobre Christina. Una sensación de inquietud se apoderó de los padres. Un comunicado o una rueda de prensa no era un buen presagio. Y tenían razón. Poco después, vieron los titulares del telediario de TV 2: «Muertes sospechosas». Esas dos palabras, junto con «Hospital Nykøbing Falster», eran los titulares de las noticias de última hora que se desplazaban de forma continua por el faldón amarillo del televisor de Peter. Parecía algo completamente irreal. Eso no podía estar pasando.

A Gitte y Henrik les autorizaron a ver a Christina después de la vista, ya que, al ser a puerta cerrada, ellos también habían tenido que abandonar la sala. Por ello, se les concedieron cinco minutos en una estancia en la parte posterior.

Ya previamente se les había avisado de que no deberían hablar con Christina sobre su caso. Un par de policías estaban presentes en la pequeña sala de visitas para asegurarse de que cumpliesen el acuerdo: una palabra sobre el caso y la reunión se interrumpiría. Así que Gitte y Henrik se acercaron a su hija sin saber muy bien qué decir. Porque ¿cómo puede alguien ver a su niña por primera vez después de que haya sido detenida y considerada sospechosa de asesinato y no poder preguntarle qué está pasando? ¿Por qué sospechan de ti? Eres inocente, ¿verdad? Todas estas preguntas estaban prohibidas.

Christina parecía afectada, pero serena, cuando la llevaron con sus padres. Gitte y Henrik trataron de comportarse de la misma manera, pero de todos modos los tres acabaron llorando, hasta que se calmaron y se dedicaron a arreglar todas las cosas prácticas: Christina había salido sin nada, por lo que se permitió a los padres darle algo de dinero en efectivo y a ella darles el código de su perfil de Facebook para que lo cerraran y alejar así a los periodistas, que probablemente empezarían a husmear. Se les permitió intercambiar un abrazo y Gitte y Henrik dijeron que buscarían un abogado distinto al de Nakskov que le había sido asignado a Christina. Probablemente sería mejor que viniera alguien que no fuera «de aquí», pensaban los padres. Luego la policía se llevó a Christina.

Ese lunes, Gitte y Henrik Hansen comenzaron de inmediato a intentar conocer un sistema totalmente desconocido para ellos. Nunca habían estado en un tribunal, pero pronto aprenderían los fundamentos de la prisión preventiva y las vistas sobre prórrogas de plazos; y las solicitudes de visitas, los tiempos y controles, la legislación aplicable y los derechos del sistema penitenciario danés.

Los padres estaban convencidos de que tenía que tratarse de un malentendido. Tres semanas, solo tres semanas, y se habría acabado, se dijeron. Estaban muy alejados de la verdad.

Capítulo 12

El martes 3 de marzo era un día como los demás. El abogado, de sesenta y siete años, iba en su Volvo, el cinturón de seguridad aplastaba la chaqueta de su traje, cuando sonó su móvil y automáticamente se activó la conexión *bluetooth* integrada en el automóvil. «Jørgen Lange», respondió el abogado, inmerso en el tráfico matutino que bajaba desde los barrios más elegantes del norte hacia su oficina en Amaliegade, en el centro de Copenhague.

Pudo oír que la mujer al otro lado de la línea estaba evidentemente agobiada, pero tenía que admitir que, a pesar de sus casi cuarenta años de experiencia, lo que empezó a contarle no lo llegaba a comprender. Al menos hasta que ella le preguntó si no había visto las noticias y no había oído hablar de una enfermera de Nykøbing Falster.

—Sí, he leído sobre ello —respondió.

—Soy su madre —le dijo la mujer.

Y entonces cayó en la cuenta. Tras una reunión con la familia de Christina, Jørgen Lange aceptó. Se haría cargo del caso. En aquel momento, solo se componía de cuatro o cinco carpetas con material de la investigación que el abogado recibió poco después. Le asignó una estantería en su despacho de Amaliegade y empezó a leer.

Su primera tarea era conseguir la puesta en libertad de Christina, mientras la policía continuaba lo que parecía el comienzo de una investigación de amplio alcance. Sin embargo, Jørgen Lange no lo logró. Tres semanas después, la prisión preventiva de Christina fue prorrogada. Esta vez por otras cuatro semanas, y así ocurrió sucesivamente.

Al tiempo, las carpetas y las cubiertas rosas de la policía seguían llegando a la oficina a medida que la investigación se ampliaba y la policía enviaba las últimas informaciones. Un metro de estantería se convirtió en dos. El abogado no tardó en darse cuenta de que sería un caso al que tendría que dedicar prácticamente todas sus horas de trabajo.

Capítulo 13

Pernille no era la única que había encontrado a Christina sospechosa. A medida que las enfermeras del Hospital Nykøbing Falster iban siendo llamadas para ser interrogadas, varias dijeron a la policía que habían pensado inmediatamente en la compañera de pelo oscuro cuando oyeron en los medios de comunicación o en alguna de las salas de personal del hospital que alguien había sido detenido. Algunos otros incluso afirmaron que ya antes habían sospechado que Christina había hecho algo parecido a lo que denunció Pernille. Y un par de ellos llegaron a decir que estaban convencidos de que Christina era culpable del crimen que las autoridades habían empezado a investigar. ¿Por qué entonces no se había llamado a la policía hasta ese momento? Era un misterio cada vez mayor.

La policía de Selandia del Sur y de Lolland-Falster reunió a varios investigadores y a un jefe de investigación, quienes se encargarían del caso en la comisaría de Vordingborg, donde se encuentra el Departamento de Delitos Contra las Personas de ese distrito policial.

Con reuniones de seguimiento diarias, el equipo era responsable de gestionar toda la información que no tardó en llegar desde el Hospital Nykøbing Falster. Después de que las autoridades aparecieran tratando de hacerse una idea, había de pronto muchas personas dispuestas a hablar. Y una vez que el interrogatorio se inició, se abrió en la planta baja del centro hospitalario todo un mundo que, a medida que el personal contaba sus historias, se hacía cada vez más increíble.

Ahora la policía recibía información sobre muchas otras alarmas cardiacas inesperadas; sobre otras muertes inexplicables semanas y meses atrás; sobre un sospechoso incendio en una habitación; sobre las tasas de mortalidad que, al parecer, aumentaron repentinamente y dispararon los comentarios en el Servicio de Urgencias, y sobre una probable causa que llevaba tanto tiempo comentándose y sonaba tan inquietante que para los ajenos al lugar podría resultar complicado entender por qué hasta entonces no había salido de los edificios de ladrillo rojo. La protagonista de todas las historias era siempre la misma: Christina Aistrup Hansen.

Al parecer, era bien sabido que el Servicio de Urgencias tenía más ajetreo justo cuando ella estaba trabajando. Muchos de sus colegas confirmaron que era algo que se decía: «guardias Christina», apuntaron los agentes en sus informes. Había que entender que era un fenómeno real. Un prodigio ante el que la propia Christina se sonreía cuando por la mañana otro turno de noche había demostrado que las situaciones especialmente urgentes tendían a concentrarse en las horas en que ella estaba trabajando.

Incluso la noche anterior a aquella en que Christina tuvo su último turno nocturno en el hospital, estuvieron hablando de ello en la Sala de Personal, según explicó el enfermero Anders, que esa noche había cedido el testigo de Urgencias 3 a Christina y Pernille. Como la policía señaló en su declaración testifical:

«El testigo recordó que se decía: "¡Ajá…!, Christina está de guardia, vamos a tener algunas muertes". El testigo explicó que era él mismo y el resto del personal, incluida Christina, quienes hablaban de ello».

En el interrogatorio de Anders en la comisaría, el agente le había preguntado si este tipo de conversación se producía a menudo cuando llegaba Christina.

«Siempre», respondió el enfermero, explicando que «era porque los pacientes morían en los turnos de Christina».

Según Anders, las «guardias Christina» eran algo que existía desde hacía varios años. Y, según él, tenían una característica típica: los pacientes solían presentar «algo en el corazón»; Christina era famosa por su habilidad para saber tratar esas dolencias, pues era una gran apasionada de las enfermedades cardiacas y sabía interpretar los cardiogramas, entre otras cosas.

Otra enfermera que llevaba trabajando en el Servicio de Urgencias desde 2008 y había tenido varias «guardias Christina» explicó que se veía una clara diferencia entre esos días y aquellos en los que Christina no figuraba en el cuadrante de turnos.

«Había mucho "drama" cuando la acusada estaba de guardia», escribió la policía en su informe de la declaración.

«Por drama, la declarante quiso decir que siempre había "pacientes megaenfermos", igual que siempre había pacientes enfermos que se recuperaban después de haber estado muy graves. Además, siempre había pacientes que sangraban profusamente y nunca había turnos tranquilos, como los que tiene la declarante con sus otros compañeros. La declarante se llevaba preguntando mucho tiempo por el ajetreo en los turnos de la acusada, pero simplemente había pensado que la acusada podría atraer a esos pacientes», dice el acta del interrogatorio, que tuvo lugar en la comisaría local de Nykøbing Falster un mes después de la detención de Christina.

En ese momento, estaba claro que entre las bambalinas del Servicio de Urgencias se hablaba desde hacía tiempo de los pacientes sorprendentemente enfermos en los turnos de Christina. En un hospital, lo llaman «cotilleo de enjuague». Este tipo de cotilleos sobre Christina nunca habían llevado a una sola denuncia en la comisaría. La policía, por supuesto, lo investigó, pero no, en sus sistemas no había ninguna constancia.

Los agentes preguntaron a varias enfermeras por qué no habían reaccionado llamando a la policía. Una y otra vez, la respuesta fue que nunca habían visto nada concreto que no pudiera explicarse como una coincidencia.

«En realidad poco se puede hacer hasta que no se tienen pruebas», dijo Anders, que ahora «esperaba que la policía obtuviera información sobre todas las muertes ocurridas en el Hospital Nykøbing Falster y que tuviesen alguna relación con las guardias de Christina», según anotó el agente tras su interrogatorio.

Otros respondieron que la idea de que una enfermera pudiera deliberadamente hacer daño a los pacientes era tan absurda que la habían descartado al momento, y se habían reprochado haber sido capaces de pensar algo así de una compañera.

A medida que crecía el número de interrogatorios en comisaría, también lo hacía la impresión global que la policía tenía sobre Christina.

Muchos de sus colegas explicaron que normalmente estaba «eufórica» cuando surgían emergencias. Las enfermeras del Servicio de Urgencias lo constataron con muchos ejemplos, pero también en otras unidades del hospital se habían dado cuenta. Informó de ello, por ejemplo, una enfermera anestesista de quirófanos. Cuando la investigación llevaba en marcha cerca de un mes, ella misma se puso en contacto con las autoridades para denunciar un turno de noche en enero de 2015. Esa noche, la llamaron dos veces a urgencias por paradas cardiacas. En ambas ocasiones, los pacientes habían sido resucitados con éxito. Pero los dos episodios habían sido tan parecidos y tan misteriosos que en aquella ocasión la enfermera anestesista se había quedado perpleja. En ambas ocasiones, lo único que se precisó fue una breve reanimación cardiopulmonar y algo de oxígeno adicional, y los pacientes volvieron a respirar. En ambas ocasiones, había sido casi imposible conseguir que los pacientes se despertaran totalmente y parecían drogados. Y en ambas ocasiones, la enfermera anestesista se había fijado en un miembro del personal del Servicio de Urgencias en particular: una mujer joven con el pelo largo y negro recogido en una coleta que no se había retirado a un segundo plano cuando las enfermeras anestesistas llegaron a la sala para hacerse cargo. La enfermera del pelo oscuro había estado inusualmente «activa» y «eufórica» mientras llevaban a cabo los intentos de reanimación. No era «normal ver a las enfermeras tan "activas" durante una parada cardiaca», le parecía a la enfermera anestesista, que añadió a la policía que había pensado en ese momento: «Es increíble».

Christina solía estar «eufórica» cuando los pacientes empeoraban, contaron varios en sus interrogatorios. También lo había estado en su último turno, recordaron algunas de las enfermeras que habían estado trabajando esa noche. Una de ellas describió a la policía que Christina parecía directamente «maníaca». Por ejemplo, en la habitación de Svend Aage. En aquella ocasión, según la compañera, Christina se había subido a la cama para hacer la reanimación cardiaca, y estaba «encima del paciente» cuando la enfermera de Urgencias 2 entró en la habitación, la primera que lo hizo después de que se activara la alarma.

«Eso era muy raro», dice el informe del interrogatorio de la compañera. En ese caso la policía también indicó que la testigo pensaba que las enfermeras suelen quedarse de pie junto a la cama cuando se intenta reanimar a los pacientes.

«Dramática» era una palabra que se repetía al describir a Christina, no solo cuando sus compañeros tenían que intentar reproducir su forma de actuar en situaciones de urgencia. Christina también era conocida por ser «dramática» cuando hablaba después sobre los pacientes graves a los que había cuidado. Varias enfermeras confirmaron a la policía que, cuando Christina arrancaba, podía casi parecer la narración de una película de acción. Como aquella vez en la que contó que un paciente había comenzado de repente a vomitar muchísima sangre. Era una historia que, al parecer, a las enfermeras les resultaba familiar por las muchísimas veces que Christina la había contado, y varios colegas recurrieron a ella como un buen ejemplo de lo que querían decir cuando contaban a la policía que Christina era «dramática».

Porque, cuando Christina contaba la historia, no se trataba solo de sangre. Se suponía que había tanta que goteaba del techo en el piso inferior. Y en la historia se incluía también un episodio en el que Christina se resbalaba en la sangre y tenía que correr al baño a cortarse un mechón de pelo porque se le había empapado en sangre.

Cuando Christina descubrió después que también tenía salpicaduras de sangre en el sujetador, tuvo que quitárselo, o más bien arrancárselo… O puede que en realidad se lo cortara… por debajo de la camiseta antes de volver corriendo a la habitación. Al parecer, fue un auténtico «baño de sangre». A varios de los colegas de Christina les parecía inadecuado que contara esas historias en la Sala de Personal o en sus *posts* de Facebook. En concreto, la afición de Christina a «melodramatizar las cosas» había hecho que varios se distanciaran de ella. Y de las actas policiales se desprende que las enfermeras eran dadas a criticar en general muchos de los rasgos de Christina en cuanto se veían frente a un oficial en el local de interrogatorios.

Pero, cuando se trataba de la profesionalidad de Christina, la mantenían libre de cualquier crítica. En ese punto, prácticamente todo el mundo estaba de acuerdo. Lo decían los médicos que habían trabajado con la joven enfermera de urgencias. Lo decían sus superiores. Y también lo decían las enfermeras, con independencia de lo que pensaran de su compañera: era una buena enfermera.

Christina obtuvo un doce en su trabajo de fin de grado. Al parecer, también fue la única del grupo que no tuvo fallos cuando posteriormente se formó como enfermera de urgencias en el hospital, según explicó uno de sus compañeros a la policía. Y cuando Christina fue detenida, era a la vez representante de salud y seguridad, y enfermera que había sido considerada para ocupar un puesto de jefa adjunta cuando en primavera este quedase disponible, según confirmó la enfermera jefa del Servicio de Urgencias.

Los compañeros describían a una enfermera a la que se le podía pedir consejo, que siempre asumía sus responsabilidades y que estaba profundamente comprometida con su trabajo. Una enfermera que decía a los recién llegados a la unidad que siempre podían llamarla si tenían alguna duda. Con Christina siempre se podía, incluso fuera del horario de trabajo.

Tanto las enfermeras nuevas como las más experimentadas describían a Christina como una compañera muy servicial. Un buen ejemplo lo encontró la policía en el teléfono de Christina, en el que había un mensaje que había enviado a una de sus colegas de Urgencias 2 durante su última noche en el hospital. En el mensaje, Christina la elogiaba por haber acudido al rescate cuando en Urgencias 3 las cosas se complicaron tras la parada cardiaca de Svend Aage.

«Muchísimas gracias por tu ayuda y por tu cara siempre alegre. Era justo lo que nos hacía falta para levantar el ánimo… Supone mucho… Tan solo quería que lo supieras. Cuando pierdes el control, es estupendo tener un colega que acuda al rescate», escribió Christina a la 1:26 h, cuando su compañera ya se había ido a casa. «Que duermas bien», añadía Christina en el mensaje.

En el teléfono de Christina, la policía también encontró muchos mensajes en los que informaba a sus compañeros que habían terminado su turno sobre algunos de los pacientes que habían pasado por la unidad. Los mensajes estaban llenos de tecnicismos. Términos técnicos que, junto con una amplia gama de expresiones médicas y latinas, estaban tan integrados en el vocabulario de Christina que no podía evitar lanzarlos a diestro y siniestro, incluso cuando estaba rodeada de personas que nunca habían trabajado en un hospital.

En todo caso, Christina se identificaba con la enfermería. Había añadido las tres letras *spl* (abreviatura de la palabra «enfermera» en danés) a las contraseñas que utilizaba en su portátil. Podía pasarse horas delante de la pantalla estudiando los procesos médicos que había encontrado en el trabajo. Christina se llevaba a menudo su trabajo a casa. Al parecer, era habitual que dedicara parte de su tiempo en el piso a revisar lo ocurrido con algunos de los pacientes que habían pasado por la unidad durante sus turnos. No había muchas otras enfermeras, si es que había alguna, que hicieran eso, pero, en general, a Christina siempre le había costado dejar de lado su trabajo. Eso también podría explicar por qué llevaba en su bolso instrumental sanitario. Según una colega, cuando las dos enfermeras se hicieron amigas unos años antes de la detención y empezaron a verse en su tiempo libre, Christina siempre llevaba en su coche y en su bolso vías, compresores venosos, jeringuillas de suero fisiológico y otros remedios. En un momento dado, le preguntó a Christina por qué hacía eso.

«Es conveniente tenerlo a mano cuando vas a un partido de fútbol. Si alguien se desploma, puedes ponerle una vía inmediatamente», habría respondido Christina, según su colega. En el acta del interrogatorio de la amiga, la policía añadió: «La declarante pensaba que era extraño, ya que la acusada nunca ha acudido a un partido de fútbol». La amiga, que había cortado la relación con Christina hacía un año y medio, no era la única que podía reproducir declaraciones raras de la enfermera.

Varios compañeros de Christina creían que había mentido repetidamente sobre su formación y que había hablado de cursos que nunca había realizado. Entre otras, estaba la historia de que Christina también había aprobado el examen de Cardiología, lo que, al parecer había contado a varias personas, aunque no fuera cierto. Un par de enfermeras también dijeron que Christina mentía sobre la evolución de los tratamientos de sus pacientes, que los hacía sonar más interesantes de lo que normalmente suponía un diagnóstico ordinario.

Una enfermera incluso lo había vivido en primera persona: en la unidad se contaba que un día había tenido dificultades para respirar. Al parecer, Christina acudió al rescate con una máscara de oxígeno. Pero la compañera a la que Christina ayudó a respirar hasta que se recuperó dijo a la policía que la historia era «sorprendente». Es que simplemente no tenía ningún sentido. Lo único que le había pasado durante la semana en la que Christina y ella estuvieron haciendo un curso, y en la que supuestamente tuvo lugar el incidente, fue coger un resfriado. Es cierto que le había producido mucha mucosidad y, por tanto, cierta dificultad para respirar cuando las dos enfermeras subían y bajaban las escaleras, pero de ahí a la historia de la máscara de oxígeno que varios habían oído contar a Christina… a ella le resultaba «chocante», confesó a la policía.

También en lo que respecta a la vida privada de Christina los agentes pudieron constatar que varios testigos sospechaban que contaba historias sin un fundamento real.

Una vez, por ejemplo, Christina llamó a una amiga y le dijo que le había sucedido algo terrible. Se había quedado dormida al volante mientras circulaba por la autopista y había chocado contra un bolardo a unos ciento cuarenta kilómetros por hora, según le narró por teléfono a su amiga, quien, desde luego, quedó espantada.

Especialmente porque Christina le contó también que su hija Maja iba en el coche. Sin embargo, afortunadamente no les había pasado nada a ninguna de las dos, le aseguró Christina. Esa era una de las historias de la época de su amistad, que duró unos tres años, que más recordaba la amiga. A ella, que trabajaba como auxiliar de enfermería en el hospital, siempre le había resultado raro el incidente, pues, al preguntar por el coche en el que iban Christina y su hija, descubrió que tampoco había sufrido daños en el accidente. Eso «extrañó a la interrogada», señaló la policía.

La policía dedicó bastante tiempo a apuntar esas historias y a dejarlas registradas oficialmente. A primera vista, pueden parecer irrelevantes, pero ayudaron a bosquejar la imagen de una mujer que, según sus compañeros, recurriría a cualquier medio para llamar la atención. Y no se podía descartar que se fuesen a utilizar en un juicio, especialmente en el caso de que resultara complicado convencer a los jueces de que la búsqueda del dramatismo y la atención podría ser un posible móvil para la mujer, que entonces se encontraba en prisión preventiva.

Cuando la policía interrogó al padre de Maja, Anders Hansen, pudo aportar algunos ejemplos más de cómo creía que la enfermera había conseguido deliberadamente ser la protagonista. Según el exnovio, Christina podía «dramatizar demasiado sobre cualquier cosa» y «hacer de la nada una gran historia». Entre otras cuestiones, contó la vez en que Christina se puso tan repentinamente enferma en una fiesta en un centro cívico que tuvieron que llevársela en ambulancia mientras los demás invitados se quedaban mirando. Anders pensaba que tenía la «capacidad de ponerse de pronto gravemente enferma».

También lo había vivido, por ejemplo, varias veces cuando, al ir a salir por la puerta, la había hallado tumbada en el sofá, mareada y tan repentinamente enferma que había llegado a vomitar en el suelo.

«Curiosamente, esto solía ocurrir si el testigo iba a salir con los amigos, se marchaba a un partido de fútbol o algo similar. Al final, el testigo siempre tenía que quedarse en casa a cuidar de Christina», anotó el agente en el informe del interrogatorio de la mañana en que la policía fue a visitar a Anders en la pequeña casa de Møn donde en su día también había vivido Christina.

Varios compañeros de Christina también habían sospechado que se hacía la enferma cuando de esa forma podía llamar la atención. En un turno de noche, entre el 2 y el 3 de enero de 2015, la enfermera se rompió un hueso de la mano porque se enganchó en el marco de la cama mientras realizaba compresiones torácicas a un paciente. Al menos, eso dice la historia. Y la historia también cuenta que Christina hizo que un colega le escayolara el brazo, pero que varias personas de la unidad sospecharon desde entonces que había sido puro teatro; Pernille entre ellas.

«Es típico de Christina hacer que le pongan una escayola en una mano que no está rota, para poder ir por ahí y que todo el mundo le pregunte qué ha pasado. De esa forma, el paro cardiaco no habría sido un hecho sencillo, sino la parada cardiaca en la que Christina luchó con tal denuedo que se rompió la mano. Así el drama estaba garantizado y ella sería el foco de atención. Le encantaba», piensa Pernille.

De hecho, el hueso roto fue una de las historias a las que la policía dedicó tiempo. Para tratar de averiguar si Christina podía ser considerada creíble o no, los investigadores tuvieron acceso a los historiales médicos de su propio médico y del hospital.

No fueron capaces de localizar ningún lugar en el historial de Christina en el que se mencionara esa lesión.

Capítulo 14

Tres asesinatos más una tentativa; todos cometidos en un lapso de doce horas, presumiblemente por la misma persona, una enfermera, en un hospital danés.

La policía de Lolland-Falster y de Selandia del Sur se encontró con un caso inédito en la historia criminal danesa. Y se enfrentaban a una investigación que ya desde fases muy tempranas parecía que iba a ser larga y complicada.

Una de las primeras actuaciones de la policía fue pedir a los técnicos forenses del Instituto de Medicina Legal de Copenhague que analizaran la sangre de los pacientes que habían dejado de respirar en el último turno de noche de Christina. En los laboratorios del instituto pueden detectar alcohol y drogas en las muestras de sangre, orina, pelo y diversos tejidos humanos. Los químicos forenses también pueden determinar con bastante precisión la cantidad de medicamentos en el cuerpo y de qué tipo son. Un trabajo así puede requerir fácilmente varias semanas antes de tener listos los resultados finales, pero, en el caso del Hospital Nykøbing Falster, la policía había pedido que los químicos forenses realizaran primero un análisis rápido y preliminar antes de que los expertos empezaran a precisar los decimales: la policía necesitaba establecer lo antes posible si había o no drogas en la sangre de los pacientes.

Unos días después de la detención de la enfermera, llegó una respuesta del instituto. Se trataba de un examen rápido; los químicos forenses aún no habían terminado de analizar las muestras de sangre, aunque los peritos ya podían revelar que habían encontrado en la sangre de Viggo, Anna Lise y Maggi restos de narcóticos que no habían quedado registrados en los historiales de los pacientes, sobre todo morfina.

El laboratorio de toxicología aún no había determinado las cantidades de las que se hablaba, pero en principio parecía que las dosis eran letales o podían provocar una severa intoxicación. El Instituto Anatómico Forense también tuvo tiempo de comparar los resultados preliminares con las muestras de sangre tomadas a los pacientes cuando llegaron al hospital. Ninguno de ellos tenía morfina en el cuerpo en ese momento. «Tampoco Stesolid», escribió el Instituto Anatómico Forense en un burofax a la policía.

Por lo tanto, los investigadores podían ya dar por supuesto que Viggo, Anna Lise y Maggi tenían que haber recibido la medicación durante el tiempo que habían estado hospitalizados y se podía acotar al momento en el que sucedieron los hechos.

Los expertos también habían analizado la sangre de Svend Aage, sin encontrar en principio medicamento alguno que no estuviera prescrito, pero, hasta que no llegasen respuestas definitivas y más precisas desde el instituto, no se podría determinar si se trataba de un caso de tres o de cuatro víctimas potenciales.

Sin embargo, a medida que la lista de testigos aumentaba, se hacía cada vez menos probable (y finalmente imposible) que la investigación pudiera limitarse a lo que había ocurrido en la noche del 28 de febrero al 1 de marzo. Demasiados colegas habían relatado durante sus declaraciones incidentes con pacientes que habían ocurrido mucho antes y que, en principio, parecían sospechosos. Con que solo algunos de los sucesos que insinuaban fueran ciertos, el caso podría tener muchas más víctimas que las que Pernille había nombrado.

En primer lugar, la policía intentó hacerse una idea general de los hechos. Era un trabajo difícil. En muchos casos, el personal del hospital solo podía recordar las fechas aproximadas de los ingresos de los pacientes y sus nombres solían olvidarse. Pero con el paso de las semanas, la policía consiguió identificar a más y más pacientes en las bases de datos del hospital, y se añadieron nuevos nombres y números de DNI a una lista especial de ingresados que ahora también había que investigar. Y en un intento de obtener una visión completa, las autoridades decidieron finalmente llevar a cabo una investigación en profundidad: a partir de ahora se revisarían todas las muertes ocurridas en la unidad de Christina en las que nunca se hubiera establecido con certeza la causa de la muerte.

Se pidió al hospital que elaborara un listado, incluyendo los casos de la M130, solo para asegurarse de que los investigadores no pasaban nada por alto.

Cuando la lista estuvo cerrada, contenía un gran número de muertes que probablemente sería imposible investigar. En la gran mayoría de los casos incluidos en la lista, si no en todos, quizás no quedarían pistas físicas con las que pudiese trabajar la policía. Pero un nombre llamó inmediatamente la atención de la policía. Se trataba de un paciente que había ingresado en la M130 hacía prácticamente tres años. Y, al parecer, en el momento de su muerte, se había analizado su sangre en busca de drogas. También se le hizo la autopsia.

Su nombre era Arne Herskov.

Los investigadores comprobaron que la policía local había investigado previamente las circunstancias que rodearon la muerte de Arne.

Introdujeron el número de historial en sus sistemas; al clicar, apareció el expediente de aquella época. «Muerte sospechosa / Personas halladas muertas», aparecía escrito en una de las primeras páginas.

«Persona ingresada en la UCI el 17 de febrero de 2012. Ahora está muerto, presenta restos de medicamentos en sangre que no deberían estar. La persona era depresiva».

El expediente del caso era tan fino que estaba claro que, en aquel entonces, la policía no había tenido la más mínima sospecha de que pudiera tratarse de un homicidio: tan solo se había interrogado a un largo puñado de testigos, y la mayoría durante cinco, máximo diez minutos. Los investigadores empezaron repasar los pocos informes que a pesar de todo se habían registrado en acta. Comprobaron que sus compañeros habían investigado el caso solo superficialmente antes de desestimarlo porque uno de los fiscales de la policía concluyó que no había pruebas para seguir adelante.

El fiscal había pensado que todo apuntaba a una infracción del artículo 75 de la Ley de Autorización [2] y que alguien del personal del hospital había sido negligente, en este caso con la medicación. Pero no había ningún indicio que señalara a nadie en particular. No se acusó a nadie. Ni siquiera hubo un sospechoso. Y la muerte nunca fue registrada como un crimen. Simplemente se informó a las autoridades, conforme a la Ley de Sanidad, que especifica lo que deben hacer los médicos ante una muerte que en principio no se puede explicar.

Los investigadores siguieron leyendo el expediente.

En él se describía que Arne había sufrido una parada cardiaca repentina y que, posteriormente, se habían encontrado en su orina rastros de drogas no mencionadas en su historial médico. En el caso había otros hechos que también eran similares a lo que la policía estaba investigando ahora: se había hallado tanto morfina como Stesolid en la sangre, y el paciente era mayor y ya estaba débil. Y entonces los investigadores dieron con lo que probablemente era la coincidencia más importante: había sido una enfermera llamada Christina Aistrup Hansen quien había descubierto la parada cardiaca y activado la alarma de la habitación.

Sin embargo, no había nada en los informes de los interrogatorios de esa época que sugiriera que el personal de la M130 hubiera sospechado de un crimen. Y con disgusto, los investigadores leyeron que los agentes habían abandonado la recogida de pruebas forenses en marzo de 2012. En el informe de esa noche aparecía que la policía había llegado al hospital apenas cuatro horas después de que Arne fuera declarado muerto. Lo primero que apreciaron los dos agentes fue que el paciente llevaba otra ropa y que el personal había retirado las vías intravenosas que tenía Arne en el codo derecho y la muñeca izquierda.

Lo único que quedaban eran las marcas de los pinchazos que se veían por debajo de las mangas de la chaqueta negra de punto, decía el informe de la visita nocturna al hospital. Los agentes enviados valoraron la posibilidad de proteger las posibles pruebas, cuando descubrieron que el equipo con el que Arne había estado conectado estaba ahora en una papelera. Pero, como recogieron en su informe:

«Tras hablar con el centro de guardia, se decidió que no se guardara». Después de algo menos de una hora en el hospital, la policía había partido. En ese tiempo también tuvieron tiempo de interrogar al médico que había certificado la muerte. El interrogatorio duró exactamente cinco minutos.

En el expediente de Arne había también una nota de un subinspector de policía de entonces quien, tras el examen *post mortem* había juzgado que era «probablemente un caso de muerte natural», pero que, por supuesto, debía investigarse más a fondo. Y había un informe de la autopsia del Instituto de Medicina Legal, que había examinado a fondo a Arne y lo que escondía su sangre. Los expertos habían encontrado antidepresivos, probablemente procedentes de las píldoras recubiertas con película que el personal había empezado a dar al paciente, junto con pastillas de vitaminas, para levantarle el ánimo. Había en la sangre rastros de medicamentos para la epilepsia, y además morfina y Stesolid. Sin embargo, las cantidades calculadas estaban dentro de las dosis con las que se suele tratar a una persona.

Los investigadores de la policía volvieron a leer la conclusión del informe de la autopsia:

Incluso después de las «investigaciones adicionales», no se había podido establecer la causa de la muerte.

Hace tiempo que Arne fue incinerado y enterrado junto a Jimmy bajo una lápida del Assistens Kirkegård, en Copenhague, que pide que repose en paz. Por lo tanto, ha sido imposible llevar a cabo nuevas investigaciones en la línea de las realizadas hace varios años, pero ¿había algo que los investigadores hubieran pasado por alto?

En su momento, el propio hospital también intentó investigar con más detalle el caso. En 2012, la parada cardiaca de Arne había puesto en marcha un llamado análisis de causa raíz en la M130. Un análisis que la Dirección puede activar si ha habido un incidente con consecuencias graves y si desea investigar para esclarecer los hechos. En este tipo de análisis, se reúne un equipo multidisciplinar formado por un jefe de unidad, que conoce este método de análisis; médicos; algunas enfermeras, en su caso, y un coordinador, que es el gestor de riesgos.

Como equivalente en el servicio sanitario se trataría de una comisión de salud; el equipo de trabajo revisa la evolución del paciente en el hospital para averiguar dónde se produjo el fallo y redactar un informe.

En las reuniones que en aquellos días celebraron los expertos, se pusieron sobre la mesa y se examinaron con detalle el historial médico de Arne, la cantidad de líquidos ingeridos, las notas de enfermería, el programa de medicación y el resto de la documentación. Pero, por más material que hubiera en la sala de reuniones, tenían dificultades para explicar cómo el Stesolid y la morfina habían acabado en el cuerpo del paciente.

Los análisis de causa raíz sirven para que el hospital se mire en un espejo. Normalmente las conclusiones se mantienen para uso interno y como principio consuetudinario el trabajo no debe ser motivo para señalar a nadie en particular, sino para indicar con exactitud qué aspectos debe mejorar el hospital dentro de un procedimiento determinado.

En el caso de Arne, sin embargo, la responsabilidad de su destino recayó en el propio paciente. Cuando el equipo tuvo que redactar una conclusión, la respuesta más plausible que obtuvieron fue que el propio Arne debía de haber tomado la medicación que, según la evaluación de los médicos, le provocó el paro cardiaco. Probablemente, Arne había tomado unas pastillas de morfina, que de alguna manera había conseguido de alguno de los otros pacientes de la unidad. Arne estaba cansado de la vida… el propio paciente lo había dicho y así estaba registrado en su historial. De esa forma, era más posible que el paciente, que según su familia nunca había tomado drogas, hubiera decidido hacerlo en su último día.

Los detalles del análisis de causa raíz no están claros y hoy en día nadie sabe si el trabajo de entonces sirvió para adoptar nuevas acciones en la M130, ya que el informe fue destruido posteriormente.

Solo era para uso interno, dice la explicación.

Sin embargo, una enfermera jefa parece recordar que el personal (médicos, enfermeras y auxiliares de enfermería) que estuvo relacionado con Arne Herskov participó en la investigación de entonces. Es lo que le ha dicho a la policía, pero hay indicios de que no recuerda bien. En cualquier caso, tanto Peter como Christina y Louise, los dos enfermeros y la auxiliar de enfermería que trabajaban en la M130 y habían cuidado a Arne antes de que sufriera la parada cardiaca, afirman que nunca fueron llamados ni respondieron a preguntas relacionadas con un análisis de causa raíz. De hecho, no tenían ni idea de que se hubiera abierto una investigación.

La policía tampoco supo nada de ella, aunque en 2012 los investigadores intentaban obtener respuestas a algunas de las mismas preguntas que el grupo de trabajo estaba evaluando. Los agentes solo tuvieron conocimiento de esos trabajos del propio hospital cuando, en 2015, los inspectores comenzaron a interesarse de nuevo por la muerte de Arne tras la detención de Christina. La conclusión a la que llegó el análisis de causa raíz era difícil de creer para la policía. Esta, en su propia investigación de entonces, había descartado que para las drogas presentes en la sangre de Arne una explicación plausible fuera que él mismo hubiera tomado pastillas. La autopsia, por ejemplo, evidenció que no se encontraron en su estómago restos de pastillas, por lo que las sustancias debieron de haber sido inyectadas.

Los investigadores volvieron a leer las entrevistas de 2012. No había nada que señalara directamente a la enfermera ahora acusada; aun así, intentaron volver a tomar declaración a algunos de los testigos con los que las autoridades hablaron en su momento. Quizá pudiera surgir algo nuevo.

Dos meses y medio después de la detención de Christina, convocaron al enfermero Peter para hablar con él en la comisaría: él era quien estaba en la Sala de Personal de la M130 preparando el café de la mañana cuando sonó la alarma de paro cardiaco en la habitación de Arne. Por ignotas razones, el informe de la declaración de Peter en 2012 no se había podido encontrar en el expediente de Arne. No obstante, de los informes de los agentes se desprende que Peter sí fue interrogado muy brevemente en aquel momento, por mucho que la policía no fuera capaz de dar con dicho documento. Más adelante, las autoridades tendrían que explicar ante el tribunal cómo podía haber ocurrido algo así. No lo saben, es la respuesta. Pero probablemente se deba a que el agente de policía que interrogó a Peter tras la muerte de Arne se olvidó, o al menos no pasó sus anotaciones ni al ordenador ni a los ficheros policiales. De este modo, sigue sin estar claro qué es exactamente lo que dijo Peter en 2012, pero, tras la detención de Christina, aceptó acudir a la comisaría de Vordingborg para ser interrogado de nuevo. Peter trabajaba ya en otro hospital, pero recordaba bien a Christina. Ante la policía no tenía realmente nada positivo que decir sobre la enfermera, de la que recientemente se había acordado cuando ella publicó en Facebook lo que él consideraba un *post* inapropiado sobre múltiples pacientes muertos en un turno de noche. Peter describió a Christina como una enfermera que a veces «se ponía por encima de los médicos», según el informe de su interrogatorio. Era del tipo «mírame y escúchame», y alguien que, según Peter, tenía «rasgos psicopáticos» y «consideraba la evolución de los pacientes como pequeños trofeos, si era ella quien los conseguía salvar cuando estaban a punto de morir».

Peter también recordaba su turno de hace más de tres años, cuando Arne sufrió una parada cardiaca. Y no había olvidado al paciente, al que recordaba como si fuera «tipo cavernícola» por su pelo largo. Sin embargo, al principio del interrogatorio de Peter, parecía que no tenía nada nuevo que añadir que pudiera hacer avanzar la investigación. Volvió a contar que, después de la ronda matinal con los pacientes, había ido a preparar el café y el desayuno para los colegas. Que era alrededor de las 9:00 h. Contó quiénes habían estado trabajando en el pasillo 30 ese día:

Peter, la auxiliar de enfermería Louise y Christina. Y Peter podía recordar que, una media hora después, Christina había activado la alarma de parada cardiaca mientras él y Louise estaban en la Sala de Personal. Todo eso eran cosas que la policía ya sabía por sus compañeros de tres años atrás.

Pero ahora Peter, de repente, tenía una nueva información para los investigadores: antes de que saltara la alarma de paro cardiaco, vio que Christina salía de la Sala de Medicamentos. Peter lo pudo observar porque la Sala de Personal está justo enfrente de la puerta del almacén de fórmulas magistrales. Y lo recordaba, sobre todo porque Christina salió de allí después de que se hubiera administrado en las habitaciones toda la medicación fija.

Según Peter, Christina llevaba en una mano lo que parecía una pequeña jeringuilla cargada con un líquido claro. Ella había girado bruscamente hacia la izquierda y había desaparecido de su campo de visión. Quizá sin darse cuenta de que la estaba observando, creía él. Pero había ido en la dirección de la habitación en la que estaba Arne. Lo siguiente que recordaba Peter era que la alarma saltó. Peter afirmó que, tras la guardia, Christina había dicho: «Ese día estuvimos juntos en todo».

Fue un comentario hecho entonces, antes de que la policía los interrogara. Y ahora Peter aseguraba a los agentes que no era «cierto en absoluto», según el informe de su declaración. Sin embargo, la policía estaba mucho más interesada en lo que había dicho antes sobre la jeringuilla. Aquí, tres años después, aparecía un detalle nuevo y absolutamente crucial. Por primera vez había alguien que apuntaba a que Christina podría haber tenido algo que ver con la muerte de Arne.

El caso de Arne había vuelto a ser relevante, pero sería imposible de sostener ante el tribunal si se pretendiese usar como prueba de otro ejemplo de una enfermera que intentaba matar deliberadamente a los pacientes. La cantidad de medicamento en la sangre de Arne era demasiado pequeña para que pudiera considerarse un crimen. Y ni siquiera pudo establecerse que fuera la medicación lo que le hizo fallecer.

A partir de muestras de su sangre, por ejemplo, los técnicos del Instituto de Medicina Legal calcularon que en el cuerpo de Arne había un total de unos 3 mg de morfina en el momento de su muerte. No es una dosis significativamente más fuerte que los 2,5 mg que es la cantidad típica de morfina que se administra a los pacientes en un hospital.

Los químicos forenses habían analizado la sangre de Arne en 2012 a petición de la policía. Una vez evaluado, las autoridades obtuvieron un resultado que apuntaba fundamentalmente a una dosis normal de medicación que, por error, nunca se había llegado a introducir en la historia clínica. Pero la policía se había equivocado al realizar el cálculo. Un error que iba a resultar crucial para el caso, que con toda probabilidad habría sido desestimado de nuevo ahora, tres años después, si no se hubiera descubierto el fallo a tiempo.

Hojeando los documentos del caso, uno se convence de que la policía se enfrentó a una investigación de homicidio que debió de ser difícil de gestionar para cualquiera que no tuviera una extensa formación o experiencia médica en un hospital.

Pero incluso los no expertos saben que, en cuanto se introducen drogas, medicamentos o, por ejemplo, alcohol en el cuerpo, el sistema empieza a procesarlos inmediatamente, de modo que la cantidad se reduce hasta que acaba desapareciendo. Pasada una hora, la dosis ya se habrá diluido en comparación con el momento en que se tomó y más aún después de dos. Por eso no tenía mucho sentido que los investigadores solo hubieran pedido al Instituto Anatómico Forense que averiguara cuánta morfina y Stesolid combinados había en las venas de Arne cuando su sangre dejó de fluir. En ese momento hacía unas doce horas que había entrado en parada cardiaca, había sido reanimado y después mantenido vivo artificialmente con un respirador. Por lo tanto, cuando, en la noche, desconectaron las máquinas que habían permitido su cuerpo procesar las drogas, su sistema había tenido medio día para diluir los medicamentos que podrían haber causado su paro cardiaco por la mañana. De las respuestas del Instituto de Medicina Legal se desprende que los químicos forenses pensaron que debían calcular la cantidad de drogas que habían sido inyectadas en su sangre «poco antes del momento de la muerte». Por eso, en sus cálculos no se tuvo en cuenta que el personal del hospital había detectado morfina y Stesolid en la sangre de Arne muchas horas antes. En 2015, la policía reanudó la correspondencia sobre Arne con los expertos del Instituto Anatómico Forense de Copenhague. Entonces la pregunta que un investigador planteó en un correo electrónico fue: «¿Qué cantidad (por ejemplo, número de ampollas) de morfina recibió el fallecido, si se le administró inmediatamente antes de las 9:39 h?». El Instituto de Medicina Legal volvió a responder que se trataría de en torno a 3 mg de morfina que habrían sido inyectados «poco antes del momento de la muerte». Al igual que en 2012, la respuesta estaba firmada por el jefe del Instituto Anatómico Forense, el profesor Kristian Linnet. Y de nuevo, añadió en su conclusión que no podía confirmar ni negar si la dosis había contribuido a la muerte de Arne. Era demasiado pequeña.

Pero con la repetición de «administrados poco antes del momento de la muerte», estaba claro que la policía y los químicos forenses volvían a no entenderse. Los investigadores querían saber cuánta morfina se había inyectado a Arne en el momento del crimen, pero los químicos forenses no lo tenían en cuenta. Y en ese momento, con tres años de retraso, la policía respondió asegurándose de que los expertos tuvieran presente que la parada cardiaca se había producido por la mañana, aunque el paciente no fue declarado muerto hasta las 21:30 h.

Ahora el Instituto de Medicina Legal volvió a revisar el caso y, cuando llegó la respuesta unos días después, ya no hubo dudas de si el caso de Arne debía reabrirse. Cuando los expertos calcularon el tiempo transcurrido, resultó que la cantidad de morfina que Arne habría recibido en sangre sería de unos 50 mg de morfina inyectados en su catéter venoso. Se trata de una dosis que requeriría que la enfermera rompiera el cuello de cinco ampollas. Una dosis veinte veces superior a la normal. Además, a Arne le habían dado lo que equivalía a casi una ampolla de Stesolid, que en sí mismo no era peligroso, pero que, junto con una sobredosis morfina, era claramente temerario. Los que trabajan en un hospital saben que esa dosis no la da nadie que quiera lo mejor para el paciente. A poco que sepas sobre los efectos de las drogas en el cuerpo humano, sabes que una dosis así puede ser mortífera.

Hasta ese momento, el Instituto de Medicina Legal no había querido establecer la causa de la muerte, pero ahora, tras utilizar un modelo de cálculo retrospectivo, los expertos ya no se reservaban su conclusión: si la morfina en el cuerpo de Arne procedía de una inyección administrada doce horas antes, la dosis debió de haber sido tan alta como para ser letal. La enfermedad de Arne y los otros medicamentos administrados eran ahora secundarios para determinar cuál había sido la causa de su muerte. Lo que había matado al paciente era, sin duda, la morfina. Si la policía pudiera demostrar que le habían administrado el medicamento poco antes de la parada cardiaca, los químicos forenses no tendrían ninguna duda: Arne había sido envenenado.

Capítulo 15

Se hizo el silencio en la M130 cuando Christina se fue. Después de que empezara a trabajar en el Servicio de Urgencias, las alarmas de parada cardiaca de su antigua unidad dejaron de sonar tan a menudo. Y la situación de los pacientes ingresados se estabilizó. Así lo contaron varias enfermeras cuando las autoridades reabrieron el caso de la muerte de Arne Herskov y empezaron a interrogar a los antiguos compañeros de Christina de la M130. Como queda recogido en el informe de la declaración de una de las enfermeras: «La interrogada explicó que, después de que la acusada dejara de trabajar en la unidad, de un día para otro "se hizo la calma, así, sin más"».

La compañera fue interrogada en la comisaría de Vordingborg el 26 de mayo de 2015. Antes había intentado recordar cuántos meses habían pasado realmente desde la última vez que vio a un paciente sufrir una parada cardiaca. Había llegado a la conclusión de que fue en febrero de 2014. Así pues, cuando entró en comisaría, habían pasado unos quince meses desde la última vez que corrió a una habitación por una alarma de paro cardiaco en la M130, donde todavía trabajaba. Según la enfermera, «más o menos tenían una parada cardiaca una vez a la semana, cuando la acusada estaba en la unidad», señaló el agente en su informe de la declaración.

Tras unos meses de concentrar la investigación en el Servicio de Urgencias, la policía empezó a interrogar al personal de la M130. Fue alarmante lo que muchos pudieron contar sobre el tiempo en que Christina trabajó en esa unidad. Las misteriosas circunstancias que rodearon la muerte de Arne siguen siendo recordadas por varias personas que nunca han llegado a comprenderlo, pero había otros incidentes que también habían desconcertado a varias enfermeras, entre ellas a Ida.

Fue Ida quien, tres años antes, había recontado los nombres del Registro de defunciones del hospital tras la muerte de Arne, pero no llegó a decir nada a la policía sobre Christina cuando fue interrogada en aquel momento, pero ahora sí.

Recordó, por ejemplo, que un día había visto a Christina salir de una habitación que no le correspondía. Christina pareció sorprendida cuando su colega de repente se presentó delante de ella. Al preguntarle entonces a Christina si la podía ayudar con un paciente en otra parte de la unidad, le había dicho que sí y la había acompañado, pero Christina se había comportado después de forma extraña y con una prisa evidente por acabar. Poco después, el paciente de la primera habitación estaba tumbado en el borde de la cama y había sufrido una parada cardiaca. La colega sospechaba que Christina se había apresurado porque quería ser ella la que lo «descubriera».

Probablemente Christina había provocado el paro cardiaco con cloruro de potasio o de calcio, según la teoría de la compañera, la cual la policía dejó registrada en el informe de su declaración.

Ida también habló de un incidente en el que las enfermeras no sabían por qué la anciana de la habitación 131 se balanceaba como un péndulo.

La paciente necesitaba insulina y Christina había dicho que ya se la había suministrado, pero Ida descubrió que la vía utilizada para verter el medicamento en el gotero de la paciente seguía lacrada. Y durante los dos turnos de noche en los que ambas enfermeras trabajaron juntas, la mujer de la cama pasó de sentirse bien a desplomarse de repente en el suelo, completamente psicótica y entre delirios. En general, parecía que las cosas siempre fueran mal con esa paciente cuando ingresaba en la M130. Era una de las habituales. Varias de las enfermeras se acordaban de ella y de cómo empeoraba de repente una y otra vez. Christina era la enfermera que más veces atendía a la paciente y, según Ida, consiguió reanimarla varias veces. Ida sospechaba que Christina jugaba con el destino de la mujer.

La enfermera contaba con toda una serie de ejemplos de pacientes a los que, en su opinión, Christina había utilizado para intentar hacer sus turnos más emocionantes. Ida también contó a la policía la historia de un paciente con problemas hepáticos con el que Christina se comportaba con mucha brusquedad. Como ingresaban muchos alcohólicos en la M130, a menudo había pacientes que tenían dañado el hígado. Por eso, si algo sabían las enfermeras de la M130, era a qué había que prestar especial atención cuando se trataba de pacientes con este tipo de problemas: entre otras cosas, que sus cuerpos suelen tener dificultades para producir las sustancias que hacen que la sangre se coagule; por lo tanto, es mejor que este tipo de pacientes no sangre. Si así fuera y el personal no pudiese detenerlo, su vida podría correr peligro. Las enfermeras también sabían que las membranas mucosas de la nariz pueden ser especialmente sensibles. Lo mismo ocurre con las varices esofágicas que suelen tener los alcohólicos con un aumento de presión de su fluida sangre, que si se revientan pueden generar una hemorragia interna. Sin embargo, un día Christina empezó a utilizar «de modo bastante brusco» una sonda de aspiración nasogástrica para un paciente con problemas de hígado, según explicó Ida a la policía. Christina había cogido la de mayor calibre de que disponían en la unidad porque le pareció oír el carraspeo de unas secreciones. Ida, en principio, no pudo detectar nada, pero, en todo caso, no creía que se debiera utilizar dicho dispositivo con ese paciente a menos que fuera absolutamente necesario, en cuyo caso se debería emplear la de menor calibre. Los temores de Ida se hicieron realidad ese mismo día. El paciente comenzó a sangrar profusamente y fue trasladado a una habitación individual. No lograron detener la hemorragia y el hombre murió. La compañera sospechaba que Christina podría haber añadido tratamientos complementarios en una situación de emergencia con medicamentos anticoagulantes.

Cuando fue interrogada, dos meses después de la detención de Christina, Ida pudo recordar en total quince ejemplos de pacientes. Informó a la policía de a qué ampollas de la Sala de Medicamentos sospechaba que la enfermera recurría cuando quería hacer daño a los pacientes: potasio, morfina y Stesolid. Y también la heparina, que reduce la capacidad de coagulación de la sangre y previene el riesgo de trombosis. Ida pensaba que la heparina podría ser la razón por la que había visto tantos casos de pacientes en la M130 que empezaban a tener hemorragias por la boca. Varios compañeros destacaron estos incidentes ante la policía cuando fueron interrogados.

«Preguntada si con ello creía que la acusada había utilizado estos métodos para provocar muertes o incidentes de reanimación, entre otros, la declarante lo ratificó. Estaba convencida de ello», señaló la policía en el informe de la declaración de Ida.

La enfermera también tenía otra serie de anécdotas sobre Christina, pero que se referían a todo tipo de cosas, y no a lo que realmente era el caso.

¿No había algo sobre la reincidente de la 131 (la mujer a la que Christina revivió varias veces) a la que le robaron joyas y dinero en efectivo mientras estaba en el hospital? ¿Quizá también una, o puede que fueran varias chaquetas? ¿Y cómo era eso del alcohólico que fue ingresado varias veces en la M130? ¿No había contado, cuando lo trasladaron desde urgencias, que le entregó sus quinientas coronas a «esa morena que también había trabajado en la 130»? El dinero no apareció y el importe acabó siendo reembolsado por el hospital, ¿no? Esas dos historias fueron solo algunas de las que Ida pudo aportar durante su declaración. En general, la policía conoció un buen número de cotilleos de enjuague a medida que fueron llamando a las enfermeras para hablar y se les preguntó qué podían contar o habían oído de Christina. También hubo varias historias sobre el modo de vida de Christina cuando estaba soltera. Al parecer, muchos tenían su opinión al respecto. Las enfermeras hablaban de cómo Christina había coqueteado con médicos y celadores, y había estado enrollada con varios hombres después de que se rompiera la relación con Anders.

Los investigadores tomaron nota de lo que les dijeron los compañeros, por mucho que la mayor parte de los cotilleos de Sala de Enjuague fuera completamente irrelevante para el caso. Sin embargo, entre la pila de informaciones de la M130, dos episodios acabaron llamando la atención de la policía, aunque no tenían nada que ver ni con la medicación ni con los pacientes repentinamente enfermos, hablaban de incendios.

En la época en que Christina estuvo en la M130, hubo dos. Dos fuegos que, según las enfermeras de la M130, fueron tan misteriosos que los detalles se habían quedado especialmente grabados en la memoria y, por lo tanto, resultaban fáciles de rememorar años después. Uno se declaró en la habitación 136 en 2012.

Ese día, el personal de la M130 pudo oler repentinamente el humo de la habitación. Se dio la alarma y Christina y un celador, con el que salía en aquel momento, evacuaron a los pacientes y los sacaron en silla de ruedas al pasillo y los alejaron, incluido el hombre que estaba en la habitación de donde salía el humo. Al parecer, él mismo no se había dado cuenta de que había un peligro inminente. Cuando Christina abrió la puerta de su habitación, estaba dormido en la cama, dijo la enfermera a la policía más tarde al explicar cómo había descubierto el fuego y había ayudado a apagarlo.

Varios compañeros recordaban el día como bastante dramático porque hubo que evacuar a muchos pacientes en poco tiempo. En el episodio también Christina acabó teniendo que bajar a urgencias porque temía haber sufrido una intoxicación por el humo.

Resultó que se había incendiado una bolsa de ropa que estaba junto a la ventana sobre un sillón, en el que también había prendido el fuego.

El incendio se inició porque el paciente quiso fumar un cigarrillo, según se dijo más tarde. Sin embargo, varias enfermeras contaron a la policía que nunca quedó claro lo que había sucedido exactamente. Al parecer, el paciente también acabó protestando. Negó rotundamente que él lo hubiera provocado.

Algo similar ocurrió con otro incendio en el pabellón.

Se encendió un saco o un cubo con toallas que estaba en el baño contiguo a una habitación. Probablemente la paciente había ido a fumar a escondidas y había dejado una colilla. Pero ¿por qué entonces estaba luego tumbada en su cama, agotada y todavía conectada a su máquina de oxígeno cuando sonó la alarma y tuvieron que sacarla? La propia mujer también negó haber tenido nada que ver con el incendio, según relataron varios empleados de la M130.

Tras incorporarse al Servicio de Urgencias, cuando una mañana recibieron un curso de lucha contra incendios y de evacuación, Christina les habló a sus nuevos compañeros de cómo había extinguido uno de los incendios de la M130. Pocos días después, se produjo un incendio en el Servicio de Urgencias que, entre otros, recordaba la enfermera Carina. Christina demostró con aplomo cómo controlar la situación con un extintor, con lo que todo terminó antes de que llegaran los bomberos. Su nueva encargada, la enfermera jefa del Servicio de Urgencias, dijo a la policía que Christina había sido muy elogiada por ello.

A varios de sus compañeros les extrañaba que Christina siempre estuviera cerca. Las autoridades intentaron hallar alguna prueba de que la sospechosa pudiera estar detrás de alguno de los tres incendios.

No lo consiguieron.

Tampoco había pruebas de que Christina tuviera algo que ver con las pertenencias que supuestamente desaparecían cuando los pacientes eran hospitalizados. Tampoco se supo nada de las doscientas coronas que el compañero de Maggi dijo a la policía que faltaban en el bolso de la paciente después del turno de noche. Hoy en día se cuenta que el hospital se lo reembolsó a Maggi, aunque la pareja no recibió ninguna explicación de lo ocurrido. Christina niega que haya tenido algo que ver. También niega tajantemente haber provocado ningún incendio en la M130 o en el Servicio de Urgencias.

Mientras continuaban los interrogatorios del personal de la M130, los investigadores seguían clasificando todas las historias que rodeaban a Christina. A partir de los relatos sobre sus pacientes, pronto fue tomando cuerpo la idea de que, aunque la policía se enfrentara a un caso de asesinato, podría no ser el resultado de una enfermera que desease matar. Las declaraciones de los testigos parecían apoyar cada vez más la teoría de que el objetivo real de la autora podría haber sido en realidad salvar a los pacientes.

La jefa de enfermeras, que está a cargo de todo el personal de enfermería de los pabellones médicos, contribuyó a esta imagen cuando fue interrogada, al contar una experiencia concreta con Christina. Un lunes se encontró con ella después de que la joven enfermera hubiera estado trabajando el fin de semana en la

M130. Christina le había dicho que había habido cuatro o cinco paros cardiacos en los últimos días. «Qué espanto» o «es terrible». Algo así es lo que la enfermera jefa recordaba haber respondido, contó a la policía, pero lo que sí recordaba claramente era la reacción de Christina: «No, no», había dicho Christina, para luego añadir: «Pudimos reanimarlos a todos». Al decirlo, Christina parecía «entusiasmada», casi «maniaca» y «colocada» con la experiencia, recordaba la enfermera jefa. Seguía teniendo muy presente el episodio, aunque el último turno de Christina en la M130 había tenido lugar varios años atrás. Asimismo, la enfermera jefa recordó que, tras la salida de Christina de la unidad, había pensado mucho en su comportamiento, que parecía el de una joven enfermera con «rasgos psicopáticos». Alguien que «siempre buscaba ser el centro de atención», dijo la enfermera jefa a la policía durante la hora que duró su declaración en el hospital.

«Conforme a los hechos del caso que habían salido a la luz y por lo que conocía de Christina, la declarante no tenía ninguna duda de que Christina había hecho lo que se le imputaba», señaló el agente en el informe de la declaración.

La enfermera jefa no intervenía en la gestión diaria de la M130 y, por lo tanto, no podía aportar mucha información sobre si había habido algún cambio en la unidad cuando Christina se fue, pero sí podían hacerlo los trabajadores, entre ellos, una asistente médica.

Entró a trabajar en la M130 unos meses antes de que Arne muriera. Ella había trabajado anteriormente en el Hospital de Nakskov antes de que se cerrara. Allí había estado en una unidad que se atrevía a considerar muy similar a la M130. Pero en algo los dos lugares eran muy diferentes, y aquello le llamó mucho la atención cuando llevaba unos meses trabajando en el Hospital Nykøbing Falster: el número de muertes. La asistente médica descubrió que en su nuevo lugar de trabajo morían muchos más pacientes. Dos paros cardiacos en una mañana no eran inusuales. En Nakskov una cosa así habría sido muy poco probable, pensaba.

Al cabo de un año, la asistente había encontrado el Registro de defunciones en la oficina y los había contado. Eso le había confirmado su creencia: por lo que recordaba, había habido noventa y tantos paros cardiacos en un año. Eran muchos, dijo a la policía. Al menos en comparación con la unidad de la que ella venía.

«El ajetreo cesó cuando Christina Hansen se marchó de la unidad», afirmó la asistente médica.

Mientras Christina trabajaba en la M130, aquel lugar era conocido como un sitio con el que los celadores bromeaban cuando recogían de urgencia a un nuevo paciente que había empeorado. En esos casos podían decir: «Nos vemos ahora, ¿no?» o «¿Cuánta morfina le habéis servido a este?». A las enfermeras este tipo de comentarios no les hacía gracia.

Durante esa época, algunos «tenían náuseas cada vez que moría un nuevo paciente», como explicó una de las enfermeras a la policía.

Ante las autoridades se ha descrito que el personal de la M130 sentía entonces una desconfianza generalizada por parte de algunos de los otros pabellones del hospital. En particular, de las Unidades de Anestesiología y de Cuidados Intensivos, que no podían entender por qué tenían que atender a tantos pacientes inconscientes a los que claramente se les había administrado demasiada medicación o una medicación inadecuada en la

M130. Una médica jefa de la Unidad de Anestesiología confirmó que no dejaba de ser cierto: varias veces hallaron Stesolid o morfina en la sangre, sin que quedase justificado en el historial clínico. La primera, segunda o tercera vez que ocurrió, pudieron encontrar alguna explicación, pero, al final, parecía más bien «un patrón», relató la doctora, que recordó haber preguntado a uno de los otros médicos: «Pero ¿qué están haciendo allá arriba?». Al final, una de sus compañeras médicas subió a la unidad y, en medio del pasillo, exclamó: «No hacéis más que cargaros pacientes en la M130». Varias de las enfermeras recordaban aquel día. No era fácil sobrellevar que pensaran que no atendían bien a sus pacientes, y ese día dos de ellas rompieron a llorar; ya era demasiado. Ya previamente, la desconfianza había llegado a provocar que varias de las enfermeras empezaran a registrar hasta el último detalle de lo que hacían en las habitaciones y quién les había dado las órdenes, para que, al menos, no se les pudiera culpar de nada si el paciente empeoraba.

También Ida lloró al teléfono la noche después de la muerte de Arne cuando llamó a la enfermera supervisora para decirle que el director debería ir a la M130 inmediatamente. Esa noche fue demasiado para Ida. Para entonces ya había revisado el Registro de defunciones con Nina, la auxiliar de enfermería, después de irse la policía de allí. Y según Ida, esa noche no solo le contó a su compañera que sospechaba que Christina era la causa de las cosas misteriosas que sucedían en la unidad. También se lo dijo a su jefa, la enfermera supervisora Lisette, cuando llegó al hospital sobre las 15:00 h. «Creo que Christina está matando a los pacientes». Así es exactamente como Ida se lo explicó a la policía tres años después.

Puede ser difícil de entender por qué ni ella ni Nina compartieron sus sospechas con la policía allá por 2012. Los informes de sus declaraciones no contienen el más mínimo indicio. Ida y Nina explicaron más tarde que, en aquel momento, consideraron que lo más apropiado era acudir a su supervisora inmediata para que se ocupara del asunto y lo hiciera llegar a niveles más altos del sistema. Sin embargo, Lisette, la enfermera supervisora responsable de la gestión diaria de la M130, no llegó a hacerlo nunca. «Hay que tener cuidado con lo que se dice», es lo que, según Ida y Nina, había respondido la noche en que le hablaron de sus sospechas. Y ni la acusación de ambas contra Christina ni las advertencias que otra enfermera y una auxiliar afirmaron más tarde que también hicieron salieron del despacho de Lisette.

Ida declaró a la policía que más tarde incluso entregó un cubo de agujas que contenía una gran ampolla de heparina usada y le dijo a la enfermera supervisora que ahí tenía la prueba (con toda seguridad con huellas dactilares) contra Christina. Eso ocurrió no mucho tiempo después de la muerte de Arne y, al parecer, ese día Lisette había entrado en la Sala de Enjuague totalmente pálida. La enfermera responsable acababa de recibir una llamada de un anestesista diciendo que habían encontrado heparina en un paciente de la M130 que había enfermado, pero que en modo alguno podía tomar ese tipo de medicación anticoagulante. Lisette dejó el cubo amarillo neón en su oficina. Allí estuvo durante meses, pero, como no volvió a tener noticias de la Unidad de Anestesiología, que al parecer no tenía intención de investigar el asunto, acabó por tirarlo, según admitió más tarde ante el tribunal.

Lisette ha explicado que las advertencias de Ida sobre Christina no le parecieron más que «chismes». Y dice que ella misma nunca sospechó que un miembro del personal anduviera por la sala experimentando con drogas. Mientras Christina estuvo allí empleada, era una enfermera en la que confiaba.

Cuando Christina se trasladó al Servicio de Urgencias, ni la enfermera supervisora ni nadie de la M130 informó a sus nuevos jefes de que había habido ciertas sospechas. A nadie se le dijo que, según algunos de sus colegas, la enfermera tenía un don para predecir las muertes antes de que ocurrieran. Que algunos la llamaban «sombra nocturna» o «ángel de la muerte». Que varios decían haberla visto en habitaciones donde no tenía nada que hacer. Que varios, entre ellos Ida, se sentían incómodos haciendo guardias con Christina y le habían dicho a su superior que se negaban a volver a hacerlas.

Una enfermera de la M130 señaló que seis meses después fue a ver a Lisette y a la enfermera jefa y les dijo lo que muchos ya pensaban: que era llamativo que ahora los pacientes rara vez enfermaran de repente. En realidad, en esos momentos ella era una de las amigas de Christina más cercanas, pero quería asegurarse de que alguien vigilara a la enfermera en la nueva unidad, según dijo después a la policía.

Cuando la amiga salió del despacho de su jefa, tenía la sensación de que tanto la enfermera responsable de planta como la jefa de enfermeras eran conscientes del patrón que había dejado Christina. Y cuando varios años después la amiga fue interrogada por la policía, dijo que había confiado en que, al menos, sus jefas hubieran puesto en conocimiento de los nuevos superiores de Christina en el Servicio de Urgencias las coincidencias. Pero la información nunca fue trasmitida. Se pidieron referencias de Christina, como siempre se hace cuando una enfermera cambia de unidad. La recomendación de la M130 mencionaría (al menos hasta donde recuerdan los superiores) que había habido algunas intrigas entre algunas de las enfermeras y Christina, pero ningún problema serio. El tono general de la recomendación era: tendréis una buena enfermera.

El 3 de octubre de 2012, el personal de la M130 celebró una jornada monográfica con motivo de las numerosas muertes. Entre otras cosas, la unidad había recibido dinero para que un psicólogo fuera de forma presencial y tratara de ayudar a las enfermeras a sobrellevar mejor las muertes de tantos pacientes.

Pero Christina ya no estaba.

Dos días antes, había abandonado la M130.

Capítulo 16

La fiscalía mantuvo durante mucho tiempo su sospecha de que tres personas fueron asesinadas en el último turno de noche de Christina.

Además de Viggo y Anna Lise, estaba Svend Aage Petersen, de ochenta y seis años, el paciente que llegó en ambulancia justo antes de las 23:00 h.

Lo que ocurrió en la habitación de Svend Aage recordaba a muchos otros episodios de los que la policía había tenido noticia a través de los compañeros de Christina: un paciente se pone repentinamente muy enfermo, en el caso de Svend Aage sucedió justo después de que lo metieran en la cama. Christina está en la habitación. Christina es quien activa la alarma cardiaca. Christina es la primera en aplicar un masaje cardiaco. Christina es la que se hace notar. Christina es la que en esos momentos parece fuera de sí.

Lo que la mujer de Svend Aage dijo a la policía tras su muerte no hizo sino reforzar las sospechas de la policía. Según ella,

Christina le dijo a la familia que le había administrado a Svend Aage «una inyección para tranquilizarlo».

«No pudo soportarlo y su corazón se detuvo; entonces tratamos de reanimarlo, pero no dio resultado», al parecer fue la explicación que dio Christina cuando los familiares llegaron al hospital. La nuera de Svend Aage reprodujo la conversación con la enfermera del mismo modo.

Y ante la policía explicó que, en general, Christina le pareció «inapropiada», porque no mostró ni empatía ni interés especial en hablar con los familiares de una forma adecuada. A la vez, según la nuera, Christina estaba manteniendo una conversación telefónica y también tenía «jaleo contando cuándo había empezado el turno». Durante uno de los interrogatorios policiales a Christina, esta dijo que lamentaba que la familia hubiera vivido así la situación. La enfermera no pudo negar que su teléfono hubiera sonado mientras estaba con los familiares, pero negó haber dicho que le hubiera dado sedantes a Svend Aage. Del mismo modo, Christina negó repetidamente haber hecho algo que pudiera haber contribuido a la muerte de Svend Aage. Mientras tanto, el fiscal de la policía siguió manteniendo la acusación porque consideraba que las sospechas eran fundadas.

Pero el cargo no se sostuvo.

Cuando los químicos forenses terminaron de analizar la sangre de Svend Aage, la policía tuvo que admitir que se trataba de un caso en el que de lo único de lo que se podía declarar culpable a Christina era de haber estado cerca. Las muestras de sangre de Svend Aage no mostraban indicios de que se le hubieran inyectado sedantes o analgésicos en su catéter venoso.

Tras las respuestas definitivas del Instituto de Medicina Legal, los investigadores exploraron teorías alternativas. La policía se planteó si la enfermera pudiera haber introducido aire en el tubo de goteo del paciente o si tal vez le hubiera administrado cloruro de potasio o de calcio, que también podrían haber provocado una parada cardiaca. Esta última teoría cuadraba, en principio, con el hecho de que, durante el turno de noche, Pernille hubiera visto una ampolla de cloruro de calcio vacía en la parte superior de uno de los cubos de las agujas para la que no podía encontrar una buena explicación. Pero con esta teoría, al igual que con las anteriores, no se pudo seguir adelante.

Los químicos forenses explicaron a la policía que, una vez que una persona ha muerto, no puede determinarse con ninguna certeza la cantidad de cloruro de potasio y cloruro de calcio en la sangre: cuando el corazón se detiene, se ponen en marcha demasiados procesos químicos en el cuerpo que afectan a las pruebas y las hacen demasiado imprecisas.

Svend Aage se convirtió así en un ejemplo de paciente cuya muerte muchos habían asociado casi automáticamente con Christina, pero para el que las teorías no tuvieron refrendo con la realidad y el hecho de que aquellas deben poder ser probadas si se quiere que en el futuro sean objeto de un juicio.

Sin embargo, las respuestas a los análisis de sangre de Svend Aage fueron solo algunas de las muchas que llegaron del Instituto Anatómico Forense de Copenhague. Después de que los expertos del laboratorio hubieron analizado la sangre de los otros pacientes, no hubo ninguna duda:

Durante el último turno de noche de Christina, alguna persona en el Hospital Nykøbing Falster quiso voluntariamente hacer daño a los pacientes. Aunque esa persona pudiera haber dejado en paz a Svend Aage, en los cuerpos de Viggo, Anna Lise y Maggi se pudieron detectar cantidades desmesuradas de morfina.

Una dosis normal de morfina es de 2,5 mg, el equivalente a una cuarta parte de las ampollas que hay en las Salas de Medicamentos. Las directrices del Gobierno establecen que se puede administrar un máximo de 5 mg cada vez. Dicha dosis debe inyectarse despacio, preferiblemente a lo largo de varios minutos, para permitir que el medicamento se extienda por el cuerpo antes de que el émbolo de la jeringa llegue al fondo, de lo contrario, el efecto es demasiado fuerte y puede ser nefasto. Si se trata de un paciente anciano o débil, la dosis en vena no debe superar los 2,5 mg habituales. Suele ser suficiente. Pero incluso en este caso, es mejor que la enfermera espere un rato y vigile al paciente mientras se inyecta el medicamento poco a poco, para que tenga tiempo de diluirse uniformemente en el torrente sanguíneo.

Los químicos forenses encontraron unos 45 mg de morfina en Anna Lise. El equivalente a cuatro ampollas y media y a dieciocho veces la dosis habitual.

Viggo tenía unos 40 mg en su cuerpo.

Además, a ambos se les había administrado Stesolid, que tampoco aparecía prescrito. Había que suponer que detrás había alguien que sabía cómo inyectar drogas en un catéter venoso y que tenía acceso a una Sala de Medicamentos. Por lo tanto, sería también alguien conocedor de que las dosis eran tan altas que podían matar.

También podrían haberlo hecho en el caso de Maggi.

No solo se le había administrado Stesolid y el potente medicamento para el corazón Cordarone, que no se mencionaban en ninguna parte del historial clínico, sino que también había en su sangre una cantidad de morfina que, según los modelos de cálculo forenses, equivalía a haber vaciado unas cinco ampollas en su catéter venoso, en el caso de que eso hubiera ocurrido poco antes de que dejara de respirar.

Que Maggi no hubiera muerto por esa dosis era increíble. Al menos esa es la valoración de Kristian Linnet, jefe del Instituto Anatómico Forense del Instituto de Medicina Legal. La experiencia del profesor le dice que la cantidad de morfina que puede tolerar un cuerpo antes de que el sistema respiratorio se vea tan afectado que deje de funcionar varía de una persona a otra. Puede influir, por ejemplo, que con anterioridad ya se le haya administrado morfina y tal vez haya llegado a acostumbrarse a ella; que el émbolo de la jeringuilla se presione con rapidez, y que se trate de una persona que ya previamente tenga problemas respiratorios, que esté débil, sea anciana o esté enferma; en estos casos, toleraría menos.

Sin embargo, Kristian Linnet calcula que la gente moriría con entre 10 y 30 mg de morfina inyectados en vena. Las dosis de Anna Lise, Viggo y Maggi estaban muy por encima de ese límite.

Capítulo 17

El 11 de agosto de 2015, Christina fue conducida de nuevo al Tribunal de Nykøbing Falster con un agente a cada lado. Hacía ya más de cinco meses que había sido detenida.

Desde la vista preliminar, había estado cinco veces en el Tribunal de Nykøbing Falster, donde cada una de las veces un juez había acabado permitiendo que la policía prorrogara su prisión preventiva. Una y otra vez, su abogado defensor había protestado y recurrido las decisiones ante el Tribunal de Apelación, pero en vano.

El 11 de agosto, la fiscalía compareció de nuevo e indicó que la policía persistía en que la enfermera permaneciera detenida mientras continuaba la investigación. La fiscal, Jeanette Wincentz Andersen, aportó muchos de los mismos argumentos que había presentado ante el juez en las audiencias anteriores. Pero, a pesar de todo, ese martes iba a ser especial: por primera vez habría un público que podría escucharlo todo. La vista se había declarado abierta y el público podría hacerse una idea en vivo de lo que trataba realmente el caso del Hospital Nykøbing Falster. Sin embargo, para entonces apenas quedaba un periódico o una cadena de televisión que no hubiera podido revelar varios detalles sobre el caso. El «caso de la enfermera», como pronto lo bautizó el canal local TV Øst. En Nykøbing Falster, la gente sabía bien quién era la enfermera, aunque ningún medio de comunicación había mencionado aún su nombre. Los rumores se habían propagado y se seguían extendiendo, también en el hospital, donde habían surgido dos bandos: los que creían en la inocencia de Christina y los que estaban convencidos de lo contrario.

En el primer grupo estaban varias de las enfermeras con las que Christina solía quedar en su tiempo libre. Entre ellas, la amiga que acompañaba a Christina cruzando el aparcamiento la mañana en que salieron del hospital unas horas antes de la detención. La amiga dijo durante su declaración que no entendía por qué la protagonista del caso tenía que estar en prisión preventiva. Le parecía que no estaba bien que Christina no pudiera defenderse de los cotilleos que corrían por urgencias en aquellos momentos. La policía hizo constar en el acta del interrogatorio de la amiga que entre los colegas «se hablaba de si la acusada lo hizo o no, y se comentan antiguos incidentes por los que también se sospecha de la acusada».

«La declarante no entiende por qué no hablaron antes de estos casos sospechosos. La declarante misma no cree que la acusada sea culpable de lo que se la acusa. Si fuera así, la declarante lo habría notado en la acusada. La declarante no notó nada sospechoso cuando la declarante se dirigió junto con la acusada hasta el coche al acabar el turno. La acusada estaba exactamente como siempre», añadió la policía en el informe del interrogatorio de la amiga.

Los simpatizantes de Christina hablaron de hacer una colecta para una cesta de regalos que podrían enviar a prisión. Y varios del grupo empezaron a sentirse incómodos cuando tenían guardias con Pernille, cuya responsabilidad en la acusación de Christina era ya sabida por todos. ¿Podría Pernille delatar a más gente? Y si uno de ellos cometiera un error… ¿Pernille consideraría oportuno acusar a otro colega? Era una preocupación generalizada en uno de los bandos.

En el otro estaban las enfermeras que habían vivido uno o más incidentes con Christina que las convencieron de su culpabilidad.

Muchas de ellas, al igual que varios médicos, habían hablado ya con la policía porque habían sido citadas para uno de los cerca de noventa interrogatorios que las autoridades habían realizado hasta entonces.

Pero después de la declaración, a cada declarante se le recordó que había jurado guardar el secreto y que no podía hablar con nadie sobre los hechos, algo que a varios les resultó frustrante, sobre todo porque no pudieron después defender su actuación ni corregir algunos de los chismes y rumores no confirmados que siguieron circulando entre los compañeros que no estaban lo suficientemente cerca del caso como para ser llamados a declarar ante la policía.

El 11 de agosto llegó una noticia desde el tribunal que hizo que el caso de asesinato volviera a ser tema de conversación: Christina Aistrup Hansen había sido acusada de otro asesinato más, el de Arne Herskov, que supuestamente tuvo lugar en la sección M130 allá por 2012.

El juez consideró que había motivos razonables de sospecha. Hizo especial hincapié en la explicación del enfermero Peter, que ahora había informado de la presencia de una jeringuilla en la mano de Christina tres años antes. Pero eso no fue lo único que aquel día la fiscal Jeanette Wincentz Andersen pudo hacer público ante el tribunal y que dio lugar a titulares. La policía estaba investigando otras diez muertes en las que podría haber estado involucrada Christina. El caso de la enfermera crecía.

Como las puertas ya no estaban cerradas, el 11 de agosto se convirtió en un día en el que Jeanette Wincentz Andersen pudo hablar abiertamente y sin tapujos sobre un caso que la fiscalía llevaba meses intentando mantener en secreto. Pero también fue un día en el que metió la pata, al lanzar piedras contra su propio tejado y convertirse en tema de conversación, no solo en las salas de personal del Hospital Nykøbing Falster, sino también en los hospitales de otros lugares del país. Ocurrió cuando, ante el tribunal, la fiscal dijo:

«No es inusual que a las enfermeras les pase por la cabeza la idea de acabar con la vida de los pacientes».

La declaración se produjo porque la fiscalía sabía bien que por principio es difícil imaginar que una enfermera quiera matar a sus pacientes. La fiscal era consciente de que el hecho de que la persona acusada perteneciera a un grupo profesional en el que normalmente se confía actuaba en contra del caso policial. Parece casi antinatural que exista una enfermera que haga lo opuesto a ayudar a los enfermos, pero esa era justamente la idea general que Jeanette Wincentz Andersen intentaba combatir con su declaración. Y lo repitió cuando, tras la vista, fue entrevistada a la puerta del juzgado.

«Lo primero que a uno le viene a la cabeza es eso: no puede ser verdad. A una enfermera no podría ocurrírsele algo así. Pero poco después de que fuese decretada su prisión preventiva, leí un artículo muy interesante en el *Søndagsberlinger*. Y trataba precisamente de enfermeros, tanto hombres como mujeres, que mataron a pacientes. Y hay elaborado un estudio de Estados Unidos, creo. Y allí se dice bueno, que en realidad es bastante común. Y hay diferentes motivos para ello. Tengo que hacerme con ese informe para poder leerlo, porque me parece muy interesante», le dijo la fiscal a *B. T.*, más o menos lo mismo que contó a TV 2.

No fue raro que esa afirmación levantase ampollas entre muchas enfermeras. Ya previamente, el caso de la enfermera, con toda su repercusión mediática, estaba removiendo las bases que hacen que unas setenta y dos mil personas vayan al trabajo con la cabeza muy alta: una enfermera es alguien que ayuda a la gente. El personal del Hospital Nykøbing Falster ya antes se esforzaba por no dejarse influir cuando un nuevo paciente (casi siempre en un intento fallido de hacerse el graciosillo) preguntaba si estaba seguro ingresando allí.

Pregunta a la que solía seguirle un «ja, ja, ja», aunque nunca hizo gracia. Cada una de esas veces afectaba a la profesionalidad de las enfermeras, igual que cuando se sorprendían de verse en una cena defendiendo su profesión a causa de una única persona acusada de algo extraordinario. Así que, cuando una fiscal afirmó que el caso era una expresión de algo generalizado, cruzó una línea. El Consejo Danés de Enfermería, que por lo demás no ha querido pronunciarse sobre el caso y se ha cuidado mucho de posicionarse, no podía permanecer indiferente ante aquello.

Tres días después, llegó a la Policía de Selandia del Sur y Lolland-Falster una carta dirigida a la fiscal del caso de la enfermera y firmada por el director jurídico del Consejo Danés de Enfermería. Se pedía en ella a Jeanette Wincentz Andersen que confirmara o desmintiera lo antes posible si las palabras con las que había aparecido citada eran correctas. El Consejo Danés de Enfermería informaba de que no tenía conocimiento de un solo caso en Dinamarca, al menos en los últimos veinticinco años, de ninguna enfermera acusada de intentar matar a un paciente. El hecho de que ahora la fiscal hubiera calificado en TV 2 el fenómeno como «no inusual» era, a la vez, «difamatorio» y una «acusación muy grave contra todas las enfermeras».

«En vista de ello, le exijo que retire su declaración y se asegure de hacer una rectificación en todos los medios de comunicación en los que haya aparecido», decía la carta. Acompañaba la exigencia de un plazo de una semana.

En los días que siguieron, Jeanette Wincentz Andersen intentó explicar que no había querido ofender a las enfermeras. «Al contrario, creo que hacen un trabajo magnífico», dijo a *Politiken* y, si la llamas hoy en día, sigue diciendo lo mismo. Su jefe envió una carta al sindicato de enfermeras explicando que la fiscal se había referido a un artículo de investigación y no había dicho nada sobre su alcance en Dinamarca, pero no sirvió de nada. El Consejo Danés de Enfermería insistió en emprender acciones por difamación contra la fiscal si no retiraba su declaración. Ella se negó y persistió, a pesar de que las enfermeras designaron un abogado para el caso que comenzó a preparar una demanda por difamación. Jeanette Wincentz Andersen era una jurista con experiencia. Es la jefa del Departamento de la Fiscalía de la Policía de Selandia del Sur y

Lolland-Falster, quien se ocupa de casos especiales y normalmente más extensos y complicados. Y como jefa de todo un equipo de fiscales, está acostumbrada a sopesar en una balanza las palabras para que encajen con precisión en un tribunal. De hecho, en el supuesto de acabar en un caso de difamación, los propios juristas de la policía consideraron que no tenía posibilidades de prosperar. Pero cuanto más tiempo pasaba sin que la irreductible jefa de la abogacía se retractara de sus palabras, tanto más se convertía ella misma en un problema en el caso. La persona de Jeanette Wincentz Andersen había empezado a eclipsar a quien el ministerio fiscal quería mantener en el punto de mira: la acusada. Entre las enfermeras empezaron a surgir dudas sobre la integridad de Jeanette Wincentz Andersen, incluso después de que la fiscalía accediera a redactar un comunicado en el que se decía que la declaración podría haberse formulado de otra manera y que «la fiscalía lo lamenta».

El intento de reconciliación llegó cuatro semanas después, cuando el Tribunal de Nykøbing Falster tuvo que decidir de nuevo sobre la prisión preventiva de Christina; se llamaba Michael Boolsen. Fueron su jefa y la de Jeanette Wincentz Andersen, la fiscal jefa Henriette Rosenborg Larsen, las que finalmente dieron un paso al frente y decidieron que él se hiciese cargo del caso a partir de entonces.

Se esperaba que el nuevo fiscal fuese capaz de volver a centrar el foco en el personaje principal del caso: Christina. Era importante que no hubiese reservas entre los compañeros de la acusada y las autoridades, pues los investigadores dependían de que estuviesen dispuestos a hablar con ellos y a colaborar. Ya iba tejiéndose un entramado en el que el caso contra Christina dependería en gran medida de lo que los colegas pudieran contar sobre sus experiencias con ella, si se quería que fuera lo suficientemente sólido como para ir a juicio.

De hecho, aún no se había conseguido hallar ni una sola prueba contundente contra la enfermera.

*

Michael Boolsen siempre había tenido lo que él describió como un interés natural en el caso de la enfermera. Probablemente influía el hecho de que él mismo hubiera trabajado en un hospital durante unos años, mucho tiempo atrás, cuando estudiaba Derecho y tenía un trabajo como cuidador no cualificado en un hospital psiquiátrico. Sin embargo, Boolsen aún recordaba el día a día en el hospital, las rutinas y la jerga hospitalaria. De este modo, había discutido el caso contra Christina Aistrup Hansen con su colega Jeanette Wincentz Andersen de forma regular, antes de que las numerosas carpetas con el material de investigación se trasladaran a su escritorio.

Además, Michael Boolsen era uno de los pocos dentro de la policía para los que el nombre de Arne Herskov era bien conocido. Michael Boolsen era el fiscal que había decidido cerrar el caso de la muerte del paciente varios años atrás, porque en ese momento consideró que no había nada. Ahora el fiscal tuvo que admitir que había sido una decisión equivocada.

Michael Boolsen asistía periódicamente a reuniones con los investigadores en la comisaría de Vordingborg, donde se le ponía al día de las novedades del caso, a la vez que él sugería dónde podría haber pistas con las que sería buena idea seguir trabajando. Había una serie de cosas que la policía no había podido establecer con pruebas fehacientes. Por ejemplo, quién había estado en las Salas de Medicamentos durante el turno de noche y en total cuántos medicamentos de las estanterías se habían retirado.

Por supuesto, lo primero que hicieron las autoridades fue comprobar si en la unidad había videovigilancia. No la había. Sin embargo, los investigadores no tardaron en darse cuenta del pequeño escáner que hay junto a la puerta de cada Sala de Medicamentos, en Urgencias 3, en Urgencias 2 y en Urgencias 1. Se trata de un escáner al que, para entrar, el personal debe acercar su llavero electrónico. Clac. Así se desbloquea y solo entonces la enfermera tiene acceso al almacén de comprimidos y ampollas. Ya el primer día el médico jefe Niels Lundén había llamado la atención de la policía sobre el sistema.

«Hay un registro en las cerraduras, por lo que se puede saber quién ha abierto la puerta de las Salas de Medicamentos y a qué hora», había señalado el agente en el informe del interrogatorio del jefe médico. Michael Boolsen recuerda que la policía decidió, consecuentemente, preguntar al hospital si podía ayudarles con una lista de quiénes accedieron con su llavero y a qué horas durante el turno de noche.

Según el fiscal, la respuesta fue que no tenían un sistema para registrar el tráfico.

«Pero, al parecer, preguntamos en el lugar equivocado», admite Michael Boolsen.

Según el fiscal, la policía descubrió después que dicho registro existía, pero para entonces ya habían pasado más de catorce días desde que Christina y Pernille hicieron su último turno de noche juntas, por lo que el registro se había borrado automáticamente. Parece ser que Michael Boolsen intentó varias veces preguntar si después de todo se podría recuperar de alguna manera. Una de las razones era que Mette, la enfermera de la unidad de Urgencias 2, había oído la puerta de la Sala de Medicamentos de su pabellón justo antes de que Maggi sufriera una parada cardiaca. La enfermera estaba segura de que ninguno de sus compañeros de Urgencias 2 podía haber estado allí en ese momento. Y esa declaración era interesante, porque tal vez podría haber sido Christina, que en ese caso cogió medicamentos de una sala en la que no tenía nada que hacer. A Michael Boolsen le hubiera gustado investigar más en esta línea. Pero no fue posible. El registro había sido borrado, informó de nuevo el hospital. Era un callejón sin salida.

Tampoco se pudo decir nada sobre quién había tenido las diferentes jeringuillas usadas encontradas en el Servicio de Urgencias. Los humanos lo hacemos todo el tiempo: dejamos una huella única de aminoácidos, sales, sudor y grasa cuando agarramos un objeto. Una y otra vez, las diminutas huellas dactilares han resultado cruciales para identificar a los autores en las investigaciones de homicidios. Y la policía había empaquetado cuidadosamente todas las jeringuillas que encontró en la basura y en los contenedores de cánulas del Servicio de Urgencias en bolsas selladas y las guardó para que los expertos pudieran encontrar los pequeños patrones. Si el crimen se hubiera cometido como sospechaban las autoridades, una huella dactilar en una jeringuilla era lo que podría vincular al autor con el arma del crimen y convertirse potencialmente en la prueba concluyente del caso.

Más de treinta y cinco jeringuillas fueron enviadas a la Unidad Central de Identificación de la policía científica. En aquel momento, estaba situado en una planta baja de Vanløse.

Allí, los expertos abrieron las jeringuillas en las bolsas transpirables especialmente fabricadas para garantizar que el ADN de su interior no se descomponga con cuidado. Los expertos en huellas dactilares saben que son fáciles de borrar y difuminar cuando están en plástico y no se han dejado empapar, por ejemplo, en un papel o un periódico. Todas las jeringuillas del Hospital Nykøbing Falster fueron volteadas a la luz blanca del laboratorio y estudiadas con lupa por los expertos equipados con guantes de plástico. También el tarro de mermelada que la enfermera había utilizado para esconder el dinero y que la policía había encontrado en el armario de su habitación y enviado al laboratorio para que hubiera huellas dactilares nítidas y claras con las que comparar. El personal del laboratorio dispone de productos químicos que se pueden rociar y en los que se puede sumergir cualquier prueba para que las huellas dactilares se iluminen repentinamente en el cuarto oscuro del laboratorio. Tienen un revelador de huellas que puede hacer visibles marcas que de otro modo serían imperceptibles. El laboratorio del Centro Nacional Forense lleva mucho tiempo demostrando que sí se puede encontrar huellas dactilares o palmares en casi cualquier cosa. Pero la respuesta de Vanløse esta vez fue decepcionante. No pudieron encontrar huellas dactilares en ninguna de las jeringuillas; ni una, ni de Christina ni de nadie.

Por supuesto, la policía y el fiscal Michael Boolsen habían esperado que la respuesta fuera diferente, pero el laboratorio informó de que no era algo inusual.

Es raro que se hallen huellas dactilares en las jeringuillas. Por un lado, las que se utilizan en los hospitales están fabricadas de un material en el que las bacterias y las huellas se adhieren con dificultad: cuando empezaron a abrir las bolsas de pruebas del Hospital Nykøbing Falster, una de sus expertas en huellas, en los quince años que llevaba trabajando en el laboratorio de la policía, no había encontrado ni una huella dactilar en una jeringa. También es sabido que las enfermeras se lavan las manos y las desinfectan varias veces cada hora. Siempre que lo hacen, pasarán varios minutos, al parecer al menos quince, antes de que las palmas y los dedos empiecen a dejar impresiones de nuevo. Salvo que la enfermera lleve guantes de plástico, como suele ocurrir; en ese caso es absolutamente imposible.

La policía también examinó todas las ampollas usadas que habían contenido medicamentos y que los investigadores pudieron encontrar vacías y desechadas por la unidad. Por ejemplo, se toparon con varias ampollas vacías en la Sala de Medicamentos de Urgencias 3 cuando vaciaron los contenedores de agujas que allí había. Se trataba de treinta y dos ampollas de morfina, doce de Stesolid, seis de adrenalina y dos de Cordarone. Y aunque no se podía asegurar que procedieran del turno de noche, cada una de ellas había sido examinada detenidamente, junto con otras cuatro ampollas de morfina vacías que habían sido desechadas en Urgencias 2. Pero tampoco allí se había quedado ni una sola huella dactilar.

Las ampollas conducían también a callejones sin salida. Pero todas las jeringuillas fueron entregadas a los químicos forenses del instituto de Copenhague. Con suerte, podrían descubrir qué drogas habían albergado los cilindros de plástico, ya que no podían obtener pruebas en el exterior. Se esperaba que los expertos también pudieran establecer si el líquido blanquecino del gotero de Viggo era Stesolid. Fue enviado en un coche patrulla desde Nykøbing Falster a Copenhague.

El propio hospital no pudo ayudar a aclarar de qué medicamento podría tratarse en este caso. El Servicio de Farmacia del hospital es la que repone continuamente las estanterías y los cajones de las Salas de Medicamentos de las distintas unidades. Si este servicio hubiera registrado exactamente las cantidades utilizadas, la policía podría haber intentado cotejar las cuentas con los historiales de los pacientes y, de esa forma, las autoridades podrían tal vez haber tenido una pista sobre si había habido un exceso injustificado de uso de, por ejemplo, morfina, Stesolid u otro producto en el turno de noche o tal vez en otros turnos. Pero el hospital no disponía de inventarios precisos del consumo. Y aunque los investigadores contaron cuidadosamente cuántas ampollas quedaban en las Salas de Medicamentos del Servicio de Urgencias, no pudieron encontrar una contabilidad con la que cotejarlo.

«No hay inventario de existencias en las Salas de Medicamentos, por lo que no se puede saber qué personal cogió qué y cuándo», señalaba en su informe el primer policía asignado a la comprobación unos días después de la detención de Christina.

Hoy Michael Boolsen explica que las autoridades nunca consiguieron tener una idea general de la cantidad de medicamentos que faltaban en los almacenes y para la que no se hallaba justificación.

Sin embargo, el hospital pudo ayudar con listas en muchos otros asuntos. Entre otras cosas, pudieron conseguir los antiguos esquemas de guardias y horarios de trabajo de Christina de varios años atrás. Por lo tanto, sí fue posible elaborar una lista de los períodos en los que la enfermera había trabajado durante todo el tiempo que estuvo empleada en el Hospital Nykøbing Falster. A los investigadores se les ocurrió algo. Compararían el número de muertes en los turnos de Christina con el número de muertes en los días en que Christina no había estado trabajando. Tal vez se pudiera demostrar una correlación, posiblemente un aumento, en las horas en que la enfermera estuvo en su unidad. La policía buscó a un profesor de Estadística que aceptó hacer los cálculos. El método era un proceso de investigación poco convencional, pero se trataba de corroborar o desmentir con cifras si era cierto lo que decían los compañeros cuando afirmaban que morían más pacientes cuando la protagonista del caso estaba en el trabajo. Pasarían algunos meses antes de que el análisis estuviera listo. Pero ya en cuanto el hospital comenzó a enviar la cifra de muertos, los investigadores creyeron ver una tendencia. Parecía que las estadísticas al menos confirmaban lo que varios colegas de la M130 les habían contado: que el número de muertes se redujo después de que Christina dejara la unidad.

La predecesora de Michael Boolsen ya había presentado la cifra de muertos en la M130 ante el tribunal la última vez que consiguió que se ampliara la prisión preventiva de la enfermera. La información no indicaba cuántas paradas cardiacas se habían producido. No hay cifras al respecto, informa también hoy en día el hospital. Tampoco informaba de cuántos pacientes empeoraron y fueron trasladados a otras unidades.

Tampoco hay cifras al respecto. Así que solo mostraba cuántos pacientes habían sido declarados muertos en la M130.

En 2010, el primer año completo que Christina trabajó en la unidad, hubo ochenta y siete pacientes en total, según las listas del hospital que fueron presentadas ante el tribunal.

En 2011, la cifra fue de noventa y cinco. Al año siguiente, cuando la enfermera trabajó en la M130 durante nueve meses antes de pasar al Servicio de Urgencias, el total fue de setenta y cinco.

En 2013, la cifra de la M130 se redujo a cincuenta y uno. En 2014, esa cifra fue la misma.

*

Jørgen Lange se esforzó por seguir el compás de todos los tecnicismos médicos. Solo conocía la sanidad de cuando él mismo había visitado un hospital o actuado como abogado de algún médico que compraba o vendía una consulta y quería ayuda con el papeleo. Ahora el abogado defensor tenía que aprender a entender los historiales de los pacientes, los informes de las autopsias, los estudios de química forense, y cómo funcionan y se mezclan los diferentes medicamentos en la sangre. Tenía que ser capaz de desentrañar los cálculos de dosis y efectos, saber cuáles son las labores habituales de un líder de grupo en un hospital, conocer los procedimientos con bandejas cardiacas, jeringas grandes y pequeñas, válvulas venosas, cardiogramas, ampollas y bolsas de goteo, y manejar otros conceptos como prescripciones PN , venas varicosas, fibrilación auricular y derrames cerebrales. Todo esto era necesario para que el abogado defensor entendiera el caso, encontrara sus puntos débiles e identificara las incoherencias de los testigos; pero era tedioso, sobre todo, teniendo en cuenta que Jørgen Lange se enfrentaba a todo un equipo de investigadores que hacía tiempo que habían recibido luz verde para dedicar enormes recursos a este caso.

A los cinco meses de iniciada la investigación, Jørgen Lange intentó conseguir que un abogado más se uniera a su equipo. En la Audiencia Provincial solicitó que se le asignara a Christina un abogado adicional para que lo asistiera, y su colega Henrik Stagetorn había dicho que él estaba preparado si era aceptado. Sin embargo, la fiscalía se opuso y, aunque la Audiencia Provincial dijo inicialmente que sí, el Tribunal de Apelación revocó la decisión de permitir que se nombraran dos abogados defensores para el caso de la enfermera. No era justo, dijo Jørgen Lange, que declaró en los medios de comunicación que los derechos legales de la enfermera estaban amenazados.

Finalmente, Jørgen Lange recibió veinticinco mil coronas danesas, y posteriormente otras veinte mil, para gastarlas en la asistencia profesional de un experto en medicina y química del cuerpo humano. El abogado eligió al doctor jefe Kim Dalhoff. Un profesor con mucha experiencia en intoxicaciones y que trabaja en el Departamento de Farmacología Clínica del Hospital Bispebjerg. Juntos pasaron varias jornadas con los documentos del caso esparcidos por la oscura mesa del comedor del domicilio particular de Jørgen Lange.

El profesor fue una ayuda indispensable, recuerda el abogado. Pero cree también que las ayudas para contratar a expertos «son el chocolate del loro». Y hasta el día de hoy, Jørgen Lange insiste en que no fue justo que él solo se tuviera que encargar de un caso que no dejaba de crecer en número de carpetas en su despacho de Amaliegade.

Aunque lo intentó con ahínco, Jørgen Lange no consiguió sacar a su clienta mientras esperaba el juicio propiamente dicho. Una y otra vez se prorrogó su prisión preventiva. Una y otra vez su abogado defensor protestó ante el tribunal, criticando que la investigación era demasiado lenta y que los testigos clave solo habían sido interrogados después de haber transcurrido varias semanas y haber podido hablar sobre el caso con otras personas. Argumentó que la policía no pudo encontrar ninguna prueba concluyente. Y criticó a los testigos, las pistas y las investigaciones forenses. ¿Podría su cliente haber sido víctima de una mirada con anteojeras por parte de la policía? ¿Era Christina una víctima inocente de chismes y rumores malintencionados? Jørgen Lange trató de plantear esas preguntas cada vez que un juez quiso escucharlas, pero no fue lo suficientemente convincente. Una y otra vez Christina era enviada de vuelta a la celda. Jørgen Lange reclamó que al menos se levantaran los controles de visitas y de correspondencia, en todo caso con los padres y el novio de la enfermera. Por «razones humanitarias», dice el acta de una de las sesiones del tribunal. Pero tampoco en este caso tuvo éxito la defensa.

*

Cuando el escrito de acusación contra Christina Aistrup Hansen estuvo finalmente listo, contenía los nombres de cuatro pacientes:

Arne Herskov,

Viggo Holm Petersen,

Anna Lise Poulsen,

Maggi Margrethe Rasmussen.

La enfermera fue acusada de matar a tres de los pacientes y de tentativa de asesinato a Maggi, sin tener éxito únicamente porque el paciente tuvo tiempo para tomar un revulsivo, pensaba el ministerio fiscal. Si fuera declarada culpable de los cargos,

Christina Aistrup Hansen podría enfrentarse a cadena perpetua.

La investigación se prolongó durante once meses antes de que la acusación nombrara a las cuatro víctimas por cuya muerte Christina podía ser condenada por envenenamiento, según creía Michael Boolsen. Era solo una fracción de todos los pacientes que la policía había investigado como posibles víctimas.

Empleados del hospital habían afirmado estar convencidos de que podía haber más. Las estadísticas de muertes sugerían que podría haber algo de cierto en ello. Y era una idea obvia, pues ¿podría considerarse una hipótesis probable que Christina matara a Arne en 2012, fuera a trabajar durante tres años sin hacer daño a ningún otro paciente y, finalmente, volviera a actuar el mismo día en que la policía intervino para descubrir sobredosis en tres de las personas ingresadas en su turno de noche? Por supuesto, había que investigarlo y analizarlo, y es justamente lo que hizo la policía.

Cuando los detalles del caso salieron en la prensa, varios familiares llamaron a la comisaría para preguntar si sus allegados podrían formar parte del caso de la enfermera. Algunos podían hablar de una hospitalización en Nykøbing Falster que, ahora que lo pensaban, les resultaba sospechosa. La policía anotó todos los casos. Aquellos en los que Christina no había estado en el trabajo el día que los familiares dijeron fueron rápidamente descartados. Sin embargo, los demás fueron registrados por la policía en la lista de hospitalizaciones que debían ser investigadas con más detalle. En ella también figuraban los nombres de todos los pacientes que habían sido identificados al revisar los registros del hospital de muertes inexplicables en la M130 y en el Servicio de Urgencias. Junto con un médico jefe, la policía revisó los registros remontándose hasta el 2009, el año en que Christina fue contratada. Se clasificaron los años en los que la enfermera no había trabajado en la unidad correspondiente. Lo mismo se hizo con los días y las horas en que ella no había tenido turno. De las muertes que quedaron, el médico jefe revisó los historiales y, si el caso parecía sospechoso, el número de identificación del paciente se añadía a la lista de todas las muertes que la policía había decidido que el equipo de investigadores debía examinar con detalle.

Por supuesto, también hubo casos de pacientes que seguían vivos. Un ejemplo fue un hombre de ochenta y cinco años que fue hospitalizado en enero, unos meses antes de la detención de Christina, y que, de repente, por la noche, en su habitación, se sintió muy mal. Las muestras de sangre de entonces hacía tiempo que habían sido desechadas y, si se le había administrado medicación, estas ya no era rastreables en su cuerpo para cuando los investigadores comenzaron a interesarse por su caso. Pero la policía pudo analizar su pelo.

El pelo de nuestra cabeza actúa como una especie de calendario químico. Mientras que las drogas y el alcohol desaparecen de nuestra sangre después de un tiempo relativamente corto y no se pueden rastrear en nuestra orina, el pelo seguirá siendo un refinado chivato que puede contar lo que metimos en nuestro cuerpo semanas y meses atrás. Esto se debe a que los folículos pilosos, de donde crecen los pelos, se nutren de la sangre y, de ese modo, las sustancias que se disuelven en nuestro torrente sanguíneo se incrustan en un pequeño trozo de cabello en el momento en que nuestro cuerpo se ve afectado por ellas. Ese resto crece desde el cuero cabelludo a un ritmo aproximado de un centímetro al mes. Por lo tanto, si hay restos de una droga a tres centímetros del cuero cabelludo, significa que han pasado unos tres meses desde que las drogas estaban presentes en la sangre.

Afortunadamente, este paciente de ochenta y cinco años no se había cortado el pelo desde que fue ingresado coincidiendo con uno de los turnos de Christina. La policía le cortó algunos cabellos, que fueron entregados al Instituto Forense. Los análisis mostraron que al hombre se le había administrado Zopiclona, de la que no había constancia en su expediente hospitalario. Los investigadores continuaron con el caso, pero, cuando accedieron al historial clínico de su médico, pudieron ver que allí se le había recetado al paciente esa medicación.

El caso del hombre de ochenta y cinco años acabó siendo uno de los que la policía no continuó investigando, pero fue un ejemplo de la seriedad de las autoridades cuando dijeron que, si se enteraban de un incidente sospechoso relacionado con un paciente, investigarían todo lo que pudieran hasta que no hubiera más pistas con las que trabajar.

Entre los informes, correos electrónicos y entrevistas de la investigación policial que acabaron formando parte del archivo material en el juicio contra Christina, se encuentran los nombres de varias de las personas que la policía trataba de confirmar o desmentir como posibles víctimas. Los varios miles de páginas de documentos muestran que se trata principalmente de pacientes de edad avanzada, algunos de ellos fueron hospitalizados un fin de semana catorce días antes de la detención de Christina, cuando Pernille y ella estaban de guardia en el hospital. Entre ellos, el paciente que fue ingresado porque no podía orinar, pero que acabó muriendo de una parada cardiaca. El expediente del hombre era uno de los que Christina había impreso y guardado, y que los investigadores encontraron en su taquilla tras la detención. Y el mismo paciente fue también el motivo de un correo electrónico que Niels Lundén pudo mostrar a la policía y que Christina había enviado la mañana siguiente a la muerte, en el que escribía al médico jefe:

«Este fin de semana hemos tenido uno de los turnos de noche menos emocionantes. Un paciente con un síncope, cambios en el ECG en forma de bloqueo de rama derecha. TnT 565 y Dímero-D 20 elevados. El paciente no recibe tratamiento por este motivo, ya que no se cree que sea de origen cardiaco. Fue realmente difícil comunicarse con los médicos, y no dicen que su evaluación no fue correcta, pero el paciente entra en paro cardiaco y muere. Me cuesta un poco quitarme esta experiencia de la cabeza y simplemente estoy abatida físicamente por el curso de los acontecimientos. ¿Puedes ver si al paciente se le debe hacer la autopsia, o puedes dedicar dos minutos para repasar este paciente conmigo?».

Al paciente nunca se le hizo la autopsia y, para cuando la policía empezó a examinar las muertes ocurridas dos semanas antes de la detención, los pacientes de ese fin de semana hacía tiempo que habían sido incinerados y no había cuerpos que examinar. Las autoridades no quieren hablar de si en algún momento la policía compartió la sospecha de Pernille de que otros pacientes fueron envenenados durante ese fin de semana de mediados de febrero. En general, la policía no entra en detalles sobre los casos en los que nunca se presentaron cargos. Sin embargo, el subinspector de policía Søren Ravn-Nielsen garantiza que los investigadores examinaron todas las muertes del Hospital Nykøbing Falster de las que tuvieron conocimiento.

«Los hemos examinado todos; a fondo y en la medida de lo posible», subraya.

Si alguien llegara a pensar que hubo circunstancias que no se investigaron a fondo por falta de recursos, por ejemplo, Søren Ravn-Nielsen lo rechazaría tajantemente. El subinspector de policía no descarta que la policía hubiera podido desenterrar cadáveres, si hubiera sido necesario para poder presentar un nuevo cargo. Cada vez que se añadía a la lista policial una muerte que en principio no tenía explicación, lo primero que comprobaban los investigadores era si existía algún cadáver; nunca se descartó la posibilidad de ir al cementerio, cuenta Søren Ravn-Nielsen.

«Pero los casos que examinamos habían sido incinerados. Fue así en un total de treinta pacientes. Con ellos, no pudimos conseguir ningún material con el que seguir investigando, aunque nos hubiera gustado», dice.

Según el subinspector, la policía se quedó así con una lista de unas treinta muertes que en principio eran sospechosas y en las que no podían avanzar porque ya no había cadáver. En todos los casos se trataba de pacientes que habían sido ingresados en uno de los turnos de Christina y en cuya muerte se habían dado circunstancias que hacían que las autoridades quisieran investigarlos más a fondo para determinar si podía tratarse de otra víctima. Pero no fue posible confirmar ni desmentir si el paciente había sido víctima de un crimen, porque las pruebas físicas habían acabado en el crematorio.

El subinspector de policía no quiso informar de en cuántos de los casos la policía consideraba realmente que podría haber habido justificación para presentar cargos si el cuerpo no hubiera desaparecido. En cambio, cuando se le pregunta por los otros pacientes que nunca formaron parte del juicio contra la enfermera, repite una y otra vez:

«Los casos que fueron presentados en el sumario contra Christina Aistrup Hansen fueron los que se consideraron que podían condenarla con pruebas».

Capítulo 18

No es frecuente que se corran las mamparas de la Sala A. Normalmente, cuelgan como una hilera de placas blancas de los raíles que atraviesan la sala, para que la sala principal parezca la mitad de grande y no tan innecesariamente profunda en el día a día. Cuando ha habido alguna Noche en Blanco en Nykøbing Falster y el juzgado del distrito ha tenido jornada de puertas abiertas, se han retirado los tabiques de la sala. También cuando transcurrió el caso Præstø: el juicio sobre quién era responsable de las fatales consecuencias de que un barco vikingo con profesores y alumnos volcara en las aguas heladas atrajo a tantos espectadores que en esa ocasión tuvo sentido hacer espacio para unas cuantas filas de sillas más. Pero, por lo demás, es muy raro que la Sala A ocupe toda su longitud desde el estrado, donde se sientan los jueces.

El 11 de marzo de 2016 sí fue necesario. Ese día comenzó por fin el juicio de la enfermera en el Tribunal de Nykøbing Falster.

Si se pasa por delante de la Audiencia Provincial en Vestensborg Alle todavía hoy se puede ver que se han colocado en las ventanas que dan acceso a la zona de recepción y en algunas de las oficinas de la planta baja láminas de plástico mate. El motivo fue el trasiego que se produjo cuando se celebró el juicio contra Christina Aistrup Hansen.

La aglomeración de testigos, espectadores y periodistas que pisaron las instalaciones en esos días por lo que sucedía en la Sala A hizo que se colocaran pantallas en los cristales transparentes. En el futuro, estarán menos expuestos si hay otro juicio que genere tanta atención. La pequeña Audiencia Provincial aún no ha visto otro caso así.

Se asignaron treinta y dos días para el caso de la enfermera. El primero se colocaron cinco filas adicionales de sillas detrás de las dos que son permanentes en la Sala A; ahora había espacio para unos cien asistentes.

La fiscalía había intentado acortar el caso. El expediente constaba ya de unas dos mil quinientas páginas. Declaraciones de testigos, historiales de pacientes, notas de enfermería, informes periciales, respuestas a exámenes forenses, informes policiales, croquis del hospital, fotografías, listas de medicamentos, cardiogramas, actas de las sesiones judiciales anteriores. Además, los tres jueces y los seis miembros del jurado lo más probable es que tuvieran que escuchar a un número inusualmente alto de testigos.

El juicio se centraría, por supuesto, en los puntos más graves de la acusación: los tres asesinatos más una tentativa, pero el fiscal de la policía pensaba ahora que también podían probarse otros hechos por los que Christina debía ser castigada. En esa misma ocasión, la enfermera fue acusada de robar medicación de la Sala de Medicamentos del hospital. Se trataba de medicinas que, según la acusación, también la hacían culpable de posesión de estupefacientes. Por ejemplo, en una jeringuilla en el bolso de la enfermera los químicos forenses encontraron restos de Stesolid y estaban, además, todas las pastillas de morfina y Zopiclona, para las que tampoco tuvo nunca receta. En el caso de la Zopiclona, la fiscalía consideró que también había pruebas de que Christina había dado a su hija Maja uno o más de los potentes somníferos cuando la niña tenía solo siete años. La enfermera también fue acusada de ello. Y, por último, el fiscal quería que la condenaran por acceder a un teléfono móvil en la cárcel.

Christina se declaró inocente de todo ello y la petición de su defensa fue clara: la enfermera debería ser absuelta.

Antes del juicio, Christina había enviado a TV Øst una carta manuscrita de doce páginas. El canal de televisión la publicó íntegramente en un artículo. Allí se hablaba de una enfermera que evidentemente no estaba bien en la prisión donde estaba recluida desde hacía más de un año.

«En los días más oscuros me acuesto mirando al cielo con toda la confusión pasando por mi cabeza y pienso: ¿cómo acabar con esto lo antes posible? Es un pensamiento que invade con frecuencia mi día a día; aun sabiendo que está mal, no puedo hacer nada para deshacerme de él [...]. Cada día que pasa, pierdo la mesura. Es como si mi identidad fuera desapareciendo lentamente y no pudiera recuperarla mientras permanezca aquí», escribía Christina.

«Cuando llega la noche, me acuesto en la oscuridad y no puedo dormir, la incertidumbre y la ausencia de la familia son tan intensas que no puedo encontrar la paz. A menudo lloro

hasta quedarme dormida […]. A veces estoy tan cansada que no
tengo fuerzas ni siquiera para llorar, no soporto existir, y cada
vez que me acuesto me pregunto si esto acabará. ¿Tendré alguna
vez una vida normal?, ¿cómo seguiré adelante a partir de esto?
¿Lo haré? Lo más fácil sería renunciar de antemano.

Sin embargo, algo dentro de mí quiere que se haga justicia,
por muy extenuante que sea esta batalla», relataba la enfermera,
que se preguntaba en su carta si sería posible que alguien
valorara su próximo juicio sin tener una opinión preconcebida.

Varios espectadores se dieron cuenta de que parecía afectada
por la situación mientras era conducida a una sala casi llena y
acomodada junto a Jørgen Lange en el lado izquierdo. Pero
cuando se leyó la acusación, no hubo ninguna reacción visible
en sus ojos pintados de negro. ¿Era emocionalmente fría?
¿Insensible? ¿Quizás incluso indiferente? Las charlas
continuaron junto a la máquina de café del vestíbulo cuando el
público salió en un descanso y los murmullos se dispersaron en
pequeños grupos a la entrada de la Sala A.

Incluso hoy, Christina recuerda haber pensado:

«Si no decía nada ni hacía gestos, era arrogante y fría. Si
rompía a llorar y a gritar que quería regresar con mi familia, se
me trataría de histérica y de alguien que necesita ir a un hospital
psiquiátrico forense lo antes posible. De vez en cuando tenía
ganas de levantarme y dar un golpe en la mesa, pero, si lo hacía,
podrían echarme del tribunal. No podía hacer nada adecuado,
así que mi estrategia fue mirar al suelo».

Al frente del público estaban sentados los periodistas, que
habían colocado sus ordenadores en filas sobre la mesa alargada
que tenían delante. Detrás de ellos se sentaba la familia de
Christina, respirando en la nuca de los representantes de la

prensa. El pequeño grupo de allegados de Christina acudió fielmente día tras día al juicio. Cuando los primeros espectadores llegaban por la mañana y colgaban sus chaquetas en los respaldos de sus sillas, siempre había en las sillas del público justo detrás de los reporteros un jersey, una bufanda u otra prenda en el extremo de la sala más cercano a Christina. Esos asientos quedaban reservados para un trío fiel: los dos angustiados padres y Peter, que a menudo comenzaba la jornada lanzándole un beso a su novia cuando esta entraba, antes de sentarse y concentrarse en el bloc de notas que llevaba y en el que anotaba los puntos en los que creía que el caso era más flojo. Con un movimiento de cabeza y un amargo suspiro de frustración, no dejaba ninguna duda en nadie del público sobre lo que pensaba de los acusadores. Esos pequeños arrebatos podían desencadenarse cuando el fiscal decía cosas como «no se puede negar» o «es meridianamente claro». Se oía entonces una risita de Peter. Con la intensidad justa como para que los jueces de togas negras de enfrente apenas parecieran registrarlo.

Detrás de la familia y de un amplio sector de la prensa danesa se sentaban todos los demás, familiares de algunas de las víctimas, compañeros del hospital y otras partes interesadas. Estaba claro que algunos solo querían ver la atracción del momento. Otros acudían un día tras otro y se convirtieron en caras conocidas en los descansos junto a la máquina de café. Entre ellos se encontraban tres amigas de pelo gris que asistieron todos los días que la enfermera estuvo en el banquillo. Por lo general, con un almuerzo o algo de bollería para los descansos en el vestíbulo y una labor de punto, a la que se dedicaba una de las mujeres mientras iban pasando los testigos. Todos ellos eran antiguos enfermeros del Hospital Nykøbing Falster. Al igual que muchos de los otros espectadores sentados en el tribunal, eran lugareñas muy implicadas en el caso.

Gitte y Henrik agradecían que todo pareciera tan lejano cuando regresaban a su casa en Ballerup, una vez finalizadas las audiencias judiciales preliminares. No tenían la sensación de que hubiera mucha gente en Hedeparken que supiera que la enfermera detenida de Nykøbing Falster era su Christina. Cuando regresaban a casa, casi tenían la sensación de que los bloques los protegían y de que podían volver a ser anónimos. Eso duró hasta que se inició la causa contra su hija en la Audiencia Provincial.

Poco después, se levantó el secreto de sumario. Los medios de comunicación ya podían publicar en sus columnas el nombre de la acusada, aunque en la mayoría de las redacciones rige el principio de que los periodistas no mencionen el nombre de un acusado hasta que haya sido declarado culpable y haya recibido una pena lo suficientemente dura como para que el público merezca conocer la identidad de la persona. Sin embargo, en el caso de la enfermera, *Ekstra Bladet* decidió actuar de una manera diferente.

En cuanto la Audiencia Provincial confirmó que ya no se aplicaba el secreto judicial, el periódico publicó una foto de Christina Aistrup Hansen en la primera página.

Gitte lo descubrió cuando pasó por delante de un quiosco de Lyngby, a cuya puerta ondeaban la foto de su hija en titulares que anunciaban lo que la enfermera había dicho en el juicio. La foto estaba copiada de Facebook. La madre se dio cuenta porque ella misma había hecho la fotografía en una visita que Christina y la familia hicieron a Tívoli.

Ahora la imagen iba acompañada por el texto: «Christina habla del hospital de la muerte».

Henrik lo descubrió ese mismo día cuando fue a comprar al centro comercial del barrio y se encontró con su hija, que le sonreía desde la portada del periódico. Inmediatamente el padre se puso en guardia y se fijó en si la gente le prestaba especial atención.

Ese día, el caso de la enfermera llegó a Hedeparken, y Gitte y Henrik dejaron de ser solo los padres de Christina, que, al parecer, ya no los visitaba muy a menudo, y se convirtieron en los padres de la enfermera de Nykøbing Falster.

Gitte y Henrik recibieron cartas de personas que no conocían. Llegaron mensajes de Facebook de forma abrumadora; pero solo con buenos modales, dicen. También les conmovieron las flores que aparecieron de repente delante de su puerta en el pasillo cuando llegaron a casa después de un día en el juzgado. El ramo era de una señora con la que Gitte habla de vez en cuando en la lavandería.

Los padres solo sintieron apoyo y simpatía.

Capítulo 19

Karl Friedrich Hieronymus von Münchhausen fue un barón alemán que vivió en el siglo XVIII .

Podría haber sido conocido por muchas cosas, pero la posteridad lo recuerda, sobre todo, por los increíbles relatos de su vida. Quizás el más famoso sea el que cuenta cómo voló por los aires sobre una bala de cañón, directamente hasta las líneas enemigas, cuando formaba parte de un regimiento ruso que luchaba contra los turcos. O cómo una vez se sacó a sí mismo y a su caballo de un pantano tirándose de los pelos.

Münchhausen siempre contaba historias muy exageradas. Era un mentiroso. No había ninguna duda al respecto. Igualmente era evidente la razón por la que siempre hacía sus historias cada vez más fantásticas: le encantaba la atención que le prestaban.

Hoy en día, los psicólogos y psiquiatras utilizan el nombre del barón cuando describen a personas que han encontrado una forma diferente y muy especial de hacerse notar. Hay personas que fingen estar gravemente enfermas o se inventan los síntomas solo para conseguir la atención y la simpatía que ello puede suponer. Se dice que tienen el síndrome de Münchhausen. Un trastorno mental que ha llevado a personas a tragarse cosas puntiagudas o envenenarse en busca de una estancia en el hospital o, al menos, de la atención que tanto anhelan conseguir.

También hay ejemplos de personas que utilizan a sus hijos como medio.

El fenómeno se llama Münchhausen por poderes. Ocurre con relativa poca frecuencia, pero, cuando se detecta, suele tratarse de una madre que miente sobre los síntomas de su hijo o que incluso lo daña directamente para tener una historia que contar cuando se presente como madre preocupada en la consulta de un médico o en una sala de urgencias en algún lugar del mundo para atraer la atención y la compasión.

Varios sospecharon que Christina sufría de Münchhausen por poderes. Al menos en cierto grado. Algunas de las enfermeras del Servicio de Urgencias habían hablado de ello, porque, según decían, no era raro que Christina fuese al trabajo con alguna nueva historia sobre su hija Maja, a la que siempre le pasaba algo, salvo que fuese la propia enfermera la que hubiera estado enferma y pudiera contarlo en su lugar.

Una antigua jefa de enfermería del Servicio de Urgencias informó a la policía de una ocasión en la que Christina y su hija habían sido ingresadas en el pabellón infantil.

«Sin embargo, se comprobó que a la hija no le ocurría nada, tras lo cual Christina quiso inmediatamente que algún otro médico examinara a la hija por todo tipo de cosas o incluso por lo mismo. A la declarante le pareció que Christina quería que se examinara a la hija todo el tiempo», explicó la jefa de enfermeras al ser preguntada. Fue una de las personas que mencionó a la policía específicamente el síndrome de Münchhausen por poderes.

Otro fue el padre de Maja. Según su declaración, había varias personas de su círculo que también sospechaban que Christina era un ejemplo de este fenómeno.

Durante los interrogatorios quedó claro que Anders Hansen no tenía un buen concepto de su exnovia. Por ejemplo, dijo a la policía que, en su último día de libertad, Christina tenía el aspecto de alguien al que «se le podría ocurrir asesinar», cuando se encontró con la enfermera tras su turno de noche, con los «ojos completamente ennegrecidos» en el pabellón de Maribo, donde fueron a ver la exhibición de gimnasia de Maja. La elección de las palabras es un poco fuerte; sobre todo si se tiene en cuenta que el antiguo novio sabía de qué se acusaba a la enfermera. Pero la relación entre ambos no era buena desde hacía mucho tiempo. Algo que también quedaba patente en los mensajes de texto del teléfono de Christina y que la policía imprimió e incluyó en forma de un par de páginas en el expediente de la enfermera.

En la correspondencia de mensajes de texto se lee que Anders se enfrentó en múltiples ocasiones con Christina porque no creía lo que ella le decía sobre las semanas que había tenido a Maja. Como aquella vez, unos meses antes de la detención, en la que Christina escribió que había vuelto a llevar a su hija al médico. Esta vez por las picaduras de los mosquitos y porque se le habían hinchado las piernas.

Anders respondió: «Si a Maja le han dado antibióticos, supongo que habrá quedado registrado en una receta asociada a la tarjeta de la Seguridad Social de Maja, ¿no?».

El padre se había sorprendido de que se recetaran antibióticos para las picaduras de mosquito. Y se había extrañado de que Christina le hubiera enviado primero un mensaje de texto diciendo que iban a ir al médico, y luego lo explicara como si tan solo hubiera llamado.

«No estoy obligada a contarte nada… Así que alégrate de que tu hija pueda llegar rápidamente a un médico», respondió Christina, cuando él le mostró su asombro a la enfermera. Ella añadió un mensaje más:

«Las decisiones que toméis en vuestras semanas no son de mi incumbencia y viceversa… Puedes leer en la página web de la Administración del Estado lo que a cada uno le toca… Y creo que con eso se acaba esto».

Sin embargo, Anders no estaba de acuerdo.

«Hola, Christina», escribió tres días después de que su hija llegase a pasar las vacaciones de otoño. «Solo quería informarte de que Maja dice que no ha ido al médico y que no ha tomado antibióticos. Ella insiste en negarlo y dice que debes estar mintiendo porque realmente no los ha tomado, asegura».

El padre concluía su mensaje: «La próxima vez recuerda que no nos puedes hacer creer cualquier cosa (ni a Maja tampoco)».

La policía consiguió los historiales de la hija en la consulta y en el hospital, y los agentes los compararon con varios de los incidentes de los que Christina había informado en los mensajes. Dos ocasiones en las que Christina supuestamente había llevado a Maja al médico de familia no parece que se registren en el historial de su hija. Tampoco se mencionaba que a la niña se le hubiera recetado penicilina en ambas ocasiones. Sin embargo, en el expediente constaba que la última vez que Maja estuvo en el hospital con su madre fue poco menos de tres semanas antes de la detención de Christina. La policía comenzó a interesarse especialmente en ese día.

La historia clínica de Maja del Hospital Nykøbing Falster indica que Christina había llamado al hospital sobre las 3:30 h de la madrugada diciéndoles que su hija se encontraba mal. Poco después, acudió con Maja y un médico tomó nota de lo que la madre explicaba: la niña tenía dolores estomacales intermitentes desde hacía dos días.

«Se encuentra razonablemente bien con Panodil, pero ha pasado horas en un alarido y hasta 40 grados de fiebre sin Panodil», dice el historial, que también muestra que el médico examinó a Maja y encontró: «Temperatura normal y ausencia de dolor abdominal».

Se acordó con el hospital que Christina volvería con su hija a la mañana siguiente, y entonces un médico volvería a examinar a Maja. A las 10:02 h estaban de vuelta en el hospital, donde otro pediatra anotó: «La niña habla mucho, en general no está afectada, tiene buen color, no tiene disnea (falta de aire). Dice que le duele el estómago, pero camina con facilidad y no parece tener dolor».

El médico acabó recetando un medicamento para el estreñimiento.

La policía investigó ese incidente en particular porque unos días después Anders habló con Maja, que le contó que la había llevado a casa por la noche desde el hospital en silla de ruedas. Supuestamente porque estaba tan cansada que no podía caminar. También creía recordar que por esas fechas Christina le había dicho que había dado a Maja «algo para dormir».

Los investigadores decidieron trabajar en si Christina le había dado sedantes a su hija de siete años. Anders aceptó que se le tomara a Maja una muestra de cabello; se envió a examinar un mechón de unos diez centímetros. En el extremo que había crecido más cercano al cuero cabelludo, los químicos forenses encontraron rastros de zopiclona, una sustancia que se encuentra en las pastillas de Zopiclone. Por el lugar en el que la droga se había incrustado en el pelo, se podía demostrar que Maja había tomado el fuerte somnífero una o quizás un par de veces en los últimos tres meses y medio. El momento encajaba con el hecho de que podían haberle dado el medicamento la noche en que la llevaron a casa desde el hospital en silla de ruedas.

Para saber si esto era normal, un investigador escribió un correo electrónico a un funcionario médico de la Autoridad Sanitaria:

«¿Se puede administrar el medicamento zopiclona a un niño de siete años?» La respuesta llegó un par de días después:

«No, la zopiclona es una ayuda para dormir y solo está destinada al tratamiento a corto plazo del insomnio grave en adultos».

La policía no podía ignorar el hecho de que durante sus registros habían encontrado varias cajas empezadas de pastillas de zopiclona, tanto en el piso de Christina como en su bolso y en la casa de Peter.

Pero la enfermera negó haberle dado a Maja ni siquiera una de las píldoras de receta obligatoria. También negó que le hubiera dicho a Anders que a su hija le hubieran dado algo para dormir. Todo lo que la enfermera le había dado a Maja eran dos pastillas de paracetamol.

Sin embargo, cuando Christina estuvo en el juzgado, explicó que se había acordado de que esa noche le había dado para el dolor de cabeza a su hija una pastilla de las que se tragan, pero que ella machacó y mezcló con un poco de azúcar y zumo en una cuchara para que Maja pudiera tomarla.

*

Una tarde de diciembre de 2015, se tomó declaración a Maja. Dos cámaras filmaron la sesión con la testigo más joven del caso, con un refresco con pajita y en un sofá. Tan nerviosa como solo una niña de siete años puede estar, no sabía cómo colocar las piernas debajo de ella. Se reacomodaban constantemente mientras la funcionaria le hacía muchas preguntas.

«Digo la verdad y lo que recuerdo», aseguraba la pequeña en la grabación que se reprodujo en la Sala A unos meses después, cuando el caso contra su madre había llegado a juicio. Maja recordaba bien el día en que le dolió tanto el estómago que tuvo que ir al hospital. Explicaba que su madre le había dicho de antemano que se acordara de decir «ay» cuando el médico le presionara el estómago. Y luego Maja contó que la noche antes de que fueran al hospital Christina le había dado dos pastillas en la cocina.

«Eran redondas y curvadas», recordaba Maja, que también pudo acordarse de que las pastillas eran blancas y sabían mal. Tan mal que la niña había vomitado en el fregadero cuando su madre le dio la segunda pastilla, que también estaba machacada y que Maja tuvo que tragar con agua.

La hija negó que hubiera encontrado alguna pastilla que se hubiera tomado ella misma. Solo una vez había tomado algo sin que los adultos lo supieran. Fue en casa de Anders y su novia, pero la chica nunca se lo llegó a contar a su padre, según explicó a la agente.

«Una vez cogí una gominola sin permiso», confesó Maja.

El comentario provocó sonrisas aisladas en la Sala A entre el público, el fiscal y la madre de la niña. Pero eso no hacía que la acusación fuera menos grave. En la pantalla había una niña con la que, por encima de todo, Christina deseaba seguir en contacto, aunque su padre ya había iniciado los trámites para obtener la guarda y custodia unos días después de la detención de la enfermera. Si Christina fuera declarada culpable de administrar a su hija pastillas para dormir, fuertes y adictivas, quizás Anders tuviera el as que podría cortar por completo el contacto entre ellas. Anders ya había intentado impedir que Maja visitara a su madre en la cárcel. Cuando le dijeron que las autoridades habían acordado que el control de visitas dejaría de aplicársele a Maja, le dijo a la policía que no quería que la enfermera estuviera a solas con su hija. Eso significaría que, a partir de entonces, no tendría que haber un agente presente en la sala de visitas cuando la niña entrara para pasar un rato con su madre en prisión. Pero Anders no estaba dispuesto a aceptarlo «bajo ninguna circunstancia», señalan las notas de la policía. El padre explicó que temía lo que Christina pudiera hacerle a la hija.

*

Todo apuntaba a que la propia Christina hacía un notable uso (posiblemente abuso) de medicamentos fuertes. Según Michael Boolsen, el Zopiclone era la «marca de cabecera» de la enfermera, informó el fiscal durante el juicio.

El ministerio fiscal fue capaz de demostrar que Christina estaba bajo los efectos de la droga la tarde en que fue detenida por la policía. Así lo reveló el análisis de orina y sangre que aceptó realizarse cinco horas después de su detención.

En la muestra de orina, los químicos forenses encontraron rastros de morfina. En la sangre había Oxazepam y Nordazepam, que son benzodiacepinas sedantes que pueden proceder de los preparados Oxapax y Stesolid. Y también estaba la droga zopiclona, presumiblemente de las pastillas para dormir Zopiclone. En este caso, la concentración en la sangre era tan alta que equivaldría a una intoxicación leve, a menos que se estuviera acostumbrado. Christina lo estaba, como poco hasta cierto punto. Pero tampoco era muy sorprendente considerando los resultados de su muestra de cabello. El mechón de catorce centímetros de largo de la enfermera que el Instituto Forense analizó fue examinado en siete lugares diferentes para determinar durante qué períodos de los últimos catorce meses, aproximadamente, la enfermera había tenido droga en la sangre. El rastro del potente somnífero estaba incorporado en los siete segmentos. Además, los químicos forenses pudieron descubrir otros sedantes, analgésicos y antipsicóticos.

No solo la policía sospechaba que Christina tenía en casa drogas que no debía tener. Los informes de los investigadores muestran que, menos de tres semanas después de la detención, alguien se puso en contacto con las autoridades y les sugirió que buscaran una caja marcada como «MEDI» en el trastero del sótano del piso de la enfermera. La propuesta llegó de una persona que no quiso dar su nombre, pero hizo que dos agentes se dirigieran a Hospitalsvej para buscar. Durante el registro inicial, la policía se había incautado de un manojo de llaves con un colgante de perlas que estaba en la mesa del salón del piso de arriba. Se lo llevaron y resultó que una de las llaves era la del pequeño trastero del sótano. Pero no había nada allí que fuera crucial para el caso. Solo «maletas y otros efectos diversos, principalmente cosas de niños», según indica el informe del registro.

Sin embargo, aún quedaban todas las medicinas que la policía había encontrado arriba y en la casa de Peter. Las autoridades se incautaron de un total de once blísteres vacíos o semivacíos que contenían morfina, zopiclona y oxapax. Solo quedaban diecisiete píldoras, pero la policía partió de la base de que los paquetes habían estado llenos alguna vez y que, por lo tanto, se trataría de un total de ciento catorce píldoras que Christina se había llevado a casa, pero de las que no tenía receta. Eso supuso un gran problema para la enfermera cuando tuvo que explicar al tribunal de dónde había sacado esos potentes medicamentos. La enfermera no había guardado las cajas en las que estaban originalmente los blísteres, por lo que no había ninguna indicación de a quién se le podría haber recetado la medicación.

Anteriormente, Christina había dicho que eran para su hermana menor enferma de cáncer y que se las habían dado después del funeral. Pero cuando la policía investigó más a fondo, esa explicación resultó no ser consistente. Cada blíster llevaba impresa una fecha de caducidad y un número de lote específico. Con estas informaciones, los investigadores se pusieron en contacto con las tres empresas farmacéuticas que habían fabricado los medicamentos. Hablaron con Actavis en Gentofte, que está detrás de Zopiclone; con Takeda Pharma en Taastrup, que produce las pastillas de morfina, y con Sandoz en Copenhague, que vende Oxapax. Todas las empresas pudieron facilitar información sobre la fecha de producción y envasado de las píldoras.

Las respuestas fueron similares: todos los medicamentos se habían fabricado después de que la hermana de Christina muriera. La farmacia del hospital añadió que de sus sistemas se desprendía que todas las pastillas se habían comprado para el Hospital Nykøbing Falster en el período comprendido entre el 10 de diciembre de 2014 y los dos meses y medio posteriores. Es decir, más de un año después de la muerte de su hermana menor.

Ante el tribunal, Christina estaba preparada para dar una nueva explicación. Había conseguido las pastillas de un médico del hospital, sin receta médica, sin dejarlo registrado en ningún lugar. No era extraño que los médicos proporcionaran medicamentos a las enfermeras, explicó ella.

Desde luego, no ayudó a la credibilidad de Christina mantener otra versión hasta que la policía le presentó nuevas e incontrovertibles pruebas. Tampoco mejoró las cosas la negativa de Christina en el juicio a dar el nombre del médico que supuestamente le había dado las pastillas.

Junto con los dieciocho comprimidos de ibuprofeno de cuyo robo en su lugar de trabajo también estaba acusada Christina, los medicamentos tenían un valor total de ciento cuarenta y cinco coronas danesas. Un delito casi sin importancia comparado con los otros cargos que pendían sobre su cabeza. Por ello, es sorprendente que dejara que los paquetes de pastillas vacíos se convirtieran en el punto que arruinara el relato de la, por lo demás cooperativa, enfermera, a la que no le importaba responder a las preguntas de las autoridades. ¿Por qué no admitió Christina que había robado las medicinas de alguna de las Salas de Medicamentos?

Hoy en día, sigue negando que fuera un robo. La enfermera no niega que tuviese las píldoras, pero sigue sin decir cuál de los médicos se las entregó.

«En realidad lo hicieron para ayudarme, y yo fui quien se lo pidió. Es a mí a la que habría que dar un capón, porque soy la que los puso en una situación complicada», sostiene.

«Ellos», repite la enfermera cuando se le pregunta por la persona a la que al parecer sigue cubriendo. Ya no se trata de un médico, sino de

«varios médicos», dice hoy. Es decir, Christina ha vuelto a cambiar su explicación.

Capítulo 20

Desde el punto de vista de un profesional de la medicina o la enfermería, ¿tendría sentido mezclar tres tipos de drogas potentes en una jeringuilla para inyectárselas a un paciente? No, en absoluto; nunca se haría. Esa era la opinión de todos los peritos que fueron convocados al Tribunal de Nykøbing Falster.

Por eso resultaba especialmente interesante una jeringuilla de 12 ml entregada a los químicos forenses para su examen. En la lista de artículos del caso incautados por la policía (el llamado «informe de efectos»), la jeringuilla recibió la denominación de «efecto 812».

El efecto 812 se convirtió en una prueba importante. La jeringuilla fue encontrada en uno de los contenedores de basura dejados tras la guardia nocturna. Como en la mayoría de las jeringuillas que habían sido examinadas sin éxito en busca de huellas dactilares, el émbolo estaba presionado hasta el fondo. Pero en el 812, los químicos forenses pudieron determinar qué medicamentos había contenido.

Encontraron restos de morfina, Stesolid y Cordarone. Tres drogas bastante potentes mezcladas en un cóctel que, desde luego, no podía justificarse desde el punto de vista profesional. La policía consultó a diferentes expertos y especialistas durante la investigación, pero todos respondieron lo mismo: no se les ocurría ninguna situación en la que fuera buena idea mezclar varios tipos de drogas en la misma jeringuilla, porque, como explicó un asesor médico a la policía, si el paciente empeorara después de inyectarle los medicamentos, ¿cómo se sabría cuál de ellos habría sido el que provocó la reacción?

En la gran mayoría de las otras jeringuillas que los químicos forenses manejaron, no se pudo identificar la droga que se había introducido en el cilindro de plástico. Pero en tres casos lograron detectar rastros de sustancias que, en principio, eran sospechosas. Estaba, como ya se ha indicado, el efecto 812, en el que la mezcla de la jeringa coincidía notablemente con la medicación encontrada en la sangre de Maggi. Además, había un efecto 808, que también era una jeringa de 12 ml que había sido rescatada del contenedor. La jeringuilla contenía restos de Stesolid. En ello no había nada sospechoso. Por ejemplo, durante el turno de noche, las enfermeras habían dado Stesolid a Henrik, el paciente con epilepsia que ingresó en la unidad con calambres en las piernas. Pero el tamaño del efecto 808 era llamativo.

Se trataba de 12 ml. Una dosis normal de Stesolid suele ser de 1 ml.

Esa fue también la dosis que se le prescribió a Henrik y que se anotó en su historial médico. Pero ¿por qué se preparó Stesolid en una jeringuilla de 12 ml cuando había jeringas de 1, 2, 3 y 5 ml en la unidad? Cuanto más pequeñas y finas sean las jeringuillas, más precisas será la lectura de la medicación. El uso

de una jeringa de 12 ml para Stesolid parecía un disparate. La
fiscalía creía que el efecto 808 bien podría ser la jeringuilla que
Pernille había encontrado con restos de color blanco en la cánula
dentro de la papelera de la habitación de Maggi cuando la
paciente se puso a vomitar al quejarse de mareos. Así, los efectos
808 y 812 podrían estar eventualmente relacionados con el
intento de asesinato de Maggi.

Como en el caso del 2323b, de nuevo aparece una jeringa de
12 ml. Se encontró en una pequeña caja de cánulas de color
amarillo neón en la Sala de Medicamentos de Urgencias 3,
donde el recipiente en el que las enfermeras vierten el exceso de
medicamentos estaba colocado en la mesa justo al lado del
fregadero. La caja contenía veintiuna del total de treinta y dos
ampollas de morfina vacías que se encontraron en las distintas
papeleras de la Sala de Medicamentos. La caja fue también el
único lugar donde se encontraron ampollas de Stesolid usadas en
la unidad, doce en total. Y allí también estaba el efecto 2323b,
que también contenía una mezcla de drogas: Stesolid y
Cordarone, que era una combinación que solo Maggi tenía en su
sangre.

Los efectos 808, 812 y 2323b eran tres posibilidades del tipo
de arma homicida que la policía había estado buscando. Junto
con las declaraciones forenses que establecían que había grandes
dosis de droga ocultas en los cuerpos de las presuntas víctimas
del caso, las tres jeringuillas eran una prueba incontrovertible de
que había habido alguna enfermera en el turno de noche que no
quería cuidar de sus pacientes.

La policía no pudo precisar cuándo se habrían vaciado los
efectos 808, 812 y 2323b en un catéter venoso. La fiscalía

consideró razonable creer que podrían haber sido utilizados por Christina para hacer empeorar a Maggi durante la hora en que la paciente permaneció tumbada en la habitación cada vez con más dificultad para respirar, en el periodo previo a que sonara la alarma de paro cardiaco. Pero ninguna de las jeringuillas podía ser una de las dos con las que Pernille vio a Christina inclinada sobre la cama de Maggi, minutos antes de que sonara la alarma. Pernille recordaba claramente a Christina de pie en ese momento con dos jeringas de 20 ml, con sus pistones de cinco coronas presionados hasta el fondo. Y en el juicio, Pernille subrayó una y otra vez que estaba absolutamente segura: eran jeringuillas de 20 ml, no de 12 ml, como los efectos 808, 812 y 2323b.

La policía nunca consiguió identificar las dos jeringuillas de 20 ml de las que informó Pernille. Entre los residuos del Servicio de Urgencias se encontraron diez jeringuillas de ese tamaño, pero en la mayoría de los casos los forenses no pudieron determinar qué sustancias habían albergado en su interior, y en ninguno de los casos se detectó la presencia de Stesolid, Cordarone u otros fármacos que hubieran podido utilizarse para perjudicar a los pacientes.

Los químicos forenses tampoco pudieron ayudar a determinar qué drogas se habían inyectado en la vía lateral del gotero de Viggo. Una de las primeras cosas que hizo la policía al llegar al lugar de los hechos fue asegurar el gotero. Con cuidado, los investigadores lo habían sacado de entre los tubos y los residuos de plástico del cubo amarillo en el suelo de la Sala de Enjuague, poco después de que Pernille les dijera que lo había escondido allí. Pero la concentración en la vía lateral de la sustancia que Pernille apreció de color blanco lechoso era demasiado baja para que el laboratorio pudiera confirmar que se trataba de Stesolid, explicaron los químicos forenses. Lo que Pernille había pensado que podría ayudar a condenar a su colega había acabado siendo una prueba que probablemente no podría demostrar nada.

Capítulo 21

A pesar de que la investigación llevaba en marcha más de un año… A pesar de que la policía acabó interrogando para el caso a unas ciento cincuenta personas… A pesar de haber gastado en la comisaría el equivalente a varios años de un investigador y más de quinientas mil coronas en investigaciones forenses… A pesar de todo ello, la policía nunca consiguió encontrar esa prueba concluyente de la que tanto se habla en los casos de asesinato.

Ni huellas dactilares ni rastros de ADN que relacionen a Christina con alguna jeringuilla. Tampoco había ninguna grabación de vigilancia o prueba técnica que situara a la enfermera en las habitaciones de los pacientes a las horas en las que se estimó que se cometieron los delitos. Y a medida que avanzaba el caso, cada vez era menos probable que la fiscalía pudiera presentar un testigo que hubiera visto a la enfermera en el acto de cometer alguno de los delitos por los que ahora estaba detenida y de los que era sospechosa desde hacía más de un año.

Ni siquiera la testigo más evidente, Maggi, la única superviviente de entre las supuestas víctimas, había visto nada. Por supuesto, la policía había tratado de hacerla recordar tan pronto como estuvo lo suficientemente lúcida como para ser interrogada. Tres días después de la guardia nocturna, un agente se sentó junto a la cama del hospital en la habitación donde Maggi seguía ingresada en aquel momento, pero, como el policía anotó posteriormente en el informe del interrogatorio: «Al ser interrogada, la damnificada explicó que no recordaba nada en particular sobre ninguno de los miembros del personal de enfermería y su trato hacia ella. La damnificada explicó que todos eran excepcionalmente amables». En cuanto al resto de guardias en las que los compañeros de Christina también informaron de que habían observado algo sospechoso, tampoco nadie había visto, en realidad, a nadie hacer nada ilegal. Una y otra vez, cuando una nueva enfermera subía al estrado y contaba que otro paciente había enfermado en uno de los turnos de Christina, el abogado de la defensa, Jørgen Lange, bien podía entonces formular la siguiente pregunta desde su lado de la sala: «¿Vio en algún momento a Christina administrar algo por vía intravenosa a alguno de los pacientes?». Y la respuesta era siempre «No»; no, no y no.

Con esos noes, el abogado de Christina construyó su defensa; porque ¿se puede condenar a alguien por un delito si no hubo testigos, si no se puede presentar una prueba concluyente, ¿si no puede establecerse con un 100% de certeza que ella era la única persona que podía haber estado en la escena del crimen en ese preciso momento? El propio Jørgen Lange tenía la respuesta, tal y como declaró en la Sala A: «No».

Si existe una duda razonable y justificada sobre la culpabilidad del acusado, debe resolverse a su favor. *In dubio pro reo*, es la expresión latina que utilizan los abogados y que significa 'en caso de duda, a favor del acusado'. Es un principio jurídico consagrado en los tribunales daneses. Y era un principio que Jørgen Lange pensaba que debía prevalecer en el Tribunal de Nykøbing Falster.

Christina había trabajado en dos unidades del Hospital Nykøbing Falster, ambas famosas por ser muy ajetreadas. En la M130, a veces había tal agitación que las enfermeras tenían que distinguir entre los «se puede» y los «se debe». Asear a un paciente o ayudarlo a ir al baño podía ser una tarea de baja prioridad en los días de mucho trabajo para poder llegar a cumplir los «se debe», como la administración de medicamentos y los análisis de sangre. Lo mismo ocurría en el Servicio de Urgencias. Allí, además, el personal a menudo estaba estresado, algo que podía dar lugar a que se olvidasen de comprobar cosas que habían prometido hacer a un colega. O de registrar la medicación: al menos dos enfermeras, además de Christina, pudieron recordar varios ejemplos, según dijeron al tribunal. Teniendo en cuenta que unos pocos también coincidieron con Christina en que, incluso en situaciones excepcionalmente urgentes, las prisas podían llevar a las enfermeras a entrar en las habitaciones de pacientes de los que no eran responsables y administrarles la medicación, ¿no daba la sensación de que los testigos estaban describiendo un entorno en el que existía un alto riesgo de errores en la medicación? ¿Y que esto podría explicar las dosis de medicamentos en los pacientes que de otro modo serían inexplicables? ¿Se puede descartar que Christina haya sido falsamente acusada de algo que en realidad era fruto del excesivo trabajo o de un fallo médico? ¿Y qué decir de las barreras lingüísticas que varias enfermeras denunciaron al hablar de los numerosos médicos extranjeros empleados en el Hospital Nykøbing Falster? La audiencia pública vio desfilar por el estrado de los testigos a médicos de Irán, Bielorrusia, Rusia y Polonia, lo que puso en evidencia la dificultad para entenderlos. ¿No podría eso haber producido un error de comunicación y haber llevado así a la administración de medicamentos erróneos por parte de enfermeras estresadas?

Ese fue un tema recurrente en el tribunal cuando Jørgen Lange formulaba sus preguntas al personal del hospital llamado como testigo.

Sin embargo, por muchas preguntas que hiciera el defensor, nadie pudo recordar que las dificultades lingüísticas hubieran provocado una mala praxis en el Hospital Nykøbing Falster. La opinión de Christina de que las enfermeras a menudo trabajaban «cruzándose» y atendían a los pacientes en las habitaciones de los demás tampoco fue realmente corroborado por sus compañeros.

Aun así, no se puede echar en cara al jurado si las dudas se apoderaban de uno o varios de ellos, mientras Jørgen Lange intentaba hacer verosímiles otras posibles causas como los errores de medicación, las barreras lingüísticas, el ajetreo y el tratarse de pacientes recurrentes gravemente enfermos. Muchas de las explicaciones alternativas se demostraron improbables, pero también era absurdo que una enfermera matara a los pacientes de forma deliberada. « *In dubio pro reo*», recordó el abogado.

En cuanto a las pruebas técnicas, Jørgen Lange también instó al jurado a ser prudente. El propio abogado defensor afirmó tener dudas sobre si los efectos 808, 812 y 2323b procedían siquiera de la guardia nocturna de Christina. Mientras su cliente estuvo en prisión preventiva, el abogado insistió en el tema durante meses, haciendo preguntas críticas sobre cómo la policía había llegado a lo que se describió como propuestas de arma del crimen.

Dos de las jeringuillas, por ejemplo, se encontraron en recipientes que habían estado durante varias horas sin tapa y en un lugar sin cerrar al final del Servicio de Urgencias, antes de que un alto cargo de la policía le pidiera a un celador que los guardara bajo llave. Eso no ocurrió hasta el final de la tarde o quizá de la noche, cuando los contenedores fueron llevados a la cámara frigorífica del sótano bajo la capilla, según se desprende de los informes policiales.

En el juicio, el subinspector de policía tuvo que garantizar que los contenedores con pruebas habían sido custodiados por sus agentes hasta entonces mientras ellos estaban trabajando en las oficinas contiguas.

No obstante, Jørgen Lange insinuó que existía la posibilidad de que hubieran sido manipulados. En un intento de demostrar lo descuidada que había sido la policía, destacó que se habían encontrado dos bolsas grises en los contenedores de las que nadie podía dar explicaciones.

Parecían proceder de un servicio diferente al de urgencias. Y la policía no pudo negar que pudiera ser así cuando investigó el caso e interrogó a los celadores que habían recogido la basura y llevado los contenedores. Tampoco sirvieron las pegatinas que suelen poner los limpiadores en las bolsas para indicar de qué unidad procede la basura, pues durante el turno de noche no las pusieron en las bolsas. La policía y el fiscal aseguraron que no debería haber ninguna duda de que todos los residuos se recogieron únicamente en el Servicio de Urgencias.

Pero el abogado defensor de Christina quería tener derecho a hacer la pregunta él mismo: si no se podía descartar con seguridad que algunas de las bolsas hubieran sido recogidas en otros pabellones, ¿se podía asegurar realmente que los efectos 808 y 812 tenían que ver con este caso?

A Jørgen Lange tampoco le pareció que el efecto 2323b fuera una prueba sólida de que un criminal hubiera estado suelto en el Servicio de Urgencias durante el turno de noche. Los contenedores de cánulas solo se vacían cuando están llenos. El personal del hospital dijo al tribunal que esto puede tardar varias semanas en ocurrir. Este fue también el caso del contenedor amarillo en el que se encontró la jeringuilla. Pero ¿se podía estar seguro de que el efecto 2323b, que contenía restos de Stesolid y Cordarone, procedía de esa guardia nocturna? Jørgen Lange quería tener derecho a considerar si la medicación de la jeringuilla no podría haberse mezclado igualmente un día en el que Christina no hubiera estado en el trabajo.

*

Uno pensaría que las preguntas sobre cuál de las enfermeras hablaba con quién en aquel momento eran irrelevantes para dedicarles tiempo en un caso en el que se acusaba a una persona de asesinato. Asimismo, no parecía importante quién se veía con quién en su vida privada, quiénes dentro de la unidad estaban peleados y realmente por qué. Sin embargo, los tres jueces de negras togas del Tribunal de Nykøbing Falster escucharon pacientemente mientras una enfermera tras otra explicaba desde el estrado los diferentes grupos existentes en la M130 y en el Servicio de Urgencias. Jørgen Lange, en particular, quiso aclarar lo que el abogado llamó «las camarillas». No le pareció irrelevante describir el entorno de las enfermeras muy jóvenes, en el que había surgido la sospecha contra la protagonista. En realidad, de eso podría tratarse el caso, explicó el abogado: de cotilleos e intrigas que finalmente habían dado lugar a rumores tan disparatados sobre Christina que habían tenido consecuencias fatales para la enfermera.

Ella misma había dicho que le costaba entender cómo había acabado en el banquillo de los acusados por un delito que no había cometido. Esto fue lo más cerca que Christina estuvo de dar una explicación. Podría deberse a la animadversión contra ella que habría surgido entre un grupo de colegas, según contó cuando fue llamada a declarar en la Sala A. Ese día, la enfermera fue una de las primeras en informar sobre la

«fiesta». Junto con otro incidente (el «caso del teléfono»), había sido, al parecer, una especie de punto cardinal en la formación de las camarillas en la M130 y en el Servicio de Urgencias.

Muchos se dieron cuenta de que la enfermera cambió después de que ella y Anders se separaran a principios de 2012. Tenía nuevas prioridades en la vida. Con el acuerdo de 7/7 para la custodia de su hija, la enfermera, de veintisiete años en aquel entonces, se encontró de repente con que había fines de semana en los que no tenía que preocuparse de nadie más que de ella misma. Y empezó a dedicarlos a salidas por la ciudad y a fiestas.

Fue una época en la que algunos de los amigos de Christina se distanciaron de ella, porque la persona familiar que había sido empezaba ahora a vivir una vida más disoluta durante las semanas en que no tenía a Maja. Pero surgieron nuevas amistades. Christina se reunía con un pequeño grupo de colegas que también eran enfermeras y jóvenes y que estaban solteras o, al menos, les gustaba salir por la noche. El grupo llamó mucho la atención en el hospital con sus fiestas y sus coqueteos con los paramédicos y los celadores, entre otros. Las enfermeras estaban enteradas y que se hablara de ello era parte de la diversión.

Sin embargo, algunos de sus colegas pensaron que ya era demasiado cuando la camarilla, muy unida, empezó a pregonar a los cuatro vientos en Facebook su vida desenfrenada como si hubieran vuelto a la adolescencia. También era excesivo que ni en la Sala de Personal fuesen capaces de dejar las chanzas o de elevarlas por encima de la entrepierna, rompiendo de repente en risotadas por algo sucedido el fin de semana. La irritación entre las otras enfermeras no hizo más que aumentar cuando el grupo empezó, además, a cambiar turnos porque las amigas también querían estar juntas durante las horas de trabajo. Sencillamente el ambiente se volvió demasiado descontrolado.

«Hubo quien expresó su descontento de forma continuada, pero decidimos no escuchar. Hicimos oídos sordos deliberadamente pensando que no nos podía pasar nada. Nos daba lo mismo y decíamos: ya pueden hablar y pensar lo que quieran. Nos gustaba provocar. Pero seguramente afectó al ambiente de trabajo en un grado poco adecuado», dice hoy Christina, mientras sigue sonriendo al recordar el periodo en que se permitió volver a vivir una vida de «entre los 16 y los 20 años».

Aunque la enfermera había encontrado un grupo de personas afines, varios compañeros han señalado desde entonces a Christina como la que siempre tenía que dar un paso más; por ejemplo, al aproximarse a los colegas masculinos. Según se dice, despertaba muchos resquemores el ver cómo, al pasar un médico nuevo, Christina subía el tono. Y, al parecer, la enfermera acabó teniendo «muchísimas relaciones con el personal masculino del hospital», según consta en uno de los informes de los interrogatorios de sus compañeros. Los excesos de Christina eran un tema de conversación habitual en la M130, tanto antes como después de que empezara a trabajar en otro lugar del hospital. Pero, según varios miembros del personal de enfermería, la propia Christina no se reprimía al relatar los detalles. Su jefa lo confirmó cuando fue interrogada y se le pidió que pusiera más palabras a la enfermera que había sido detenida.

«La acusada no ocultó "lo que hacían y dónde lo hacían" en relación con sus diferentes amistades masculinas. La declarante, en las reuniones de personal, tuvo que recriminar repetidamente un comportamiento inapropiado», explica el acta del interrogatorio con la enfermera jefa de la unidad M130.

Tras la ruptura con Anders, Christina llegó a estar en el servicio médico aún unos ocho meses más antes de pasar al Servicio de Urgencias. Christina dejaba una unidad que, de acuerdo con la enfermera supervisora, se caracterizaba por una «atmósfera de café» en la Sala de Personal y muchísimos «chismes» y «cotilleos de enjuague».

Según el enfermero Peter, la M130 era un lugar con «muchas reinas» con «las navajas preparadas», explicó cuando tuvo que hablar al tribunal de su antiguo lugar de trabajo, que acabó dejando porque no soportaba las intrigas. La propia Christina dice que eso era exactamente lo que quería dejar atrás cuando se cambió al Servicio de Urgencias el 1 de octubre de 2012. Sin embargo, tanto la enfermera jefa como la de planta de la M130 señalaron que la mayoría de las desavenencias cesaron cuando Christina se fue.

Aunque las informaciones sobre la promiscuidad de la enfermera podrían en principio calificarse de meros cotilleos que no incumben a nadie más que a ella, se convirtieron, sin embargo, en un tema presente en la Sala A. Especialmente porque, según Christina, podría ayudar a explicar por qué a algunos de sus colegas claramente no les gustaba.

Así lo sintió después de la «fiesta». Fue una noche en la que, al parecer, Christina se descontroló e hizo algo censuradísimo: intentó robarle el novio a una amiga.

La «fiesta» fue la celebración que una buena amiga de Christina (una auxiliar de enfermería en la M130) había organizado para celebrar el trigésimo cumpleaños de su novio y el quincuagésimo de su madre. En ese momento, Christina llevaba más o menos un año trabajando en el Servicio de Urgencias, pero seguía hablando con varios de sus antiguos compañeros, lo que le había proporcionado una invitación.

Durante la velada, Christina coqueteó fieramente y envió mensajes de texto a uno de los hombres invitados con su novia. La pareja decidió abandonar la fiesta, y Christina acabó yéndose a casa con otro hombre. Acabó siendo una fiesta que la enfermera había terminado «arruinando», dice el informe del interrogatorio de la amiga que había invitado a Christina. Al día siguiente, la auxiliar de enfermería decidió poner fin a su amistad con la enfermera, a cuya hija solía cuidar y con la que hablaba por teléfono varias veces a la semana. Mucha gente tenía una opinión sobre lo que Christina había hecho esa noche. Después de aquello, percibió claramente que los compañeros tomaban partido. Y eran muchos los que no eligieron el de Christina.

Aun empeoraron las cosas cuando, después, surgió una gran polémica con la enfermera Ditte. El «caso del teléfono», como llama al conflicto una enfermera de la unidad, fue un caso que muchas enfermeras contaron cuando fueron interrogadas por la policía. Puede ser difícil llegar a comprender los detalles de la historia, pero parece haber consenso en que el caso comenzó el día en que Christina fue a la Dirección con una serie de mensajes de texto supuestamente enviados por Ditte, que en ese momento trabajaba en la M130, pero que pronto iba a empezar en el Servicio de Urgencias, donde ya estaba Christina. Los mensajes demostrarían que Ditte había amenazado a Christina. Y, según la historia, las amenazas dieron lugar a que Ditte fuera advertida con la expulsión del hospital; hasta que surgieron dudas sobre si los mensajes eran auténticos. Muchas de las demás enfermeras sospecharon que Christina había inventado los textos para intentar perjudicar a su futura colega, que también era conocida por su gran capacidad profesional. Cuando la Dirección pidió que se documentaran los mensajes, Ditte aceptó que el Departamento de Recursos Humanos revisara su teléfono. De hecho, ella negó que hubiera enviado amenazas a Christina, pero, de repente, Christina ya no fue capaz de mostrar los mensajes. En general, el «caso del teléfono» también podría calificarse como completamente carente de interés para cualquiera salvo el personal del hospital interesado en los cotilleos. Y, sin embargo, no fue así. La polémica también podría ser parte de la explicación de por qué la policía pudo interrogar a tantas enfermeras a las que no les importó contar historias incriminatorias sobre Christina. Y sea lo que sea lo que pasara exactamente en el «caso del teléfono», acabó siendo tan grave que hubo que celebrar reuniones de mediación entre Christina y Ditte. Según Christina, el conflicto dejó posteriormente una clara huella en los grupos que ya antes caracterizaban a la unidad.

La Dirección confirmó a la policía que el conflicto había sido tan acusado que los jefes pusieron en marcha un proyecto para mejorar el clima laboral y trataron de suavizarlo, entre otras cosas, introduciendo una norma que obligaba a mezclar los distintos grupos de amistades a la hora de elaborar el cuadrante de turnos para las guardias.

Si uno trata de identificar los grupos de amistades en el Servicio de Urgencias y en la M130 para intentar fundamentar si podría haber algún tipo de conspiración detrás de las acusaciones contra Christina, hay que estar ojo avizor. En este sentido, se ve que el Hospital Nykøbing Falster es un extraño caso cuando uno empieza a preguntar quién conoce a quién: el centro médico es una maraña de conexiones, y en él mucha gente está relacionada de uno u otro modo. Sin embargo, en el tribunal, Christina trató de esbozar los dos grupitos que ella considera esenciales para su caso: estaba su propio grupo, formado principalmente por las enfermeras con las que salía, que acabaron declarando a la policía que creían en la inocencia de Christina. Y luego estaba el otro grupito, el de Ditte, con la que Christina no había tenido muy buena relación después del «caso del teléfono».

La cuñada de Ditte es Mette, la enfermera que trabajó en el último turno de noche de Christina junto con Carina en Urgencias 2. Ambas formaban parte habitual del grupito de Ditte junto con Katja, la enfermera, quien sigue saliendo a menudo a pasear el perro con Pernille, la testigo de cargo del caso, que también formaba parte del mismo grupo.

Una de las enfermeras de la camarilla de Christina dijo desde el estrado que la relación, a veces tirante, entre ellas y las demás enfermeras se debía probablemente al hecho de que ella y Christina eran muy conocidas y apreciadas, sobre todo entre los paramédicos. Así que la confrontación podría deberse a los celos, sugirió. Jørgen Lange pensaba que los celos podrían ser una de las razones por las que Pernille, junto con Niels, había denunciado a Christina.

«Todo el caso se basa en una denuncia muy extraña, probablemente basada en una enemistad, que podría haber surgido como una especie de complejo de inferioridad frente a Christina», dijo Jørgen Lange en el tribunal. A la defensa le pareció revelador que solo fueran dos personas entre todas las que habían testificado las que no hubieran descrito a Christina como profesionalmente muy capaz. Además, se trataba de las dos personas que se habían esforzado por hacer ver que, en principio, no tenían nada en contra de la enfermera: Pernille y Niels.

El primer día de la investigación, los agentes ya hicieron constar que existía un rumor sobre uno de los denunciantes y la enfermera sospechosa en el caso.

El rumor había circulado tanto en el Servicio de Urgencias como en la M130 y se refería a algo que supuestamente había ocurrido varios años antes de que Niels llamara a la policía. Pero era un rumor que tanto Niels como Pernille decidieron poner en conocimiento de las autoridades durante sus interrogatorios iniciales: más les valía ponerlo sobre la mesa de inmediato, porque sabían lo que un abogado defensor podría conseguir si intentaban ocultarlo y luego aparecía de forma indirecta. El rumor era que Niels y Christina habían tenido una aventura.

Tanto el médico jefe como Christina niegan hoy que la historia tenga fundamento. Niels supone que el rumor puede haber surgido porque una vez salió a cambiar la rueda del coche de la enfermera después de que ella le contara que estaba pinchada. Niels pudo constatar que el neumático había sido rajado. Algo, por cierto, de lo que Christina más tarde (al menos según las habladurías de la unidad) acusaría al hermano de Mette, lo que dio lugar a más rumores. Pero esa es otra historia y, de todos modos, el rumor sobre Niels y Christina empezó a rodar posteriormente.

Pernille seguía trabajando en la M130 cuando oyó que el médico jefe del Servicio de Urgencias había mantenido relaciones sexuales con la enfermera morena en una Sala de Medicamentos. Es cierto que por entonces Pernille ya estaba saliendo en secreto con Niels y, cuando ella le planteó el rumor, él se limitó a reír y a contarle lo del cambio de la rueda, y no hizo falta mucho para que Pernille se convenciera de que solo era un chismorreo. Hoy en día, niega que eso afectara en modo alguno a lo que después pensara de Christina cuando empezaron a trabajar juntas y llegó a conocer a la enfermera por algo más que las anécdotas de su extravagante personalidad, que también corrían por la M130.

A pesar de que especialmente el abogado defensor de Christina se empeñó en hacer hincapié en el juicio en que

Pernille y Christina tenían una relación tensa, ambas sostienen hoy en día que nunca fue así. Está claro que hoy la opinión de Christina sobre su colega es fría, después de lo que Pernille acabó haciéndole. Pero, en concreto, resulta interesante que Christina responda sistemáticamente que «no» a la pregunta de si había una relación tensa entre Pernille y ella cuando trabajaban juntas. Porque eso va en contra del relato sobre el supuesto drama de celos, el cual se insinuó una y otra vez en el tribunal mientras se desarrollaba el caso contra Christina. Los mensajes que la policía extrajo de los teléfonos de las dos enfermeras y que registró como material de investigación tampoco indican que tuvieran ningún problema en su trato. De hecho, los mensajes atestiguan que se trataba de dos colegas que se llamaban mutuamente cosas tales como «encanto», «cielo» y «bonita» cuando se escribían, normalmente hablando sobre el trabajo. Por ejemplo, en un mensaje que Christina envió a Pernille unos dos meses antes de que la enfermera fuera detenida, escribió: «Creo que da gusto trabajar contigo, y nos lo pasamos bien». «Somos un buen equipo», declaraba Christina en el mensaje, que terminaba con un «que duermas bien» y que dio lugar a una respuesta de Pernille cinco minutos después que decía: «¡Qué dulce eres! Gracias. Lo mismo digo… seguro que compartiremos un buen trabajo en equipo. Y no deja de ser un plus poder echarse unas risas juntas».

Capítulo 22

Cuando Pernille abandonó la Sala A, se apoderó de ella un fuerte dolor de espalda. En las semanas previas a su testimonio en el caso, había estado preparándose para la vista, pensando una y otra vez en las respuestas a las preguntas que con seguridad vendrían. Quería parecer tranquila. Pero, cuando por fin llegó el momento y subió al estrado, estaba tan decidida a hacerlo bien que no se dio cuenta de que olvidaba relajar los músculos de la espalda. Pernille deseaba mostrarse lo más verosímil posible. Quería ser capaz de repasar la guardia nocturna sin titubeos, responder a todas las preguntas con prontitud y detectar las trampas en las que el defensor seguramente intentaría hacerla caer cuando le tocara interrogar a la testigo. Así que siguió tensando y retensando el cuerpo hasta que no hubo más preguntas. No fue tan raro que su intervención del 25 de abril de 2016 en la Sala A se tradujera en dolor muscular aun varios días después.

Pasaron cinco horas desde que subiera al estrado antes de que se diera por finalizado el interrogatorio de la principal testigo del caso.

Pernille era un problema crucial para la defensa de Christina. Suponía un gran problema que no divagara, y este era que la joven enfermera formulara sus reservas en los lugares adecuados, respondiendo «no estoy segura» y «no lo sé» cuando la línea de preguntas empezaba a encaminarse hacia aspectos del caso sobre los que realmente no podía saber nada. Lo contrario le habría venido bien para poner en duda su credibilidad ante el tribunal. Tan solo con poder poner de manifiesto que Pernille añadía deliberadamente un pequeño extra cuando parecía que podía perjudicar el caso de Christina, pintaría la imagen de una testigo que solo decía lo que creía necesario para que su colega fuera condenada.

En todo momento, Pernille ha mantenido la explicación que dio en el despacho de Niels la mañana en la que, agotada, prestó declaración por primera vez. Ni en el segundo, ni en el tercero, ni en el cuarto, ni en el quinto interrogatorio cambió la versión. Fue una explicación que terminó siendo irritantemente coincidente con la de sus compañeras, incluso cuando, más de un año después, se las llamó al estrado y tuvieron que repasar la guardia desde otros puntos de vista. Los tiempos y los hechos coincidían con lo que figuraba en los historiales de los pacientes.

Pero, si la defensa conseguía cuestionar la credibilidad de Pernille, aunque fuese ligeramente, podría convertirse enseguida en el mayor problema del ministerio fiscal, pues la policía no tenía otros testigos del mismo calibre. A pesar de que los investigadores habían conseguido acumular un gran número de declaraciones del personal del hospital, la de Pernille fue desde el primer día la más importante de ellas. Y siguió siéndolo cuando el caso llegó a juicio.

Muchos testigos afirmaron haber sentido algo que parecía una mezcla de presentimiento y sospecha; esas personas fueron efectivamente llamadas al azar y utilizadas como parte de la llamada cadena de pruebas de la fiscalía y de la historia conjunta sobre Christina. Pero Pernille era la única que podía decir que de verdad había pillado a la enfermera con las manos en la masa. Era la única que podía aportar pruebas sólidas de algunas de las cosas que contaba. Y fue el único caso en el que la credibilidad de la testigo no se vio mermada por el hecho de que afirmara haber sospechado de un delito cometido por la enfermera, admitiendo al mismo tiempo que nunca lo había denunciado a la policía. No, Pernille efectivamente no había hecho nada.

Cuando Michael Boolsen preparaba su alegato final, en el que resumiría las explicaciones de Pernille y de las demás enfermeras, escribió en la penúltima hoja de sus notas para el discurso que debía tratar de rebajar un poco la importancia de Pernille en el caso y recordar decir: «Pernille Larsen ha sido designada como testigo principal o testigo estrella de este caso. Me gustaría ser muy cuidadoso en este punto. Este caso está compuesto por el testimonio coherente y relevante de muchos testigos».

El fiscal había leído, por supuesto, los artículos de los periodistas, que destacaban el hecho de que, a pesar de la larga investigación policial, solo se había hallado una persona que realmente hubiera visto a la mujer que se sentaba en el banquillo de los acusados hacer lo que ahora muchos, al parecer, sospechaban que había hecho durante años. La fiscalía sabía que, si los jueces y el jurado terminaban considerando que esta testigo en particular no era fiable, Michael Boolsen estaría de repente ante un caso completamente diferente. Eso fue lo que intentó evitar al no utilizar la expresión «testigo estrella» para referirse a Pernille, aunque ella lo fuera en este caso, por mucho que Michael Boolsen tratase de presentarlo de una manera diferente. Jørgen Lange era igualmente consciente de ello y por eso había intentado buscar algo que pudiera desacreditarla.

El abogado defensor de Christina fue a la caza del pasado de Pernille.

A través del novio de Christina, Jørgen Lange supo de una antigua compañera que había estudiado con Pernille en la Escuela de Enfermería y que, al parecer, no había acabado siendo la mejor amiga de la testigo principal. El abogado pidió a la policía que citara a la compañera para tomarle declaración en la comisaría de Nykøbing Falster.

Hoy en día, la compañera de estudios aún recuerda haber llorado mientras le explicaba al policía en la sala de interrogatorios que no lograba entender por qué tenía que verse involucrada en el caso contra Christina, un caso del que ella nada sabía. Tampoco entendía por qué era tan importante averiguar lo que pudiera tener que decir contra Pernille, con la que no había tenido contacto desde que ambas estuvieron juntas en una clase varios años antes. Por todo ello, la excompañera de estudios dijo a la policía que no quería hacer comentarios.

Pero eso no detuvo a Jørgen Lange. Dos meses más tarde, a petición del abogado, la compañera de estudios fue llamada como testigo en la causa penal contra Christina. Pero, aunque el abogado la colocó en el estrado y trató de presentar una lista de preguntas de la que anunció que partiría, fue inútil. La testigo de Jørgen Lange siguió sin decir nada, a pesar de que se encontraba ante un tribunal y, por tanto, tenía la obligación de contar lo que sabía.

«Afirmó que el motivo es que ella tiene formación como enfermera, pero que no conoce a la acusada y que nunca ha trabajado con ella», dice el acta de ese día en el juzgado.

Jørgen Lange explicó al juez que el propósito de llamar a esta testigo en concreto era únicamente dar al jurado alguna información sobre Pernille para que tuvieran un mejor bagaje a la hora de evaluar su credibilidad.

«Cuando tengo conocimiento claro de que puede haber problemas con la credibilidad de la testigo principal, creo firmemente que es muy importante», argumentó el abogado defensor en la Sala A. Pero Michael Boolsen quería que se detuviera, el fiscal protestó y los jueces se retiraron a decidir si la compañera de estudios estaba sujeta a las obligaciones testificales y el castigo que le supondría seguir negándose a responder a las preguntas sobre Pernille.

Poco después, regresaron. El testimonio de la testigo de Jørgen Lange «no es de importancia para el caso». La compañera de estudios fue enviada a casa, y el intento de la defensa por socavar la credibilidad de Pernille fracasó en este caso. Sin embargo, Jørgen Lange podía intentar un ataque por el otro flanco, y ahí era donde realmente podía hacerle daño a Pernille. Y ahí la mayoría de las preguntas giraron en torno a un tema: ¿por qué esperó?

*

Hay dos formas de presentar a la testigo principal. Dos historias que se pueden contar. En una de ellas, se señala a Pernille como la enfermera que debe ser alabada por haber respondido mientras todos los demás se quedaban de brazos cruzados; pero también está la otra versión.

Si se desglosan determinados puntos de la explicación de Pernille, se pueden utilizar los fragmentos para armar un relato sobre la testigo estrella del caso que es mucho menos halagador. Esa era la que Jørgen Lange, evidentemente, quiso presentar en la Sala A. El abogado hurgó en las razones por las que Pernille no llamó de inmediato a la policía en cuanto, durante su último turno de noche con Christina, se sintió totalmente convencida. ¿Cómo se puede seguir trabajando en una situación así? ¿Cómo pudo, tal y como explicó la propia Pernille, pararse a charlar con Christina varias veces durante el turno de noche estando convencida de que la enfermera que tenía enfrente acababa de matar a un paciente? ¿Es verosímil que diga que actuó así porque por nada del mundo deseaba que Christina albergara alguna sospecha y porque quería asegurarse de que la enfermera fuera pillada con las manos en la masa? ¿Es creíble cuando, al mismo tiempo, hay un mensaje de texto de Pernille en el que, antes del turno de noche, le envió un emoticono de un mono y escribió a Christina: «Qué miedito». ¿Debemos confiar en una testigo que, por un lado, afirma haber estado muy intranquila y asustada, pero que, al mismo tiempo, gastaba bromas con Christina sobre todos los pacientes enfermos con los que siempre terminaban sus turnos? ¿Cómo iba a atreverse a retirarse a dormir en tal fatídico turno de noche? ¿Cómo pudo hacerlo, si creemos que en ese momento ya estaba convencida de que Christina había matado a varios pacientes?

Al parecer, Pernille estuvo en la habitación una hora y media. Hoy en día dice que no pudo dormir, pero en el informe de su declaración del día siguiente se dice que ella explicó que «estaba durmiendo» y que acababa de «despertarse» cuando Christina entró en la habitación e interrumpió el descanso. Sea cual sea la formulación, fue una hora y media en la que aparentemente no tuvo ningún problema en dejar a Christina (según Pernille, una asesina) sola con los pacientes. Y no solo eso: ¿es creíble en una enfermera que se supone que estaba asustada, como se dijo en el juicio, que Pernille dejara su unidad para hacer un descanso con Carina y Mette mientras Christina dormía? ¿Qué dice de la testigo clave del caso el hecho de que haya podido estar con las dos buenas amigas en Urgencias 2, aparentemente sin verse afectada, cuando estaba convencida de que era la única que sabía que había una asesina suelta en la unidad? Las amigas dijeron en el juicio que tenían tiempo y que, por ello, habían preparado unas tortitas de cena y que Pernille se había quedado con ellas en el despacho y había estado comiendo y charlando durante una hora. ¿Quién haría algo así si creyera seriamente que se acababan de cometer no uno, sino varios asesinatos en su lugar de trabajo?

Jørgen Lange subrayó muchos de los puntos cuando, en uno de los últimos días en el tribunal, tuvo que formular sus alegaciones y determinar lo que creía que el jurado debería tener en cuenta a la hora de evaluar la credibilidad de Pernille. Y ese día también le reprochó la situación en la habitación de Viggo, donde Pernille descubrió algo blanco lechoso en el gotero del paciente.

«Me resulta muy extraño que la testigo se tomara la molestia de hacer una foto del gotero en lugar de atender a Viggo, que estaba evidentemente muy grave y moribundo», leyó Jørgen Lange de entre sus múltiples notas. Cuando el abogado lo mencionó, antes de pasar al siguiente punto, sonó casi como algo dicho de pasada, pero ahí acertó con precisión en el trauma que desde la guardia nocturna no ha querido abandonar a Pernille.

Ella es una mujer decidida, que mira a la gente a los ojos, habla rápido y no duda cuando quiere explicar algo para que se entienda cómo las cosas encajan. Cuando hoy en día habla del caso, puede explicar el desarrollo cronológico y describir las conversaciones y lo que hizo quién y cuándo sin parecer afectada. Se le puede preguntar por la guardia nocturna y por los compañeros, y ella transmite los detalles sin pestañear. También fue así ante el tribunal. Pero, cuando se le pregunta por los pacientes de esa noche, se calla, y se conmueve.

Pernille se culpa por no haber intentado salvarlos.

«Lo que me ha perseguido tantas veces desde entonces es por qué no le di a Viggo el antídoto. Era consciente de que había recibido Stesolid. ¿Y por qué no se lo daría a Anna Lise? Sabía bien dónde estaba el antídoto, que funciona en unos pocos minutos; pero no lo hice. Y simplemente no puedo explicar por qué. Cuando te asignan pacientes al principio de tu turno, sientes cierto orgullo. Son mis pacientes, son mi responsabilidad y tengo que cuidarlos y asegurarme de que pasan su enfermedad, su sufrimiento y su dolor lo mejor posible durante el tiempo que los acompaño. Que Christina entrara y los tocara… La primera persona a la que se llevó esa noche fue a Viggo, que estaba bajo mi custodia. Era yo quien tenía que cuidar de él… y no lo hice.

Sé que no habría servido de nada darles el antídoto, porque se estaban muriendo. Puede que les hubiera podido alargar la vida unas horas o unos días más, no lo sé, pero… No sé…, quería atraparla», confiesa Pernille.

Se le llenan los ojos de lágrimas y tiene que hacer una pausa.

Hay muchas cosas de las que hizo aquella noche que hoy no entiende. «La mejor explicación que puedo dar es que era como si yo fuera dos personas. Como si hubiera una parte de mí que quisiera que todo fuera como antes. Y tal vez fingiendo que así era, lo consiguiera. Ojalá hubiera actuado de otra manera, pero no lo hice».

Capítulo 23

Niels Högel siempre había querido ser bombero. Sin embargo, muy pronto se dio cuenta de que probablemente nunca podría conseguirlo. Tenía vértigo. No pudo superarlo y por eso acabó convirtiéndose en enfermero como su padre. Una profesión que seguramente también le permitiría cumplir el sueño que el joven natural de Wilhelmshaven, en el noroeste de Alemania, siempre había tenido: ayudar a otras personas.

Así comienza la historia del hombre que ha sido denominado por los medios de comunicación alemanes como la persona que más seres humanos ha matado desde la Segunda Guerra Mundial. Niels Högel es *el* «caso de la enfermera», pero en Alemania. Un caso cuya investigación se ha desarrollado durante años, mientras los alemanes veían con espanto cómo se iba ampliando la lista de víctimas.

Niels Högel desarrolló una obsesión cuando trabajaba en una residencia de ancianos. El joven enfermero deseaba ser el héroe que salvara vidas. Quería demostrar lo que podía hacer, pero era difícil cuando los días en el hospital eran en su mayoría de trabajo rutinario de enfermería. Niels Högel se aburría, así que se ocupó de hacer sus turnos más emocionantes. El enfermero comenzó a envenenar deliberadamente a los pacientes, aunque no para matarlos; al contrario, quería que dejaran de respirar para poder reanimarlos y recibir las palmaditas en la espalda de los colegas que tanto le estimulaban. En cuanto descubrió el atajo para sus chutes, no pudo dejar de crear en las habitaciones, cada vez con más frecuencia, situaciones de emergencia que lo elevaban mucho más allá de las trivialidades de la vida cotidiana y le permitían pisar más alto de lo que seguramente podría haberle elevado una escalera de bombero.

En general, la rutina de Niels Högel era siempre la misma. Hoy la conocemos con detalle, porque el propio enfermero la ha relatado en el juicio: en el hospital, antes de ponerse manos a la obra, se aseguraba de que sus colegas estuvieran reunidos, por ejemplo, en la Sala de Personal. Luego se colaba en la habitación de su víctima. En primer lugar, ponía en pausa los dispositivos de monitorización conectados al paciente. A continuación, inyectaba a su víctima una cantidad de medicación normalmente letal antes de desaparecer en un rincón apartado de la unidad, donde podía esperar el sonido de la alarma cardiaca pidiendo a gritos un socorrista. El enfermero tenía un puñado de diferentes tipos de medicamentos entre los que solía elegir. Eran medicamentos cuyos efectos secundarios conocía perfectamente, y así podía coreografiar con sumo cuidado el desarrollo de su actuación.

Con el paso de los años, perfeccionó su técnica para poder dosificar los fármacos con bastante precisión, en especial los cardiacos, dependiendo del escenario al que quisiese subir a sus pacientes. De este modo, Niels Högel estaba siempre un paso por delante de sus colegas reunidos en torno a otra de sus exánimes víctimas. Y se hizo famoso por su habilidad en esas situaciones, al igual que era famoso por dar lo mejor de sí cuando había espectadores en la habitación. Así se salvaron muchos pacientes. «Rescate Rambo», como algunos lo llamaban, fue a menudo elogiado por ello. Pero también muy a menudo sus involuntarios extras acababan muriendo. Nunca se sabrá cuántos exactamente. Los alemanes siguen esperando a conocer por cuántos delitos acabará siendo juzgado Niels Högel.

El propio Niels Högel ha admitido con anterioridad que recuerda haber envenenado al menos a noventa pacientes. A una treintena de ellos no consiguió reanimarlos. Así lo explicó ante el Tribunal de Oldenburg, donde en febrero de 2015 fue condenado inicialmente a cadena perpetua por seis asesinatos. Sin embargo, en ese momento las autoridades aún no habían comenzado en realidad a sacar a la luz a los antiguos pacientes de Niels Högel. El trabajo se inició después de que, durante el juicio, surgieran tantos detalles inquietantes que no hubo más remedio que crear una comisión especial para intentar llegar al fondo del caso. La comisión acabó identificando un total de trescientas veintidós víctimas potenciales.

Desde entonces, se han abierto más de ciento treinta tumbas en más de sesenta cementerios en búsqueda de las presuntas víctimas de Niels Högel que no habían sido incineradas. No solo en Alemania, sino también en Polonia e incluso en Turquía, las autoridades han exhumado a antiguos pacientes y los han examinado en busca de residuos de medicamentos, según ha informado la revista *Der Spiegel*. Para el juicio definitivo, cuya conclusión, en el momento en que se escribió este libro, estaba prevista para 2019, los fiscales esperan que haya pruebas suficientes para condenar al enfermero por los asesinatos de, al menos, un total de cien pacientes. Niels Högel ya admitió entonces que la cifra sería probablemente muy aproximada. Él mismo contribuyó a la lista de víctimas cuando, durante una de las muchas conversaciones que mantuvo con su psiquiatra de la cárcel, se fue acordando de nuevos pacientes [3].

Todas las víctimas de Niels Högel fueron ingresadas en el hospital de Delmenhorst o en el de Oldenburg durante los cinco años y medio que Niels Högel consiguió trabajar como enfermero hasta que fue detenido en 2005 con solo veintinueve años.

Der Spiegel y el diario *Nordwest-Zeitung*, entre otros, informaron de que varios de sus compañeros de trabajo habían contado que sospechaban del joven enfermero desde hacía tiempo. En la sala del Tribunal de Oldenburg, se supo que algunos de los médicos directamente le prohibieron entrar en las habitaciones de sus pacientes. Demasiado a menudo, Niels Högel estaba cerca cuando morían los pacientes. «La Muerte-Högel», susurraban a su espalda en el hospital cuando tenía lugar otro turno con muchas muertes. Pero la policía fue alertada por primera vez el día en que un compañero le sorprendió inyectando a un paciente medicamentos no prescritos. Para entonces, los colegas lo llevaban considerando sospechoso desde hacía varios años.

Los medios de comunicación y las autoridades alemanas se han planteado desde entonces la cuestión de por qué nadie avisó antes a la policía.

En Alemania se ha debatido por qué el sistema no reaccionó ante el hecho de que la tasa de mortalidad en la Unidad de

Cuidados Intensivos de Delmenhorst pasara de una media de ochenta y cuatro muertes al año a ciento setenta y siete y ciento setenta tras la contratación de Niels Högel. O por qué nadie dio la voz de alarma cuando se registró un elevadísimo e inexplicable consumo de medicamentos que no se utilizaban normalmente en la unidad.

Se han dado a conocer más ramificaciones del caso en un intento de llegar al fondo de cómo el mayor asesino en serie del país pudo moverse durante tanto tiempo en el sistema sanitario antes de ser detenido. El ministerio fiscal querría haber condenado, entre otros, a varios antiguos colegas de Niels Högel que desempeñaron un papel importante para que aquello fuese posible. No un papel activo, pero se les acusa de haber tomado la opción más fácil: no hacer nada en absoluto por evitarlo.

*

Los enfermeros que matan de forma deliberada a sus pacientes son casos extremadamente raros. Sin embargo, Niels Högel no es el único. Hay suficientes ejemplos en hospitales de todo el mundo como para que el fenómeno tenga su propia subcategoría dentro del género de «asesinos en serie». Se les llama « *angels of death*», 'ángeles de la muerte', o « *HCSKs*», que es un acrónimo inglés de *health care serial killers*, 'asesinos en serie del sistema sanitario', y es un término que especialmente los criminólogos y psicólogos suelen utilizar para referirse a los pocos enfermeros y médicos que desarrollan el impulso patológico de querer hacer justo lo contrario de curar a la gente.

Los científicos han empezado a interesarse por el fenómeno especialmente después del llamado caso Charles Cullen. Este es un enfermero estadounidense que actualmente cumple once cadenas perpetuas en una prisión del estado de Nueva Jersey. Entre los gritos de algunos de los familiares de sus víctimas, un tribunal lo declaró en 2006 culpable de matar a veintinueve pacientes. Charles Cullen ha admitido haber matado a más. Por lo que recuerda, el total ronda la cuarentena. Sin embargo, los expertos han calculado que en realidad puede haber sido responsable de la muerte de hasta unas cuatrocientas personas durante los dieciséis años que estuvo trabajando en diversos hospitales. De ser cierto, Charles Cullen es el ejemplo más mortífero que se conoce de lo que puede hacer un «ángel de la muerte» si no se detecta a tiempo; y, de ser así, el peor asesino en serie conocido de Estados Unidos es también un enfermero.

El mismo año en que Charles Cullen fue condenado, se publicó el trabajo de investigación *Serial Murder by Healthcare Professionals*, que se ha convertido en una piedra angular en los intentos de los criminólogos por comprender a este tipo de delincuentes. Pues ¿qué es lo que impulsa a un «asesino médico»? ¿Existen puntos comunes, un patrón típico, un motivo o un método? Todo eso es lo que los autores del artículo se propusieron investigar.

La profesora Beatrice Yorker, de la Universidad Estatal de California, en colaboración con otros colegas, recopiló información sobre todos los casos de personal hospitalario asesino que pudieron encontrar.

Hallaron casos en Austria, descubrieron otros en Bélgica y sacaron a la luz los procedentes de Inglaterra, Alemania, Países Bajos, Polonia y Rusia, además de hospitales de un buen número de estados de Estados Unidos. En total, lograron identificar noventa casos de veintiún países diferentes en los que un trabajador sanitario había sido acusado de matar deliberadamente no a uno, sino a varios pacientes, y en los que no cabe justificación alguna como eutanasia activa. En cincuenta y cuatro de estos casos el acusado fue declarado culpable, y en ellos aparecen los nombres de más de trescientos pacientes en los que se pudo demostrar que fueron asesinados. Además, se identificaron más de dos mil cien fallecidos en circunstancias sospechosas mientras estaban bajo el cuidado de alguno de los asesinos en serie convictos de la lista de Beatrice Yorker y sus colegas.

Se perfila así la imagen de la típica víctima como un paciente muy enfermo, viejo, débil o particularmente vulnerable. Este grupo de pacientes suele tener más dificultades para darse cuenta de que es víctima de un delito, y también es menos probable que la víctima pueda identificar más tarde al autor. Al dirigirse a pacientes de edad avanzada y ya muy enfermos, un asesino perteneciente al personal hospitalario también puede asegurarse de que es menos probable que los colegas sospechen si la víctima muere.

Existen las mismas probabilidades de que sea una mujer o de que sea un hombre. La mayoría de las veces se trata de un o una enfermera o de auxiliares de enfermería, pero también hay varios casos en los que el autor es un médico: Beatrice Yorker concluyó que era así en algo más de uno de cada diez casos que fueron objeto de su estudio. En ese grupo uno de los ejemplos más terribles es Harold Shipman, un médico inglés que en el año 2000 fue condenado a quince cadenas perpetuas por quince asesinatos. Tras el juicio, las autoridades iniciaron una investigación a gran escala para averiguar si podía haber más víctimas. El resultado fue una lista con los nombres, confirmados con certeza por la policía, de otros doscientos pacientes a los que el médico también había conseguido matar a lo largo de sus veinticinco años de ejercicio.

Harold Shipman mataba a sus víctimas con morfina. En general, las drogas son el método preferido de estos asesinos: hay una mayoría de casos en los que la morfina e insulina han sido el arma homicida.

Cuando se descubre al autor, lo habitual es que el asesino intente primero justificarse diciendo que quería acabar con el sufrimiento del paciente. Pero una y otra vez las autoridades han descubierto posteriormente que entre las víctimas había personas que no estuvieron moribundos en ningún momento hasta que se produjo el crimen.

Se ha visto que algunos de estos asesinos se mueven por la excitación que obtienen al poder decidir sobre la vida y la muerte, y por la suprema sensación de poder. Algunos han matado porque claramente sentían una fascinación cercana al sadismo por la muerte. También hay ejemplos de algunos que matan a los pacientes cuando son difíciles, se quejan o se muestran demasiado exigentes. O porque querían hacer frente a un problema práctico como la falta de espacio en el pabellón o podían obtener un beneficio económico con la muerte.

Pero desde luego no todos los asesinos médicos quieren que sus víctimas mueran. Como en el caso de Niels Högel, cada vez hay más ejemplos de enfermeros y médicos condenados que se esforzaron todo lo posible por salvar a las personas a las que ellos mismos hicieron enfermar. En estos casos el verdadero motivo es principalmente la emoción. El fenómeno quizá pueda describirse mejor como un bombero que provoca sus propios incendios, explicó el enfermero estadounidense condenado

Richard Angelo cuando confesó. Quería parecer «un héroe», dijo. El reconocimiento y la atención de los colegas, y tal vez de los familiares de los pacientes, es un motivo habitual en estos casos.

También fue lo que llevó a la enfermera Genene Jones a inyectar medicamentos peligrosos a los jóvenes pacientes de la Unidad Infantil del hospital del condado de Bexar, en el estado norteamericano de Texas. Si su víctima moría, la enfermera era conocida por montar escenas dramáticas, sollozando a gritos e insistiendo en sostener al niño. Beatrice Yorker cree que es pertinente referirse al síndrome de Münchhausen por poderes si se pretende entender al personal hospitalario asesino: en lugar de dañar a su hijo, el perpetrador tan solo utiliza a los pacientes para llamar la atención. La profesora ha señalado que varios de los enfermeros condenados de su lista habían sido descubiertos inyectándose drogas porque querían estar enfermos.

Varios parecían sufrir también de hipocondría o de la llamada «pseudología fantástica», que caracteriza a una persona mentirosa patológica que cuenta historias fantásticas en un intento de hacerse interesante. De igual modo se supo que varios denunciaron incidentes violentos que nunca habían experimentado, por ejemplo, incendios y agresiones sexuales.

Beatrice Yorker actualizó el año pasado su lista de casos de asesinos hospitalarios.

Desde 2006, ha habido otros cuarenta y un casos en los que se ha acusado a un trabajador sanitario de asesinato en serie. En comparación con los millones y millones de enfermeras y médicos que trabajan en los hospitales de todo el mundo, es una cantidad mínima, pero se eleva el número total de casos desde 1970 a ciento treinta y uno en veinticuatro países diferentes.

En noventa casos, el acusado ha sido condenado. En esos casos, se han identificado más de cuatrocientos cincuenta pacientes asesinados.

Capítulo 24

En los casos de homicidio, siete son los motivos habituales que suelen estar presentes. Los celos es la razón más común por la que la gente se mata; luego está el afán de lucro; después, la venganza, y la lujuria, que puede llegar a provocar, por ejemplo, que una víctima de violación sea silenciada. Existe también la expulsión, que es lo que suele estar detrás de, por ejemplo, el asesinato de antiguos miembros de los ángeles del infierno o de los pandilleros. Además, está el fanatismo, que da lugar a crímenes de honor o al terrorismo, y, por último, la emoción.

La emoción es un motivo que suele provenir de la excitación que el autor experimenta matando. Este motivo es conocido por las historias de los asesinos en serie estadounidenses. Tan solo en contadas ocasiones ha aparecido en la historia criminal danesa, pero es el motivo que la fiscalía pensaba que debía de estar detrás de las acciones de Christina Aistrup Hansen.

Jørgen Lange había mantenido durante todo el caso que eso era absurdo.

El abogado lo había señalado una y otra vez durante la investigación.

Y tras haber escuchado a todos los compañeros de trabajo en el estrado de la Sala A, seguía sin estar convencido. La fiscalía había logrado encontrar respuestas plausibles a preguntas tales como «cuándo», «cómo» y, hasta cierto punto, «cuánto», pero a «por qué» seguía sin hallársele una respuesta. Simplemente no había ningún motivo en el caso que hiciera probable que la clienta de Jørgen Lange hubiera hecho los «terribles actos» de las que se la acusaba, declaró la defensa.

Tenía razón en que, visto de forma objetiva, parecía una locura. Y también era una opinión que Michael Boolsen había encontrado reiteradamente cuando se le presentaban las opiniones de la gente sobre el caso de la enfermera: era «improbable que una enfermera hiciera algo así», como leyó Michael Boolsen en sus notas durante su alegato final.

Era esencialmente la misma opinión que su predecesora, Jeanette Wincentz Andersen, había intentado rebatir con sus declaraciones a los medios de comunicación en las primeras fases de la investigación y que la puso en una situación incómoda con el Consejo Danés de. Pero los últimos días del juicio a la enfermera pudieron ser todo un reto para la acusación, en el caso de que los jueces y los jurados aún encontraran demasiado remota e inverosímil la idea de que a una enfermera pudiera ocurrírsele matar solo por satisfacer sus propias emociones. El fiscal de la policía recordó en la Sala A que un enfermero del norte de Alemania había confesado el mismo tipo de delito y que ahora había sido condenado a cadena perpetua por el Tribunal de Oldenburg. Michael Boolsen aludió a todas las enfermeras y médicos del Hospital Nykøbing Falster que habían descrito la tendencia de Christina al dramatismo y a la escenificación. Y luego leyó las conclusiones de un informe psicológico. Fue la prueba más contundente de la policía para demostrar que la enfermera juzgada no era, después de todo, un caso tan excepcional.

Las evaluaciones psiquiátricas suelen utilizarse en casos penales para determinar si el acusado es apto para una condena de prisión ordinaria. La declaración, firmada por un psiquiatra forense, suele presentarse en los juicios con jurado si el acusado ha sido declarado culpable y la cuestión en el tribunal gira únicamente en torno a la sentencia que debe imponerse. Pero Michael Boolsen había solicitado a los jueces poder presentar el informe pericial psicológico de Christina antes de que se retiraran a votar sobre la cuestión de la culpabilidad. Lo que la Unidad de Psiquiatría Forense había concluido sobre la personalidad de la enfermera no era ni mucho menos irrelevante, anunció el fiscal. Aunque Jørgen Lange protestó, finalmente se permitió a Michael Boolsen seguir adelante.

Esta unidad del Ministerio de Justicia en Copenhague pudo determinar inicialmente que la enfermera no estaba loca. Por lo tanto, Christina era apta para una pena ordinaria en caso de ser declarada culpable.

Michael Boolsen leyó lo que la médica jefa de la clínica, Dorte Sestoft, había concluido sobre la enfermera tras varias conversaciones con Christina, quien, según la doctora, había «crecido aparentemente en circunstancias normales y estables con sus padres en Ballerup». «Tiene una inteligencia normal. Inicialmente llora, pero deja de hacerlo casi a la orden y luego no se ve afectada por la grave situación actual. El contacto fluctúa entre el halago fácil y el desprecio absoluto. Establece contacto superficial», reza el informe de la psiquiatra forense.

En el informe psicológico, Christina había obtenido una puntuación «inusualmente alta» en un test de personalidad en una denominada «escala de desconfianza», añadió la médica jefa.

«… Lo que significa que hay que sospechar que la encuestada ha pintado una imagen irrealmente positiva de sí misma en las respuestas».

Michael Boolsen siguió leyendo:

«En la presente investigación, se constata que, personalmente, el sujeto tiene un contacto emocional superficial, al igual que no hay correspondencia en varios aspectos entre lo que el sujeto ha declarado y lo que se desprende del caso. En el examen psicológico, el sujeto es descrito como dirigido por la emoción y con pérdida de autocontrol, pero también capaz de cierta planificación. Muestra bajos niveles de autoconciencia y autoconocimiento. En general, la evaluación es que padece un trastorno de la estructura de la personalidad de tipo histriónico».

Este trastorno histriónico de la personalidad es el motivo que estaba presente en «la estructura de la personalidad de la acusada», explicó Michael Boolsen mirando al jurado, que pronto tendría que adoptar una decisión. Con el informe pericial psicológico, el fiscal disponía ahora de un documento legal de la Unidad Psiquiátrica Forense que coincidía notablemente con las descripciones que las enfermeras y los médicos del Hospital Nykøbing Falster habían utilizado para referirse a Christina. Así que no se trataba solo de habladurías y de razonamientos *a posteriori*. Aquí había una persona que podía hacer las cosas de las que se la acusaba, intentó convencer Michael Boolsen al tribunal.

La médica jefa de la unidad había enviado una descripción detallada de cómo se manifiesta típicamente un trastorno histriónico de la personalidad. El fiscal había copiado la descripción en la hoja dieciocho de las numerosas que conformaban las notas de su discurso:

«… Un trastorno de la estructura de la personalidad de tipo histriónico se caracteriza por un contacto emocional superficial y lábil; una tendencia a la dramatización, muy fácilmente afectable; egocentrismo; vanidad; falta de empatía, anormal vulnerabilidad y búsqueda persistente de excitación en las relaciones, reconocimiento y atención. No es necesario que estén presentes todos los rasgos. El narcisismo, la búsqueda de reconocimiento, la falta de consideración hacia los demás, la excesiva vulnerabilidad y la tendencia al comportamiento manipulador completan el cuadro clínico, pero no son necesarios para el diagnóstico».

Antes de continuar, Michael Boolsen leyó lo que había anotado justo debajo:

«Para concluir, permítanme decir, con el fin de aclarar la estructura histriónica de la personalidad, que esta expresión, como tantas otras en el mundo médico, proviene del latín. La palabra *histrio* en latín clásico significa 'mimo' y en el latín medieval se interpretaba como 'fanfarrón' y 'mentiroso'. Teniendo esto en cuenta, me gustaría mencionar (con la advertencia de que no se trata de una psiquiatra) que la antigua responsable de la acusada en el Servicio de Urgencias mencionó que sospechaba que la acusada padecía Münchhausen por poderes. El barón de Münchhausen era, después de todo, un fanfarrón y un mentiroso».

El informe pericial psicológico fue uno de los intentos de la fiscalía de confirmar que las descripciones de Christina y sus guardias eran lo suficientemente reales y algo más que cotilleos provincianos, que es lo que Jørgen Lange intentaba hacer ver. El análisis estadístico fue otro.

Con el análisis, Michael Boolsen aportó cifras que demostraban que, efectivamente, había algo de cierto cuando tantas enfermeras afirmaban que solían morir más pacientes en los turnos de Christina. Al menos durante la última etapa en que estuvo trabajando en la M130, en la que sus colegas informaron de que tenían la sensación de que el número de muertes se intensificaba. El análisis fue realizado por Steffen Lauritzen, profesor de Estadística de la Universidad de Copenhague, quien anteriormente había trabajado en la de Aalborg y durante diez años en la Universidad de Oxford. En el transcurso de la investigación, la policía le entregó al experto listas de horas de las muertes y horarios de Christina, junto con la descripción de la tarea en la que se le pedía que analizara si podía detectar alguna correlación significativa. Después de realizar los cálculos, su conclusión fue inequívoca. El hombre del traje gris oscuro se personó con el análisis de los datos ante el tribunal y lo leyó desde el estrado de los testigos:

«Se ha observado un claro aumento de la mortalidad cuando la acusada ha estado de guardia en el pabellón médico M130 durante los años 2011 y 2012» […]. «Se puede rechazar con un alto grado de certeza que este aumento de la mortalidad se deba a una pura coincidencia, y no se han hallado en los datos explicaciones alternativas para el aumento de la mortalidad», concluyó el profesor de Estadística.

Steffen Lauritzen había tenido en cuenta que ninguna reestructuración se hubiera llevado a cabo en la unidad, que las variaciones estacionales y, por ejemplo, las epidemias de gripe no afectaran a sus resultados, por lo que había comparado el número de pacientes muertos en los turnos de Christina con el número de muertes en los turnos que sus colegas habían tenido inmediatamente antes y después de que ella hubiera estado trabajando. Las cifras de 2011 mostraban que, cuando Christina tenía turno de trabajo, en promedio morían más del doble de pacientes en la M130. En los nueve meses en los que estuvo trabajando en la unidad durante 2012, el panorama era el mismo.

«La probabilidad de que sea una mera coincidencia se reduce a cerca del 1%», explicó el profesor, que subrayó que él era estadístico y no podía decir nada sobre las causas.

El análisis de Steffen Lauritzen no podía arrojar nada sobre el número de pacientes que sufrieron una parada cardiaca en el departamento de Christina, pero que fueron trasladados a otras unidades y bien sobrevivieron, bien fueron declarados muertos en otro punto del hospital. Su análisis tampoco podía decir nada sobre el número de pacientes que empeoraron durante sus turnos, pero no lo suficiente como para morir.

Pero Michael Boolsen consideró que el análisis del profesor de Estadística añadía un eslabón más a la cadena de pruebas presentada por la acusación, y ello a pesar de que el perito no había podido constatar un aumento de la tasa de mortalidad en los turnos de Christina durante los otros años en que había estado trabajando en el hospital; ni durante su primera época en la M130 ni durante los años que posteriormente trabajó en el Servicio de Urgencias.

Jørgen Lange no cree que las estadísticas demuestren nada de nada.

Quizá se podría haber encontrado la misma tendencia con otros colegas si la policía se hubiera tomado la molestia de hacer un análisis similar de sus turnos. No se sabe, porque el único patrón que se buscó fue el de los listados de Christina, señaló Jørgen Lange. Tampoco dio mucho crédito al informe psicológico. ¿Quién no conoce a alguien que quiera obtener un reconocimiento por su trabajo? Es algo aplicable a muchísima gente, y eso no convierte a dichas personas en asesinos.

Pero si se creyera que el síndrome histriónico hizo que Christina matara en la búsqueda de sentirse viva, ¿por qué eligió víctimas enfermas, viejas y débiles? ¿Por qué entonces envenenó a pacientes como Anna Lise y Viggo, cuyos historiales médicos indicaban que no debían ser reanimados? En el tribunal, a los jueces y al jurado se les había explicado que los dos pacientes expiraron quedamente. No hubo mucho drama; al contrario, el intento de la fiscalía de encontrar un motivo durante la «undécima hora» no cuadraba, argumentó el abogado defensor de la enfermera.

Por el contrario, Michael Boolsen podría señalar una serie de detalles que no encajaban en el intento de Christina de explicarse. Una de ellas fue la medicación encontrada en su casa, sobre la que con toda probabilidad mintió. Otra fue que, en las circunstancias más graves del caso, no había podido dar una explicación veraz. Por ejemplo, en lo referente a las dos jeringuillas que la enfermera había admitido tener en la habitación de Maggi, por mucho que negase que tuvieran los émbolos presionados. Que una de ellas fuera una pequeña jeringa de 2 ml de Stesolid, destinada al paciente Henrik, con calambres en las piernas, al final del pasillo, parecía poco probable. En primer lugar,

Henrik no era paciente de Christina; era de Pernille. En segundo lugar, el paciente tenía conectados unos dispositivos de monitorización que emitían un fuerte pitido si volvía a tener convulsiones. Nadie notó nada durante el turno de noche. Tampoco lo hizo la tercera enfermera, que estuvo trabajando en la unidad de Urgencias 3 desde las 23:00 h y que declaró ante el tribunal que comprobaba a menudo cómo se encontraba el paciente, y que estaba perfectamente tranquilo. Y él mismo negó que Christina le hubiera dado algún medicamento. Si, a pesar de todo ello, sí que lo hubiera hecho, Christina no lo habría anotado en ninguna parte del expediente del paciente, a pesar de que se trataba de un medicamento bastante potente. Podría deberse a las prisas, según explicó la enfermera a la policía. Sin embargo, más adelante dudó y entonces sospechaba que el ajetreo también podría haberle impedido administrar la medicación.

La explicación de Christina era cuestionable. Lo mismo ocurrió con el intento de la enfermera de aclarar la segunda jeringuilla que tenía en la habitación de Maggi, la que, según Christina, había contenido antibióticos para una anciana de otra habitación.

La jefa de Christina había dicho a la policía que la práctica de inyectar antibióticos con una jeringa de 20 ml era algo que las enfermeras del Hospital Nykøbing Falster nunca hacían. Entre otras razones, porque eso requeriría que la medicación se inyectara lentamente en el catéter venoso. Y eso lleva tiempo. En su lugar, las enfermeras mezclan el antibiótico en polvo con una solución salina que cuelgan en una bolsa conectada al gotero del paciente.

Por fin, Christina explicó que se vio interrumpida y no pudo ir con la jeringuilla a la habitación del paciente porque Maggi se sintió repentinamente mal, y que por la presión del tiempo acabó vaciando la jeringa en una bolsa de suero fisiológico que entregó a una compañera. Pero esta explicación fue desmentida por la enfermera que, según Christina, debería haber recogido la bolsa.

La compañera, a la que la propia Christina había descrito como parte de su propia camarilla, acudió a Urgencias 3 para ayudar en la rutina de la mañana después de que la alarma cardiaca retrasara los horarios.

Ante la policía y el juez, la compañera insistió en que Christina nunca le entregó una bolsa de goteo. Lo que sí ocurrió fue que, por la mañana, Pernille le entregó una bolsa de antibióticos que colgó en la habitación 33, en la que estaba el paciente al que sí se le había recetado la medicación. La explicación de Pernille concuerda totalmente con esa versión. Según esta, mezcló el antibiótico en la Sala de Medicamentos precisamente porque Christina le había pedido que preparara una bolsa.

El expediente del paciente tampoco indica que en ningún momento hubiera habido una jeringuilla durante ese proceso. En él se puede leer que había una bolsa de antibióticos colgada en el portasuero, la cual se había mezclado de acuerdo con los procedimientos habituales en la unidad. Según el registro, esto habría ocurrido a las 6:17 h, es decir, unos tres cuartos de hora después de que Christina fuera vista en la habitación de Maggi con dos jeringuillas, de las que nunca fue capaz de dar una explicación lo suficientemente convincente.

Capítulo 25

Casi setenta personas habían testificado en la causa contra
Christina Aistrup Hansen cuando, en la mañana del 22 de junio
de 2016, los jueces recogieron de la sala por última vez una
montaña de medio metro de altura con pruebas y el jurado se
retiró a deliberar.

Para entonces, el caso llevaba más de tres meses en marcha.
Se habían necesitado un total de veinticinco días para presentar
ante jueces y jurado los argumentos, los indicios y las pruebas
contra la mujer de cola de caballo, pañuelo al cuello, línea de
rímel remarcada y pendientes. La mayoría de los testigos que
habían acudido a la Sala A eran compañeros de Christina del
Hospital Nykøbing Falster. Veintiocho enfermeras, diez médicos,
cuatro auxiliares de enfermería y una auxiliar pasaron por el
estrado de los testigos. También declararon varios familiares.
Además de los médicos forenses, varios peritos y otros testigos
cuyo fin era esclarecer el significado de los tecnicismos utilizados
para entender este caso.

No se puede echar en cara a los tres jueces y a los seis miembros del jurado que a alguno de ellos el caso le pareciera complicado de comprender. Antes de que se pusieran a considerar la cuestión de la culpabilidad, Michael Boolsen trató de resumir:

«La cuestión probatoria es muy sencilla», inició el fiscal listando lo que había sido establecido sin duda alguna: se habían encontrado grandes cantidades de droga en los cuerpos de Arne, Viggo, Anna Lise y Maggi. Medicamentos que no estaban en su sangre cuando fueron ingresados y que, según sus historiales médicos, nunca deberían haber estado. Por lo tanto, la pregunta era: «¿Fue la acusada quien administró estas cantidades letales de medicamentos en estas cuatro personas?», preguntó el trajeado jefe de la abogacía. Michael Boolsen tenía que reconocer que no había presentado ninguna prueba concluyente ante el tribunal, pero estaba «francamente harto» de que tanto dentro como fuera de la sala, reiteradamente se le recordara que la fiscalía no había sido capaz de presentar ninguna prueba. Esta aseveración era «falsa». «Las pruebas son las que se han presentado en los últimos tres meses», dijo el fiscal, que subrayó que había muchas pruebas, pero, ciertamente, ninguna «directa», como él mismo dijo.

Se habían encontrado tres jeringuillas con una mezcla de drogas para las que no había una explicación, salvo que un empleado hubiera albergado malas intenciones. Además de las declaraciones forenses que establecían las cantidades de droga en la sangre de las víctimas, esta fue la más importante de las pruebas técnicas.

Sin embargo, ninguna prueba forense pudo relacionar a Christina con un arma homicida ni situarla en una habitación en el momento del crimen. Aquí, el fiscal tuvo que remitirse a lo que Pernille había vivido en la habitación de Maggi, y a los pasajes de las declaraciones de las otras compañeras de guardia en los que explicaron dónde estaba cada una de las enfermeras cuando los pacientes cayeron exánimes. ¿Pero era suficiente? Michael Boolsen quería confiar en su cadena de indicios, en que tantos testigos hubieran corroborado los mismos puntos, de forma que convertía esa concatenación de sospechas en algo tan sólido que era completamente improbable que el autor pudiera ser otro que Christina. No se puede hablar de coincidencia cuando hay un patrón tan determinado, pensaba él.

Los jueces y jurados debían tener en cuenta que Christina había tenido una habilidad especial para estar cerca cuando los pacientes empeoraban de repente. Había elegido deliberadamente a víctimas de edad avanzada y débiles, para que no pareciera extraño si fallecían en las ajetreadas unidades, declaró el fiscal. Consideraba que la enfermera había matado con premeditación. Había utilizado sus habilidades profesionales, por las que tantos colegas la alababan, para envenenar a los pacientes, y precisamente por ser tan hábil había que descartar la idea de que no hubiera sido plenamente consciente de que sus víctimas acabarían muriendo por ello.

«La acusada se organizaba para ser la protagonista de una extraña obra de teatro en la que los pacientes eran sus extras», se oyó decir a Michael Boolsen.

«Ni siquiera su propia hija se libró de ser una extra en esta pesadilla», añadió, pronunciando la frase que Christina ha recordado desde entonces como la que más le afectó de todo lo que se dijo de ella en el juicio.

«Valiente sarta de inmundicias, Boolsen», dijo el novio de Christina cuando el fiscal desde el atril hubo expresado sus observaciones finales y regresaba a su mesa junto a su asistente en el lado derecho de la sala. El abogado no le prestó atención.

Jørgen Lange pronunció sus alegatos finales. Aprovechó la ocasión para recordar al tribunal el caso Plejebo, en el que una auxiliar de una residencia de ancianos fue acusada de haber contribuido a la muerte de veintidós residentes. Fue el mayor caso de asesinato del siglo. Al menos, eso se decía en 1997, cuando se inició la investigación. Sin embargo, hoy en día el caso se recuerda más por la dura derrota que supuso para la policía y la fiscalía. Durante la investigación, la policía había declarado de antemano, generando gran asombro, que para ellos la mujer era culpable. Pero al cabo de un tiempo la fiscalía tuvo que admitir que no podía probar nada, y el caso se desmoronó de tal modo que al final no hubo más remedio que retirar todos los cargos. La auxiliar de enfermería recibió una indemnización de setecientas mil coronas. La prensa tuvo que hacer autocrítica, y se preguntó si se habían tomado todas las precauciones correctas en la amplia cobertura. Y la policía acabó con un descrédito del que no se ha recuperado todavía, a pesar de que ya han pasado casi veinte años.

Jørgen Lange consideró que el de la enfermera recordaba en muchos aspectos a aquel caso.

Según él, la policía estaba tan desesperada en su búsqueda de pruebas que la investigación se había prolongado sin parar. El coste de recursos debió de ser tan elevado, que al final era difícil que se produjera un «repliegue táctico» y que se reconociera que nunca se debieron presentar cargos y que la investigación debió haberse detenido mucho antes.

«Sufrirían una enorme pérdida de prestigio si de repente dijeran: "Te dejamos libre, Christina; tendrás que disculparnos"», imaginó Jørgen Lange.

Tras enumerar en su procedimiento los nombres de las enfermeras de las camarillas de Christina y de Pernille, y después de insistir en que no había ninguna pistola humeante, sino solo sospechas y testigos que, *a posteriori*, creían haber tenido una sospecha, sacó un libro viejo y oscuro con letra dorada. Lo colocó encima del montón de los ciento cuarenta y seis folios que en letras grandes contenían las notas finales de la defensa. Jørgen Lange buscó el lugar entre las páginas del libro en donde sobresalía un marcador y lo abrió. Allí comenzaba el relato de un escritor que, hace unos cuantos años, había puesto en palabras exactamente lo que había sufrido Christina.

Jørgen Lange inició la lectura:

«"¡Es una historia terrible!", exclamó una gallina del extremo opuesto del pueblo, donde el hecho no había sucedido. "¡Ha pasado algo espantoso en el gallinero! Lo que es esta noche, no duermo sola. Menos mal que somos tantas en el palo". Y les contó el caso y a las demás gallinas se les erizaron las plumas y al gallo se le cayó la cresta…».El público de la Sala A de Nykøbing Falster escuchaba el comienzo del cuento de Hans Christian Andersen sobre los chismes en un gallinero.

Michael Boolsen no pudo evitar sonreír al asistente que tenía a su lado mientras Jørgen Lange comenzaba su lectura en tono solemne. Pero el defensor estaba muy serio. Con la misma seriedad con la que deseaba que los jueces y el jurado absolvieran simplemente a su cliente de lo que, en su defensa, había calificado de «ultrajes».

Jørgen Lange completó su cuento:

«Y apareció en el periódico, en letras de molde, y es la pura verdad: Una plumilla puede muy bien convertirse en cinco gallinas».

*

El 24 de junio de 2016, la Sala A estaba abarrotada, y el tiempo opresivo que se colaba por la claraboya había hecho que el ambiente de la sala fuera sofocante y cerrado.

Todos los asientos estaban ocupados, aunque se habían colocado sillas adicionales. Más de un centenar de espectadores, periodistas, compañeros, vecinos de Nykøbing Falster y familiares de los protagonistas del caso ocuparon sus asientos para poder ver cómo el presidente del tribunal, Henrik Linde, leía la decisión respecto a un caso inédito en Dinamarca.

Habían tenido que hacer cola delante de la sala para entrar. Desde que el ujier abrió la puerta de la Sala A, hubo murmullos entre el público, pero, a medida que se acercaban las 10:00 h, cada vez más personas fueron guardando silencio. Finalmente, todos los comentarios se pararon en seco mientras la gente miraba las puertas del lado derecho de la sala. Todo el mundo se levantó cuando entraron los seis testigos y los tres jueces de toga negra ya al filo de las 10:00 h. «Fallamos…», leyó el presidente del tribunal, Henrik Linde, en sus papeles. Y siguió: «Que la acusada es encontrada culpable».

Culpable del asesinato de Arne Herskov.

Culpable del asesinato de Viggo Holm Petersen.

Culpable del asesinato de Anna Lise Poulsen.

Culpable del intento de asesinato de Maggi Margrethe Rasmussen.

Culpable de robar medicamentos del hospital.

Culpable de haber dado a su hija una fuerte medicación para dormir.

Culpable de abusar de su posición como enfermera.

Culpable de posesión de estupefacientes.

«Todos los jueces y jurados comparten el veredicto».

El Tribunal de Nykøbing Falster no tuvo ninguna duda de que lo ocurrido en el hospital local era culpa de una persona que quería matar deliberadamente a los pacientes.

El tribunal destacó que las cantidades de droga encontradas en los cuerpos de las víctimas eran tan desmesuradas que no podían explicarse por haberse administrado en un intento de tratar o aliviar el dolor.

Tampoco parecía que así fuera cuando la policía encontró varias jeringuillas con potentes medicamentos mezclados. Fueron actos deliberados; actos que habían matado a Arne, Viggo y Anna Lise, dictaminó el Tribunal de Nykøbing Falster.

El veredicto del tribunal tiene dieciocho páginas.

Entre otras cosas, el tribunal consideró que había una serie de sorprendentes similitudes entre los tres asesinatos, además de otra tentativa:

Todas las víctimas eran ancianos y enfermos. A todos les habían inyectado entre 40 y 50 mg de morfina y entre 6 y 15 ml de Stesolid directamente en vena. El procedimiento era el mismo y, en general, los casos eran tan similares que debió de ser la misma persona quien los inyectara.

Tras escuchar las explicaciones en la Sala A, los jueces y el jurado se convencieron de que esa persona no podía ser otra que Christina.

En el caso de Arne, el tribunal se refirió en su razonamiento al hecho de que su colega Peter había visto a la enfermera salir de la Sala de Medicamentos con una jeringuilla en la mano poco antes de que sonara la alarma de parada cardiaca. La auxiliar de enfermería Louise recordaba «nítidamente» que Christina era la única que no estaba presente en la Sala de Personal en los momentos previos al incidente.

Y tan solo sirvió para inculpar más a la enfermera que no hubiera podido dar una buena explicación de lo que estaba haciendo en la habitación de Arne aquel día del año 2012 en que lo encontró sin vida en la cama y dio la alarma.

El veredicto de culpabilidad también dice que la versión de Christina de tres años después sobre lo que había hecho en ese turno de noche acabó siendo desmontada y «rechazada». En particular, la Audiencia Provincial destacó que la enfermera nunca pudo explicar adecuadamente por qué tenía dos jeringuillas en la habitación de Maggi. Los intentos de Christina de convencer a los jueces de que las jeringuillas contenían Stesolid y antibióticos respectivamente y de que estaban destinadas a otros dos pacientes habían resultado ser una explicación «carente de veracidad», declaró el Tribunal de Nykøbing Falster, refiriéndose al hecho de que la historia de Christina no coincidía con los registros de los pacientes ni con lo que habían dicho sus compañeros. Christina también se había visto atrapada en un relato poco verosímil sobre cómo había descubierto a primera hora del turno de noche que Anna Lise había empeorado. No era creíble, según el tribunal, que la enfermera afirmara que desde la puerta había llegado a la conclusión de que Anna Lise parecía haber dejado de respirar.

Varios testigos convencieron a los jueces de que esa evaluación requeriría entrar en la habitación y, además, una enfermera nunca se quedaría simplemente en la puerta si sospechara que un paciente está muerto.

«La acusada entró en la habitación de Anna Lise Poulsen», dice el veredicto de culpabilidad de Christina, que también afirma que Pernille vio a la enfermera salir de la habitación de la paciente antes de que Christina y su colega entraran un poco más tarde para ver cómo estaba Anna Lise. En general, los jueces concedieron gran importancia al testimonio de Pernille. Del mismo modo, en la sentencia destacaron el punto de la declaración de la enfermera Mette, por ejemplo, en el que dijo que una de las primeras cosas que Christina hizo en el turno de noche fue pasar por el despacho de Urgencias 2.

Allí, Christina había pronosticado, sin motivo aparente, tres muertes diciendo: «Para las 23:00 h tendremos tres *mortes*».

*

En el agobiante calor de la Sala A, Jørgen Lange intentó argumentar circunstancias atenuantes.

Sabía bien que probablemente sería inútil una vez que Christina hubiera sido declarada culpable de tres asesinatos más una tentativa, pero aun así trató de pedir una pena de prisión de entre doce y catorce años en lugar de la pena más severa que establecía el Código Penal, como se había planteado.

Un escalofrío recorrió la sala cuando Michael Boolsen lo mencionó por primera vez: cadena perpetua. Pero, según el fiscal, no había otra opción. La enfermera se había aprovechado de la confianza de la sociedad en el servicio sanitario y en las enfermeras. Ha sido una «asesina a sangre fría», proclamó el fiscal, que ahora, tras el veredicto de culpabilidad, había subido el tono de la retórica, lo que hizo que los amigos y familiares de Christina, en las primeras filas, sacudieran la cabeza.

«La acusada no era un ángel de la muerte, sino un demonio de la muerte», continuó Michael Boolsen, dejando titulares para los periodistas (incluida la prensa internacional, a la que le pareció obvio citar ese «*devil of death*», 'demonio de la muerte', en sus artículos sobre la enfermera de Dinamarca), antes de subrayar que no era capaz de encontrar ninguna circunstancia atenuante en el caso. Jørgen Lange lo intentó de todos modos. Hizo referencia al hecho de aquello por lo que Christina había sido declarada culpable, después de todo, había ocurrido de una «forma amable». En el caso de los tres asesinatos, las víctimas eran ya mayores y en la mayoría enfermos terminales. En dos de los casos, los mismos pacientes o sus familiares habían indicado en algún momento que la persona tendida en la cama no deseaba seguir viviendo. Jørgen Lange hablaba de Arne cuando dijo:

«Estaba triste porque su hijo había fallecido demasiado pronto. Estoy bastante seguro de que, si le hubieran preguntado si quería dejar este mundo, habría dicho que sí».

Pero nada cambió los hechos.

El viernes 24 de junio de 2016 por la mañana, la enfermera fue condenada a cadena perpetua. Lo único de lo que fue absuelta Christina fue de acceder a un teléfono móvil dentro de la prisión y de estar detrás de una publicación en Facebook en la que una persona anónima informaba de todas las injusticias cometidas en el caso de la enfermera y en la investigación policial, que en ese momento todavía se estaba desarrollando a puerta cerrada.

Christina fue inhabilitada para trabajar como enfermera hasta nuevo aviso. Tendría que pagar 442 775 coronas danesas de indemnización a Tina, la novia de Viggo y 25 000 a Maggi. Y como el Estado solo suele pagar al abogado designado en los casos en los que se absuelve a las personas, Christina acabó recibiendo una factura por los honorarios del abogado de más de 1 300 000 coronas, que ahora debe a las arcas del Estado. Una factura que incluía treinta y cuatro visitas de Jørgen Lange al centro penitenciario y dietas por los doce mil quinientos kilómetros que el abogado recorrió entre ida y vuelta a las numerosas reuniones en el tribunal y en el centro de detención durante los quince meses que transcurrieron desde la detención de la enfermera; cifra a la que habría que añadir el IVA .

Los periodistas informaron de que hubo sollozos en la galería cuando se dictó el veredicto.

La enfermera sentada en el banquillo ni se inmutó.

Capítulo 26

Pronto Christina cumplió con lo que hacía tiempo que se intuía, pero que la enfermera había ido posponiendo con un «vamos a ver cómo termina».

El día en que recibió la sentencia en la Audiencia Provincial, su abogado la recurrió en el acto. Así que su caso tenía que volver al Tribunal de Apelación Este. Pero Christina recibió el mensaje sin inmutarse. No podía hacer ninguna valoración.

«¿Estarían mis padres aquí el día que saliera? ¿Y el resto de mi vida sería una lucha por volver a la vida? ¿Llegaría a experimentar algo con lo que me sintiera viva de nuevo? ¿Volvería a salir a un mundo en el que la gente no me mirara y dijera "Es esa condenada"? ¿Me veré alguna vez libre de esa etiqueta? Si no iba a poder escapar de eso, entonces no quería salir. Era como si la ilusión de un futuro se hubiera esfumado al recibir la sentencia», recuerda.

Christina había estado en los últimos tiempos en Vestre Fængsel, una prisión que tiene su propia Enfermería. Dice que durante el juicio fue trasladada allí desde la cárcel de Køge porque el personal temía lo que la enfermera pudiera hacerse. Como recuerda Christina, acabó pasando varias semanas en una celda de observación en el período previo a su sentencia. En la habitación, los muebles estaban atornillados al suelo y el personal entraba para comprobar cómo estaba al menos una vez cada media hora. Pero cuando terminó el juicio, Christina fue trasladada de nuevo a una celda común, donde permanecería unos días hasta que la policía viniera y la llevara a la prisión donde cumpliría su condena de por vida. Antes de que el guardia cerrara la puerta de su celda, le preguntó: «¿Estás bien?».

Pero Christina no lo estaba; sobre todo, tenía ganas de gritar bien alto y muy fuerte. Pero en lugar de eso, se acostó y solo lloró, lloró y lloró. Y entonces pensó: «Es el momento».

El techo era alto, pero empujó la nevera contra la pared y se subió a ella para poder llegar a la ventana, que empezaba hacia la mitad de la pared. La ventana podía abrirse y cerrarse girando la manilla hacia arriba. Christina había rasgado la sábana y había hecho un nudo en el extremo, que sacó por la ventana. Luego la cerró. Ya está. La tela estaba atrapada y pendía lacia a lo largo de la pared. Christina había pensado en la ropa que llevaría cuando la encontraran. Se había acostumbrado a ir con una camiseta larga, pero ese día vistió ropa elegante porque se había imaginado varias veces qué aspecto tendría cuando abrieran la puerta y la encontraran colgada.

Pensó que no debía darle más vueltas a nada; y entonces saltó.

«Fue una decisión fría como el hielo. Y fue duro para mi familia, pero yo había sido muy clara y les había dicho que un día de estos les llamarían para decirles que yo ya no existía», dice Christina.

Ese día, la enfermera intentó ahorcarse en su celda.

*

Christina no recuerda cómo la encontraron los funcionarios de la prisión.

Lo siguiente que recuerda, después de haber saltado desde el borde de su frigorífico, es que se despertó sin ropa y que una agente de policía estaba sentada mirándola.

Christina aún recuerda con claridad los detalles de ese día. Sin embargo, no quiere dar acceso a su historial médico de la cárcel, lo que confirmaría si es cierto que en esos momentos estaba tan afectada por su caso que intentó quitarse la vida.

Capítulo 27

La enfermera Carina Caroc estuvo muy cerca. Ella misma
atendió a los pacientes que dos semanas antes del fatídico turno
de noche empeoraron de forma tan llamativa que convencieron
a Pernille de que algo terrible estaba sucediendo. Y estaba
trabajando en el mismo corredor, en Urgencias 2, cuando Viggo,
Anna Lise y Maggi fueron envenenados. Y había hecho
innumerables turnos con Christina antes en los que había
podido observar que el patrón era el mismo.

Carina aparece claramente afectada cuando intenta explicar
por qué se guardó sus sospechas sobre Christina durante tanto
tiempo. La enfermera, de treinta y tres años, trabaja ahora en
otro hospital.

Lleva varios años intentando dejar atrás el caso del hospital
provincial, pero la persigue allá donde va de forma persistente.

Porque a Carina le cuesta aceptar que no reaccionara antes,
ahora que se había demostrado que efectivamente era verdad;
que sus sospechas sobre Christina eran ciertas.

«Me he hecho esa pregunta mil veces después, creo. ¿Por qué demonios no hice nada? Pero…».

Carina tiene que hacer una pausa para reponerse. Y entonces rompe a llorar.

«No tenía ni idea de cómo debía proceder. No se acusa a alguien así sin más de matar a otras personas. No es lo normal. Cuando crees que estás sola en esto, entonces… No tenía nada concreto. Temía que fuera mi cabeza la que se hubiera inventado una historia tan descabellada.

Entonces, ¿por qué no hice nada? Porque… yo… creo que esa pregunta nunca dejará de perseguirme, para ser sinceros».

Carina dijo a la policía que, en realidad, había decidido hablar con la Dirección sobre la enfermera antes de que llegaran las autoridades.

Fue esa mañana en la oficina, después de una charla con su colega Mette, después de que Maggi fuera trasladada a la Unidad de Cuidados Intensivos. A Mette le extrañó que Christina le hubiera pedido el desfibrilador, el activador cardiaco, poco antes de que sonara la alarma, como si ya esperara que pasara algo. Y unas horas antes, Christina también había estado en la Sala de Personal de Urgencias 2 para pedir una medicación especial. Allí estaba Carina cuando Christina, agobiada, asomó la cabeza y le pidió que buscara unas medicinas para el corazón (Cordarone y Adenosina) que necesitaban en el área de Urgencias 3. Carina sacó dos ampollas de la Sala de Medicamentos, fue a la unidad contigua y las dejó en la mesa de Christina.

Hasta tiempo después Carina no descubrió que esa potente medicación no se la había recetado ningún médico a la paciente Maggi, como había afirmado Christina. Pero ese domingo por la mañana, mientras Carina estaba hablando con Mette en la oficina después del caótico turno de noche, ambas seguían encontrando todo muy misterioso. Las dos colegas hablaron de que se había producido un llamativo número de paros cardiacos en el servicio de Urgencias 3 durante la tarde y la noche.

De nuevo, Christina había estado cerca en todas las ocasiones. Y esa mañana, Carina y Mette conversaron abiertamente por primera vez sobre las sospechas de que su colega había matado deliberadamente a los pacientes. Una de ellas tan solo tuvo que mencionar su teoría para que la otra dijera: «Pues yo también lo creo». Por ello, según sus explicaciones a la policía, el domingo decidieron dar un aviso sobre el comportamiento de Christina. Acudirían a la gerencia después de haberlo meditado con la almohada y comentado con sus respectivos padres, que ocupaban puestos de dirección y, por tanto, sabrían cuál era la mejor manera de manejar esas cosas. Como sabemos, las dos enfermeras no llegaron a hacerlo. Cuando Carina se levantó, descubrió lo que Pernille había puesto en marcha. La policía había llegado al hospital y Carina fue una de las primeras enfermeras en ser llamada a declarar.

Hoy se culpa de que haya sido necesaria la denuncia policial de una compañera para que ella pusiera en conocimiento de las autoridades lo que había vivido con Christina. En ese momento, Carina llevaba semanas, incluso meses, preguntándose por los paros cardiacos repentinos. El sentimiento de culpa no ha hecho más que empeorar desde que empezó a hablar: en total, puede recordar once o doce muertes en los turnos en que estuvo con Christina durante los siete meses que pasaron juntas en el Servicio de Urgencias.

«Además, en los poco más de dos años y medio posteriores en el hospital, viví quizá cuatro o cinco paros cardiacos. Así que me parece que… sí hubiera podido ayudar en algo para evitar lo sucedido», dice Carina, volviéndose a emocionar. «Entonces, ¿por qué no hice nada?», se pregunta de nuevo, aunque no tiene respuesta ni la tendrá. «Con eso es con lo que tengo que lidiar».

Hay muchos trabajadores del Hospital Nykøbing Falster que, como Carina, están marcados por el caso. Varios dicen que todavía no pueden aceptar lo que sucedió delante de sus narices. El hecho de que el caso se haya reproducido así en los medios de comunicación no ha hecho más que dificultar su procesamiento; para algunos, este caso fue casi traumático, porque, como explica una enfermera, son personas que, de forma totalmente involuntaria, se vieron envueltas en una investigación a gran escala y en un caso de asesinato conocido a nivel nacional en el que ellas lo único que habían hecho era ir a trabajar. Con varios de los empleados los periodistas contactaron en Facebook o por teléfono después de que Christina fuera detenida. Y cuando se conoció el caso, la prensa acudió en masa al aparcamiento del hospital para obtener comentarios cuando las enfermeras se presentaban a trabajar con la vista baja hasta la entrada principal.

Desde el primer día, la Dirección trató de proteger a los empleados en la medida de lo posible. El mismo día en que Christina ingresó en prisión preventiva, se distribuyó al personal del hospital una nota informativa en la que la Dirección subrayaba que era el director del hospital, Arne Cyron, quien hablaría del asunto y que «la prensa no está autorizada a entrar en el hospital». Posteriormente, el director envió una declaración interna de apoyo al personal, avisando de que estaban siendo «injustamente expuestos».

«Es desagradable tener que enfrentarse a diversas hipótesis e insinuaciones a través de la prensa, y cuando desde determinados medios de comunicación se cuestiona la calidad y la seguridad, eso afecta a cada uno. Sabemos que sois muy concienzudos en el desempeño de vuestro trabajo diario y que os sentís atacados en vuestro honor, orgullo y autoestima», escribió Arne Cyron, añadiendo:

«Afortunadamente, he visto a muchos periodistas honestos y comprensivos, pero desgraciadamente muchos empleados han sido contactados por otros periodistas menos serios que intentaban obtener información específica. También en este caso, el personal, los directivos y los delegados sindicales han demostrado una gran competencia y se han negado. Pero todo esto desgasta a las personas.

Por supuesto, hay que entender que el trabajo de los medios de comunicación es arrojar luz sobre un asunto de esta naturaleza. Pero me gustaría que los periodistas tuvieran un código ético que incluyera la consideración tanto hacia el acusado como hacia el personal del hospital».

Muchas de las enfermeras consideraron también que ser interrogadas por la policía cruzaba los límites. La policía había tomado prestadas las oficinas del hospital para que pudieran realizarse en un entorno familiar, pero la mayoría de las enfermeras eligieron prestar declaración fuera del hospital. Preferían entrar en la comisaría para poder pasar desapercibidas y evitar las miradas; sin embargo, en la Audiencia Provincial, esto no era una opción. Por lo tanto, pudo verse a una enfermera tras otra subir al estrado, claramente incómodas, mientras los periodistas se sentaban en primera fila e informaban a Nykøbing Falster y al resto del país de lo que decían.

Los suspiros fuera de la Sala A fueron numerosos.

Finalmente, se había acabado.

Sin embargo, pronto la mayoría tuvo que volver a hacer lo mismo. Los testigos habían recibido otra citación judicial. Esta vez ante el Tribunal de Apelación Este, donde se revisaría el caso de la enfermera.

El 31 de enero de 2017 debía comenzar a verse el recurso.

Capítulo 28

Los padres de Christina querían una nueva defensa para el caso, así que contrataron al mediático abogado Michael Juul Eriksen.

Es el hombre al que *B. T.* llamó en su día «el mejor amigo del criminal», en un perfil en el que el periodista añadía en una acotación: «Si un día se me ocurriera matar a mi redactor jefe, sé a quién elegiría como abogado defensor: ¡Michael Juul Eriksen! ¡Y probablemente conseguiría mi absolución!».

El propio Michael Juul Eriksen hace referencia al artículo en su página web. También hay una lista de algunos de los casos destacados en los que ha tenido éxito y que le han convertido en uno de los abogados defensores más conocidos del país: Suldrup, Omar El-Hussein, Gimi Levakovic, Camilla Broe, Jønke y Brian Sandberg. Michael Juul Eriksen ha conseguido la absolución para acusados de pertenecer a bandas de moteros y pandilleros, acusados de terrorismo y de asesinato, así como a varias celebridades. Tiene un don especial para conseguir los casos más espectaculares y los medios de comunicación suelen llamarlo «abogado estrella» cuando informan sobre él. La familia Hansen pensó que sería el adecuado para intentar de nuevo sacar a Christina de la cárcel.

Cuando la enfermera volvió a presentarse ante un tribunal, esta vez con un nuevo abogado y su asistente a su lado, el escenario había cambiado por completo: una nueva sala; tres nuevos jueces; nueve nuevos jurados, y una nueva representante del ministerio fiscal, Karen Vistisen, que tenía ahora la palabra, aun cuando Michael Boolsen siguiese a su lado como asistente. Una segunda oportunidad, en la que la enfermera condenada a cadena perpetua no tenía nada que perder. Sin embargo, a medida que las audiencias continuaban en la primera planta del juzgado viejo de Slotsgade, iba quedando cada vez más manifiesto que no habría nada nuevo que afectara seriamente el caso. Aunque Michael Juul Eriksen intentó diferentes estrategias, el recurso en las dependencias del Tribunal de Apelación Este de Nykøbing Falster se pareció mucho a una repetición de todo lo que ya se había dicho y presentado en la Audiencia Provincial, a trescientos cincuenta metros de allí.

Hasta que llegó la peritación.

Fue presentada ante el tribunal uno de los últimos días. En ese momento, solo quedaban en el programa las alegaciones de la acusación y la defensa, pero, antes de que los dos abogados pudieran presentar sus observaciones finales, todos esperaban el informe pericial. Un dictamen del Consejo de Medicina Legal, el máximo órgano médico del país, que resuelve cuestiones en casos judiciales en los que hay dudas sobre algo propio de la profesión.

Fue la propia fiscalía la que solicitó la asistencia del Consejo de Medicina Legal. El motivo fue que la defensa volvió a invitar a los peritos al estrado, donde cuestionaron los cálculos del Instituto de Medicina Legal, los cálculos que habían establecido que las dosis de morfina en la sangre de las víctimas del caso eran letales.

El profesor Kristian Linnet, jefe del Instituto Anatómico Forense del Instituto de Medicina Legal de Copenhague, había firmado él mismo las respuestas a los estudios con los que el instituto había ayudado a las autoridades. En la Audiencia Provincial, había explicado que no tenía dudas sobre las conclusiones. Tampoco sobre aquellas que estaban basadas en los cálculos retrospectivos que los químicos forenses habían realizado en los casos de Arne y Maggi para establecer la cantidad de las dosis iniciales de medicamentos inyectados a los pacientes. Sobre la base de esos cálculos retrospectivos se determinó que la cantidad era del mismo nivel que la encontrada en los cuerpos de Viggo y Anna Lise. Todas las dosis eran letales, repitió Kristian Linnet en el Tribunal de Apelación.

Pero de nuevo el experto Kim Dalhoff contradijo esta tesis. El catedrático de Toxicología Clínica también había criticado los cálculos retrospectivos en la Audiencia Provincial, después de que él y Jørgen Lange hubieran estudiado los historiales de los pacientes sobre la mesa del abogado. En el Tribunal de Apelación, Kim Dalhoff reiteró que los cálculos estaban, en su opinión, sujetos a demasiada incertidumbre. Según él, los pacientes tenían demasiadas afecciones que podrían haber influido en la forma en que los fármacos se metabolizaran en sus cuerpos. Además, Kim Dalhoff ni siquiera estaba de acuerdo en que las drogas fueran la causa última de la muerte. En cambio, el profesor consideraba que, en principio, no se podía descartar que hubieran sido las enfermedades que se podían comprobar en los historiales de los pacientes las que acabaron provocando que los cuerpos ancianos y ya muy débiles se rindieran.

Era extremadamente difícil, si no imposible, para los profanos juzgar cuál de los dos expertos tenía razón. La Audiencia Provincial había basado su veredicto en lo que Kristian Linnet y su instituto habían dictaminado. Pero ahora el nuevo abogado defensor de Christina pudo presentar a los jueces del tribunal regional otro testigo además de Kim Dalhoff que habló contra el instituto en Copenhague. La defensa había llamado al psiquiatra y consejero en materia de adicciones Henrik Rindom, quien dijo en el estrado que él también opinaba que era muy dudoso decir algo sobre la cantidad de morfina que se necesita para matar a una persona.

Fue por esta razón (porque ahora había varias opiniones divergentes de los distintos expertos médicos) por la que la fiscalía finalmente pidió al Consejo de Medicina Legal que entrara en escena y disipara las dudas, aun cuando la fiscalía seguía considerando a Kristian Linnet «si no el mejor, sí uno de los más reputados químicos forenses de Dinamarca», como dijo Karen Vistisen.

El dictamen de once páginas del Consejo de Medicina Legal fue uno de los últimos documentos que se adjuntaron a los miles de páginas del expediente del caso de la enfermera, pero cambió completamente el planteamiento de todo el caso.

En lo que respecta a los cálculos retrospectivos, el Consejo de Medicina Legal solo intentó establecer valores mínimos, es decir, cuánta morfina, por ejemplo, se había inyectado a Arne y Maggi como mínimo y con un 95% de certeza, aunque podría haber sido más. Kristian Linnet y sus químicos forenses habían considerado que los cuerpos humanos metabolizan las sustancias en la sangre de forma diferente, por lo que habían calculado una dosis inicial basada en una media con una incertidumbre de más o menos el 50%. Pero el Consejo de Medicina Legal se posicionó en la parte más baja de la escala: en el caso de Arne, la dosis de morfina podría haber llegado a un nivel tan bajo como 10,6 mg. Ese era el valor mínimo. Maggi habría recibido al menos 8,3 mg de morfina, que no estaba prescrita, aclaró el Consejo de Medicina Legal. Se trataba de dosis muy diferentes a las de 50 y 45 mg, respectivamente, calculadas por el Instituto de Medicina Legal. Y eran dosis mucho más cercanas a las que suelen administrar las enfermeras, aunque también hay que tener en cuenta que a los pacientes también se les había dado Stesolid, que tampoco estaba recetado. El Consejo de Medicina Legal fue muy cuidadoso a la hora de concluir si se podía decir con certeza que Arne y Maggi habían sido envenenados. De hecho, el Consejo no quiso tomar una posición al respecto. Del mismo modo, el Consejo de Medicina Legal no concluyó que hubiera habido una dosis letal en los casos de Viggo y Anna Lise, a pesar de que los pacientes tenían 40 y 45 mg de morfina en la sangre, respectivamente, cuando se les hizo la autopsia. Las inexplicables dosis de fármacos habían desempeñado, con toda probabilidad, un papel en las paradas cardiacas. Así lo admitieron los expertos del consejo, aunque esas dosis acabarían siendo determinantes en la muerte de los pacientes, el consejo no quiso pronunciarse. Por lo tanto, no se podía establecer con certeza la causa de la muerte, anotaron en el dictamen. A Karen Vistisen le costó encontrar un gesto adecuado cuando tuvo que leer ante el tribunal la respuesta de Consejo de Medicina Legal. Se encontraba de repente con un caso que la fiscalía había tardado meses y meses en construir, y que ahora empezaba a tambalearse en el último momento por culpa de once páginas de salvedades. Intentó apelar al sentido común del jurado al recordar que el Consejo de Medicina Legal mostraba una «extrema cautela». Pero, de pronto, quedaba una pregunta abierta: ¿se puede condenar a alguien por tres asesinatos cometidos con una jeringuilla si no se puede descartar que las víctimas pudieran haber muerto realmente por algo distinto a los medicamentos?

La respuesta llegó el 17 de mayo de 2017, cuando el jurado y los jueces votaron. No, no se podía.

*

Cuando el dictamen del Consejo llegó al ordenador de Michael Juul Eriksen, este estaba en su casa preparando sus alegaciones finales del caso. El abogado iba por la mitad de su trabajo, pero tuvo que volver a empezar cuando leyó las conclusiones de los expertos independientes. No le importó; porque, como él lo recuerda hoy:

«Estaba tremendamente entusiasmado con el informe. Eso lo cambiaba todo».

Aun así, Michael Juul Eriksen considera que era «totalmente extraño» que la fiscalía no hubiera pedido antes un dictamen al Consejo de Medicina Legal. También los abogados de la defensa podrían plantear preguntas al Consejo de Medicina Legal, pero el propio Michael Juul Eriksen había decidido deliberadamente no tomar la iniciativa, basándose en su propia experiencia con el Consejo; en concreto, en todas las ocasiones en que sus expertos se habían pronunciado sobre si alguno de sus clientes debía ser condenado o no. En esos casos, el Consejo de Medicina Legal era

tradicionalmente «muy severo» y, como abogado defensor, le
había resultado «muy difícil sacarle algo provechoso», opinaba
Michael Juul Eriksen.

Pero ¿por qué pasaron más de dos años de investigación
policial del caso de la enfermera sin que la fiscalía pidiera
consejo a los expertos? ¿Por qué no se realizó en la Audiencia
Provincial?

A Michael Boolsen le han hecho esta pregunta «muchas,
muchísimas veces». Suele responder que, en primer lugar, no
estaba obligado según la normativa a involucrar al Consejo de
Medicina Legal. En segundo lugar, nunca encontró ninguna
razón para dudar de lo que le dijo Kristian Linnet, y sigue sin
encontrarla.

¿Y por qué no la pidió entonces Jørgen Lange? Hoy en día es
sorprendentemente honesto al respecto cuando se le pregunta. El
abogado defensor prefería apostar por que la duda podía
beneficiar a Christina, explica.

«Nos lo planteamos, pero en aquel momento le dije a
Christina que, si le preguntábamos al Consejo de Medicina Legal
cuál de los dos caballeros (Kristian Linnet o Kim Dalhoff) tenía
razón, podríamos acabar marcándonos el mayor tanto de la
historia en nuestra propia portería. Si decían que era Linnet,
podrías darte por acabado. En cambio, teniendo un 50/50 de
posibilidades, se parecería mucho a una duda legítima, que
debería favorecer al acusado. Así pues, pensamos: eso es lo que
haremos. Porque, para decirlo sin rodeos, simplemente no me
atreví a hacer otra cosa. Podría haber tomado cualquier rumbo».

Con el dictamen final, el viento soplaba a favor de Christina,
pensaba Michael Juul Eriksen, cuando proclamó durante su
intervención en el tribunal regional que el Consejo de Medicina

Legal había «echado por tierra» el caso de la acusación. «Con esta nueva declaración, no se puede argumentar que se haya cometido un delito», proclamó el abogado defensor.

Pero el tribunal no estaba tan convencido. Tras dieciocho días en el Tribunal de Apelación, la fiscalía había convencido a los jueces y jurados de que Arne, Viggo, Anna Lise y Maggi no deberían haber tenido los medicamentos que se les hallaron en la sangre.

El Tribunal de Apelación Este tampoco dudaba de que Christina estuviera detrás. Y los jueces estaban seguros de que la enfermera tenía que ser plenamente consciente de que esa medicación podía matar a los pacientes enfermos ya con anterioridad.

En estos puntos, el tribunal regional estuvo de acuerdo con la decisión de la Audiencia Provincial. Asimismo, el Tribunal de Apelación Este se mostró conforme con que la enfermera era culpable de robar medicamentos del hospital y de dar a su hija una fuerte medicación para dormir.

Sin embargo, el Tribunal de Apelación Este no la condenaría por asesinato, sino solo por intento de asesinato. En principio, podría parecer extraño teniendo en cuenta que tres de las cuatro víctimas del caso habían muerto después de recibir el medicamento. Pero el tribunal solo estaba en condiciones de afirmar que el medicamento había contribuido a la muerte de Arne, Viggo y Anna Lise. El veredicto de culpabilidad dice que no se ha demostrado suficientemente si fue la verdadera causa de la muerte. Por esa misma razón, los deudos de Viggo también vieron anulada la compensación económica que la enfermera debía pagar y que la Audiencia Provincial había fijado para Tina Hansen. Karen Vistisen siguió defendiendo la cadena perpetua, como alternativa a los dieciséis años de prisión. Michael Juul Eriksen puso en marcha su plan B y propuso entre diez y doce años de cárcel en lugar de la absolución, que quedaba ya descartada.

El 18 de mayo de 2017, a la enfermera se le conmutó la cadena perpetua por doce años de prisión, por un total de cuatro intentos de asesinato. Como se indica en el razonamiento del tribunal, las once páginas del dictamen en el último momento fueron decisivas para la reducción de su condena. Pero, de nuevo, todos los jurados y todos los jueces coincidieron en su culpabilidad.

*

Christina no estaba presente el último día en el Tribunal de Apelación Este. La enfermera no estaba obligada a sentarse junto a su abogado defensor cuando se leyese el veredicto, por lo que decidió privar al público de otro día en la sala viendo su reacción.

Si los presentes en las filas de espectadores la hubieran observado el día anterior, cuando se dictó sentencia, podrían haber vislumbrado que durante una fracción de segundo la enfermera albergaba una esperanza.

En el momento decisivo, cuando el presidente del tribunal, Karsten Bo Knudsen, leyó el veredicto, las cosas empezaron tan bien que Christina apenas se atrevía a creer lo que oía:

«Fallamos: que el veredicto de la Audiencia Provincial sobre la cuestión de la culpabilidad sea revocado…», comenzó, mientras Christina contenía la respiración. Pero cuando dijo que el tribunal seguía considerando a Christina culpable, aunque ahora solo de cuatro intentos de asesinato, supo que con toda probabilidad tendría que volver a la cárcel tras el veredicto final. La única cuestión pendiente era cuántos años tendría que cumplir. Christina lo supo en un despacho con el director de la prisión.

La mañana del veredicto, de forma absolutamente extraordinaria, se le permitió mirar la pantalla mientras él movía el ratón y hacía clic en varias páginas web de medios de comunicación. Y fue allí, en la pantalla, donde leyó, con unos segundos de retraso, lo que acababan de conocer los cerca de cuarenta espectadores presentes en el tribunal: «Doce años de prisión para la enfermera de Nykøbing Falster», aparecía allí. Michael Juul Eriksen llamó inmediatamente a la prisión y pidió hablar con Christina al salir de la sala. Poco después, contó a los periodistas en los adoquines frente al edificio cómo había reaccionado la enfermera: «Está aliviada», dijo.

El cálculo, con el que Michael Juul Eriksen lo justificó, rezaba así: «Saldrá en libertad condicional después de dos tercios de la condena, es decir, pasados ocho años. Menos los dos años y tres meses que ya ha pasado en prisión, saldrá en libertad dentro de poco más de cinco años. Y probablemente podrá cumplir el último período con bastante tranquilidad». «Está muy aliviada por haber casi recuperado su vida», repitió el abogado.

Si la condena no hubiera sido anulada, Christina habría formado parte del pequeño grupo de poco más de veinte personas que en este país cumplen una condena que no saben cuándo terminará.

Christina podría haber solicitado la libertad condicional por primera vez tras cumplir un total de doce años. Y podría haber recurrido a las estadísticas, que dicen que los condenados a cadena perpetua acaban cumpliendo una media de unos dieciséis o diecisiete años en prisión antes de ser finalmente puestos en libertad para volver a la sociedad.

Pero no habría sabido hasta cuándo tendría que esperar. El tener ahora una fecha y que su condena se hubiera reducido en tantos años suponía una diferencia abismal, le explicó Michael Juul Eriksen, y la dejó verdaderamente convencida.

El abogado defensor le dijo a la enfermera que estaba dispuesto a intentar que su caso fuera visto por el Tribunal Supremo. El más alto tribunal del país no cambiaría el veredicto de culpabilidad, pero el Tribunal Supremo podría reconsiderar su sentencia si la Junta de Autorización de Apelaciones acordase previamente que el caso reunía los principios básicos como para ser apelado de nuevo.

«Pero Michael también me dijo: "Tenías una cadena perpetua", ahora tienes doce años. Dudo que puedan volver a condenarte a cadena perpetua (aunque no es descartable), pero existe el riesgo de que la sentencia pueda llegar a los catorce años. ¿Estamos dispuestos a luchar?», cuenta Christina.

La enfermera y el abogado decidieron que no.

«A día de hoy, creo que me arrepiento de no haber ido al Tribunal Supremo. Si me preguntaran hoy si lo haría, diría que sí. Porque uno mismo tiene que decidir: ¿puedo aceptar esto? Muchos aquí dentro dicen que un día llegas a un punto en el que te reconcilias con tu sentencia. Pero yo aún no he llegado. Creo que aún no estoy preparada para dejar de lado mi ira y mi frustración, y no sé lo que me hará falta para conseguirlo. Me temo que ese punto nunca llegará».

Capítulo 29

En una casa con vistas a Rungsted, un pequeño marcapáginas
todavía sobresale de una vieja herencia encuadernada, en la
estantería junto a un ventanal que enmarca los prados y calles de
recortada hierba del campo de golf.

Jørgen Lange saca el viejo libro y lo abre. La tarjeta de visita
que el abogado colocó antes de ir al juzgado de Nykøbing Falster
para pronunciar su alegato sigue ahí, en el punto en el que
comienza la historia del cotilleo en el gallinero.

Hoy en día sigue pensando que hubo demasiados cotilleos en
el caso de la enfermera. Y recordará el caso como aquel en el que
la policía fue culpable de dedicar demasiado esfuerzo a
escucharlos en lugar de a investigar el caso objetivamente.
Porque, según el abogado, la policía había establecido desde el
principio que Christina debía ser culpable, y eso, según Jørgen
Lange, dio lugar a una investigación «estrecha de miras» en la
que las autoridades se olvidaron de mantener abierta la
posibilidad de que hubiera otros posibles autores.

«Ahí, creo, se ha cometido un error fundamental. Hubiera sido deseable una buena dosis de escepticismo, pero no, en este caso no lo ha habido», dice Jørgen Lange, que, además de trabajar como abogado defensor, ha sido presidente de la comisión especializada en derecho penal y procedimiento penal del Colegio de Abogados danés.

Cuando se le dice al abogado que se encontraron medicamentos no prescritos en los pacientes, reconoce que es un hecho. ¿Piensa entonces que alguien distinto a Christina podría haber estado detrás de los hechos? Jørgen Lange se muestra distante cuando se le plantea la pregunta, como cuando le preguntan si cree que Christina ha sido injustamente condenada; a continuación, dice que nunca pregunta a sus clientes si realmente cometieron el delito del que se les acusa.

Tampoco le preguntó a la enfermera.

«Permítanme decirlo de otra manera: me parece que no se ha probado que lo haya hecho ella», dice entonces. «Este caso entra desde luego en la categoría que yo definiría como una condena dudosa», añade el abogado. Jørgen Lange rechaza que sea algo que dice solo de los casos en los que no consigue ganar.

«Si pierdes un caso, o no es favorable a tu cliente, lo aceptas más fácilmente si has llegado hasta ahí diciendo: "Bueno, en todo caso había pruebas, así que es justo"; pero sigo creyendo, a día de hoy, que no había pruebas reales en el caso», explica.

Sin embargo, se apresura a añadir: «Dicho esto, como cualquier otro ciudadano de este país, tengo que someterme a los tribunales».

El subinspector de policía Søren Ravn-Nielsen parece ya un tanto resignado ante críticas como las de Jørgen Lange.

«Lo que hay que recordar es que hay dos instancias judiciales que han valorado las pruebas presentadas y se han pronunciado basándose en ellas. Cada cuatro semanas, durante la prisión preventiva y a lo largo de la investigación, dos tribunales decidieron si seguían existiendo motivos para la detención. Y diría que Jørgen Lange debe asumir esa responsabilidad», esa era su opinión.

«Hemos mantenido los ojos bien abiertos por si pudiera haber otras razones y por si alguien pudiera tener otros motivos para señalar a Christina. Así que no es que esas ideas no hayan pasado por nuestra mente», insiste Søren Ravn-Nielsen.

Explica que, durante la larga investigación, la policía nunca encontró ninguna información que hiciera sospechar a las autoridades que alguien distinto de Christina pudiera estar detrás.

Michael Boolsen también lo destaca:

«No hay nada en las declaraciones de los testigos ni nada que indique que deberíamos haber seguido una dirección diferente», señala.

Es evidente que el fiscal también está cansado de escuchar este tipo de teorías tanto tiempo después de que tanto la Audiencia Provincial de Nykøbing Falster como el Tribunal de Apelación Este hayan dictaminado que no había nada que dudar. Pero hoy en día todavía hay gente que está convencida de que la enfermera está condenada injustamente.

Este punto de vista sigue apareciendo con regularidad en las redes sociales cuando en un periódico o en una cadena de televisión aparece una pieza que puede relacionarse con el caso de la enfermera. La gente pregona a los cuatro vientos que recuerda el caso como muy laxo. Del mismo modo que ocurrió cuando se dictó sentencia en la Audiencia Provincial. El apoyo a la enfermera se multiplicó, por ejemplo, en la sección de comentarios del reportaje que publicó TV Øst, donde la gran mayoría de las más de doscientas respuestas eran de personas que pensaban que la enfermera debería haber sido absuelta.

Las enfermeras del hospital Nykøbing Falster dicen que aún a día de hoy siguen teniendo presente la historia de que no había pruebas.

Sigue viva. Al igual que las preguntas a las que se aferran los partidarios de Christina cuando quieren discutir el caso.

Por ejemplo, ¿por qué el enfermero Peter no informó a la policía de la jeringuilla con la que había salido Christina de la Sala de Medicamentos antes de la parada cardiaca de Arne en la M130 hasta tres años después? ¿Por qué no dijo nada cuando fue interrogado por primera vez?

¿Cómo pudo Christina administrarle a Anna Lise el medicamento? La hija y la nieta llegaron al hospital poco después de que Christina llegase y estuvieron en la habitación de la paciente durante una hora hasta que dejó de respirar finalmente. Solo abandonaron la habitación cuando fueron a servirse un café de los termos que estaban al final del pasillo. La reconstrucción hecha posteriormente por la policía demostró que se estima que solo estuvieron fuera un minuto y cincuenta y cinco segundos. ¿Pudo haber tenido tiempo de darle la última medicina en un espacio de tiempo tan pequeño, Christina tendría que haber estado preparada? ¿No sería más lógico que la enfermera le hubiera inyectado la medicación, que por otra parte es de acción rápida, antes de las 19:20 h, cuando llegaron los familiares?

Si la enfermera no se preocupaba por los pacientes, ¿por qué se tomó tantas molestias para que Maggi fuera trasladada a la Unidad de Cardiología lo antes posible? ¿Cómo encaja con que supuestamente la estuviera envenenando?

Además, ¿por qué atacaría Christina a pacientes a los que, conforme al dictamen del médico, no había que intentar reanimar, si justamente eran los intentos de reanimación los que le producían excitación?

Jørgen Lange, entre otros, se hace este tipo de preguntas. Algunas son las mismas preguntas a las que recurren los padres de la enfermera cuando intentan convencer a otros de que el caso contra su hija no encaja. Hoy ya lo han empaquetado y lo han metido en una caja de plástico con ruedas que guardan en el dormitorio. La caja, que ahora está bajo la cama, está llena de artículos de periódico ordenados en fundas de plástico en los que se describen las acusaciones contra Christina. Pero, por mucho que oculten el caso, nunca podrán dejarlo atrás. Gitte y Henrik, cuyas vidas ya están marcadas para siempre por la pérdida de la hermana menor de Christina a causa de una enfermedad, no pueden asumir que, apenas un año y medio después, tengan que perder a su otra hija en la Administración Penitenciaria durante un número de años tan dilatado. Han optado por creer en la inocencia de Christina. Y los padres están convencidos sin reservas de ello, dicen.

«Seguimos convencidos de que la policía no ha sido capaz de presentar ni una sola prueba de que Christina sea la que lo hizo», declara Gitte.

Cuando se les pregunta a ella y a Henrik si en algún momento han tenido alguna duda, se muestran firmes: ¡No!, nunca, jamás. Y eso es lo que hace que el veredicto sea tan difícil de asumir. Si al menos se hubieran presentado pruebas convincentes para establecer de forma concluyente que Christina estaba detrás de las grandes dosis de medicamentos administrados en el Hospital Nykøbing Falster, los padres habrían estado dispuestos a aceptarlo. En ese caso, su hija habría recibido un castigo justo, piensan ellos. Pero la prueba nunca se presentó. Y Gitte y Henrik piensan que pueden decirlo con conocimiento de causa, porque acabaron estando presentes todos los días, tanto en la Audiencia Provincial como en el Tribunal de Apelación.

«Por eso ha sido un *shock* tan grande para nosotros, por la forma en que se ha desarrollado. Nunca habíamos estado en contacto con el sistema, pero no tenemos ninguna fe en dicho sistema judicial y en la policía danesa después de pasar por esto», apunta Henrik, que había imaginado pasar su tiempo de jubilación con su hija y su nieta. Ahora solo ve a Christina una vez a la semana, cuando él y Gitte recogen el pequeño Skoda Citigo negro y se dirigen a la prisión; los padres tienen la costumbre de parar en un área de descanso en el camino para tomar un sándwich y beber un refresco que llevan, tan solo para que el ritual sea un poco más agradable.

Henrik y Gitte ya no tienen prácticamente ningún contacto con Maja. El padre de la chica no permite que la vean. Cree que los abuelos podrían influir en Maja para que tenga una opinión sobre el caso por el que su madre ha sido condenada.

*

En la prisión de Jyderup, en un módulo de régimen cerrado para mujeres, la enfermera intenta pasar el tiempo mientras cuenta lo que le queda. Marzo de 2023, para entonces habrá cumplido dos tercios de su condena y, si las autoridades le conceden la libertad condicional, esa será la fecha más temprana en la que podrá salir.

Si se le pregunta a Christina cómo se siente hoy en día, contesta que su situación es «complicada». Ve pocas luces dentro de esos muros.

Están sus llamadas telefónicas diarias, que casi siempre dedica a llamar a sus padres; y luego las visitas del exterior, especialmente las de Maja, que es trasladada a la cárcel una vez cada cuatro semanas y de la que Anders no ha conseguido la custodia completa, aunque lo ha intentado tanto en los tribunales regionales como en los de apelación.

Por lo demás, a Christina le queda un tiempo incalculablemente largo para pasarlo con su rabia, frustración y desesperación por cómo ha podido acabar en esta situación. Según la enfermera, el caso se ha inflado hasta proporciones que nunca debió tener. Es el resultado de una avalancha que se precipitó porque Christina se convirtió en una historia local mediática, a la que cada vez más y más personas de pronto querían contribuir, hasta que la policía tuvo lo que parecía una pila abrumadora de pruebas circunstanciales.

La enfermera no puede dejar de lado su frustración, y eso hace que sea difícil mirar hacia adelante, dice. Cuando está sola en su celda, tampoco puede evitar preguntarse qué quedará de ella como ser humano cuando de nuevo esté libre en la sociedad. Entre otras cosas, Christina siente que su cabeza se ha ralentizado por haber estado aislada durante tanto tiempo; intenta paliarlo leyendo libros, sobre todo lírica, especialmente en lengua danesa y de lectura fácil. Pero le ocurre que, tras un tiempo, sus ojos se limitan a vagar por las páginas sin asimilar las palabras. Así que Christina ha inventado una regla: cuando termina un capítulo, se sienta con un papel, un bolígrafo y la exigencia de poder reproducir lo que acaba de leer. De este modo, Tove Ditlevsen o Michael Strunge, por ejemplo, son citados en una celda por la enfermera, que teme que su propia «capacidad de formular se desvanezca de repente», y que su lenguaje acabe así siendo «indiferente», según afirma.

Christina también pasa «una enorme cantidad de tiempo» escribiendo cartas. Entre ellas al principio había algunas dirigidas a las autoridades. Se quejó a la Dirección de Prisiones y a la Junta Nacional de Sanidad de las condiciones en las que estaba cumpliendo su condena, especialmente en la prisión de Herstedvester, en la que la enfermera pasó su primer tiempo después de ser condenada. Por ejemplo, a Christina le preocupaba en ese momento el riesgo de infectarse por SARM porque, al parecer, la mujer que limpiaba el pabellón era portadora de la bacteria; Christina también se negó a aceptar que se le recortara su sueldo solo por haberse negado a asistir a las sesiones de terapia con los demás presos, y no le parecía bien que a veces fuera tan difícil conseguir que la viera un médico o una enfermera. Cree que fue trasladada posteriormente a la prisión de Ringe porque se quejaba demasiado, y fue ingresada en un módulo que, «por decirlo amablemente», no era «muy cómodo» y el trato con el personal «no era muy bueno». También en la prisión de Fionia la enfermera criticó abiertamente el sistema penitenciario danés, por si alguien la escuchaba. Pero ahora, en Jyderup, Christina se ha vuelto más comedida. Últimamente, se ha dado cuenta de que todo eso podría acabar afectando a sus posibilidades futuras de que se le permita salir de permiso, es decir, visitar a alguien durante un fin de semana o quizá por algún cumpleaños familiar. Así que se ha hecho a la idea de no causar más problemas y prefiere tratar de esperar el momento en que haya cumplido su condena. Se concentrará en los libros y en las cartas personales que intercambia con algunas de las amigas que le quedan del hospital y unas pocas reclusas con las que trabó amistad durante su estancia en otras instituciones del servicio penitenciario. A Christina las cartas le «aportan muchísimo», también porque en este caso la ayudan a «mantener la mente en marcha»; no como la tarea de hacer adornos navideños, un ejemplo que la propia Christina destaca de su estancia en la prisión de Ringe, donde en un momento dado se le pagó por hacer ciento doce coronas de flores al día, aislada en su celda, porque había pedido que la mantuvieran alejada del resto de las reclusas.

Su sensación es que, en general, la prisión ha hecho que quiera aislarse más. A menudo prefiere quedarse detrás de la puerta cerrada antes que participar en las actividades comunitarias, porque ha desarrollado una fobia a los espacios concurridos. Christina cuenta un episodio concreto que cita como la causa principal. Al parecer tuvo lugar mientras ella aún estaba en prisión preventiva. Un día, en la cárcel de Køge, un preso forzó una cerradura y se introdujo en un cuarto de baño en el que se encontraba Christina sin ropa bajo la ducha. Al momento, él volvió a salir al pasillo (si había tenido la intención de atacarla de alguna manera, no llegó a hacerlo), pero el incidente llevó a Christina, según su propia afirmación, a pasar varios meses en una celda aislada, voluntariamente, pues tenía tanto miedo que se quedaba sentada en el suelo debajo de su escritorio envuelta en el edredón y mirando al exterior de la celda», cuenta Christina, que también recuerda enfrentamientos de pandillas, peleas y presos a los que les tapaban la cabeza con bolsas y les marcaban con cigarrillos y los amenazaban con destornilladores. Todo era parte de un ambiente que vivió en el centro de detención y que hizo que insistiera en sentarse siempre con la espalda contra la pared cuando estaba en una habitación con otras personas; así se sentía segura de que nadie podría acercarse sigilosamente por detrás. Durante mucho tiempo sintió pánico, dice.

«Después de pasar por la cárcel de Køge, no quería tener a nadie a mis espaldas y todavía me ocurre; tampoco deben ponerme la mano en el hombro por detrás. Ya lo saben. Cuando lo hacen, me resulta muy desagradable», afirma.

Cuando Christina conoce a la gente, da un débil apretón de manos y tiene la costumbre de dirigir miradas reservadas durante los primeros minutos tras el contacto visual inicial, pero, una vez que empieza a hablar, estira la espalda y, si la escuchas, abandona rápidamente su reticencia y sigue mirándote a los ojos. En la cárcel sigue siendo una persona habladora, que supera a la mayoría en elocuencia y a quien no le importa pronunciar largos discursos a un ritmo sosegado, sin pausas valorativas ni «ehs» cuando se le hace una pregunta, aunque sea de un desconocido. A Christina no le importa compartir anécdotas de sus ya cuatro años como presidiaria o hablar de su caso. Y no le falta una sonrisa cuando se enfrenta a rumores descabellados sobre incendios y robos, por ejemplo, de los que también sospechaban algunos de sus colegas. Christina resopla; le parece absurdo. Pero, en general, hay muchos aspectos de su caso que colocaría dentro de esa categoría. Y, a día de hoy, al menos en principio, no le importa profundizar en ellos. La enfermera sostiene que siempre mantendrá que no tuvo nada que ver con las enormes cantidades de medicamentos, por lo demás inexplicables, encontradas en Arne, Viggo, Anna Lise y Maggi. Y mantiene las explicaciones que ha dado en los tribunales regionales y de apelación, a pesar de que han sido declaradas poco verosímiles y también se ha demostrado que son inconsistentes en puntos clave.

«Me han condenado por algo que no he hecho», relata la enfermera, con una mirada que parece que solo puede provenir de alguien que sabe que lo que dice es cierto.

Pero, si no fue Christina, ¿cómo explica ella las dosis no prescritas en las venas de los pacientes? ¿Cómo acabaron allí?

La enfermera ha «reflexionado sobre mil escenarios», y tiene sus teorías. Pero no quiere compartirlas porque Christina está ahora en un punto en el que no desea especular más, asegura. No cree que beneficie a nadie, y ve que ya no podría conseguir nada haciéndolo. Y lo repite una y otra vez cuando se le pregunta qué piensa que podía haber ocurrido en el Hospital Nykøbing Falster si no fue ella quien administró las dosis letales a los pacientes. Por lo tanto, ¿ha asumido Christina su condena? «¡No!, nunca lo haré».

Entonces ¿por qué no quiere explicar qué alternativas y explicaciones probables contempla ella para los hallazgos que la policía hizo en el hospital? «No deseo especular más sobre eso», repite. Pero si te condenan a doce años de cárcel por un delito que no has cometido, ¿cómo puedes dejar de hacerlo? ¿No siente la necesidad de que la gente crea que es inocente? «No deseo especular más sobre ello». La enfermera se irrita claramente después de varias preguntas seguidas de este tipo. Las frases se vuelven cada vez más cortas. Parece que empieza a preguntarse cuándo terminará la conversación.

Por fin dice: «No puedes dejar de pensar que, si desenterraras a cien personas fallecidas en el hospital y revisaras sus historiales, cuántos medicamentos encontrarías en ellos que, por el ajetreo, por el estrés y por los errores de medicación, no habrían sido registrados.

Creo que te sorprenderías».

Esto es lo más parecido a una teoría que llega a compartir la enfermera. Pero una declaración así solo arrastra más preguntas.

Porque en la sangre de los pacientes, los químicos forenses encontraron dosis de drogas muy, muy por encima de las que manejan las enfermeras. En lo que respecta a la morfina, por ejemplo, el cuerpo de Viggo contenía dieciséis veces la cantidad que suelen recetar los médicos. ¿Realmente eso podría ser un ejemplo de error, teniendo en cuenta que hay que romper cuatro ampollas una tras otra? ¿No es sorprendente que lo que, por decirlo suavemente, parece improbable haya ocurrido tres veces en un solo turno de noche? ¿Cómo se explica que se mezclaran en una jeringuilla diferentes medicamentos, algo que Christina también está de acuerdo en que nunca se hace? ¿Supone tal vez la enfermera que podría haber habido otro autor? ¿Que podría haber sido una especie de montaje? ¿Una conspiración contra ella? ¿O le parece más probable que haya sido condenada injustamente por lo que en realidad eran ejemplos de eutanasia activa por parte de un colega, quizá bien intencionado, que nunca se ha atrevido a dar la cara? Y si es así, ¿cómo se explica que, por ejemplo, Maggi, que no estaba agonizando, también fuera envenenada? ¿Y en el caso de Viggo?

A Christina se le han planteado todas estas preguntas, pero una y otra vez responde: «No deseo seguir especulando».

Christina también sigue manteniendo que las pastillas encontradas en su casa no eran robadas, sino que las obtuvo de unos médicos del Hospital Nykøbing Falster; e insiste en que nunca le dio a su hija Zopiclone. Christina también niega haber mentido sobre los pacientes para hacer más emocionantes sus historias. Tampoco admite haber sido morbosa, ni que exagerase el dramatismo al contar lo que había vivido en sus turnos. También rechaza que no se viera afectada por la muerte repentina de los pacientes, pero admite que nunca fue «una de esas enfermeras que se salen de la habitación para derramar una lágrima», tal como lo formula ella misma.

«Puedo mantener una entereza profesional por muy difíciles que se pongan las cosas. Y, por supuesto, si utilizas un poco de humor negro después de una situación triste, bien puedes llegar a parecer fría como el hielo, pero no diría que soy emocionalmente fría, sino todo lo contrario», justifica.

En general, le resultan reconocibles muy pocas de las descripciones hechas por los compañeros de la época en que trabajaba en el Hospital Nykøbing Falster. Pero que tenía la costumbre de estar cerca cuando los pacientes empeoraban, eso es bastante cierto.

«Era muy extrema en las situaciones urgentes, porque me encantaban y me fascinaban enormemente. La gente dice que es completamente anormal que te apetezca correr cada vez que suena una alarma. Pero yo era así. Tampoco ocultaba que me parecían días aburridos aquellos en los que no ingresaban pacientes», dice la enfermera.

Dice que siempre pensó lo mismo. Por ejemplo, Christina lo expresa con palabras cuando habla de su época de estudiante,

cuando se dio cuenta de que, después de todo, la enfermería
podía servir para algo.

«Lo que a menudo me fascinaba era que ibas con un
supervisor a una habitación con un plan, para aprender algo
determinado, y luego nada se parecía plan inicial», explica.

Y tal vez eso pueda explicar, no las dosis en los pacientes, sino
el hecho de que Christina acabara siendo responsabilizada de
ellas.

¿Podría ser que estuviese demasiadas veces en el meollo y
que, con el tiempo, se crease un patrón en torno al cual la gente
de la pequeña comunidad comenzase a inventar historias?

Según Christina, ni una sola vez se enfrentó a la sospecha de
un colega antes de ser detenida por la policía. ¿Por qué, en todos
esos años, nadie se acercó a ella si creía lo que luego ha explicado
a la policía? A Christina todavía le cuesta entenderlo. Al igual
que no comprende cómo no pudo notar nada en las otras
enfermeras. Tampoco en Pernille, que en su último turno de
noche parecía estar exactamente igual que siempre.

Christina nunca volverá a un ambiente así, nunca volverá a
Nykøbing Falster ni a la zona de Lolland. Tampoco volverá a
trabajar en un hospital, en ninguna localidad del país. Christina
solo ha sido inhabilitada temporalmente para trabajar como
enfermera, por lo que podría intentar recuperar su licencia algún
día. Pero eso no ocurrirá.

A pesar de que en la prisión la enfermera no puede evitar
decir «nosotras» y «nos» al describir las cosas que hacen las
enfermeras en los hospitales del país, ha decidido dejar la
enfermería definitivamente. Al parecer, Christina es tan firme en
esa decisión que ni siquiera hace nada cuando otros reclusos
intentan beneficiarse de la experiencia de la enfermera.

«A menudo me viene la gente a preguntarme si les puedo poner una venda elástica o cualquier otra cosa. Una no se olvida de cómo poner una venda, pero yo ya nunca podré soñar con ello», dice Christina, lanzándose a otra historia:

«Tuvimos una señora mayor con la que estuve en otra prisión a la que le habían caído un montón de años. Su salud no era buena y no quería estar con ella ni en mi celda ni en la sala común. Pensaba: nadie podrá acusarme de haber estado cerca de esa persona si de repente muere. Si veo gente con algún tipo de afección, me voy a mi celda y cierro la puerta. No voy a estar cerca. No quiero volver a ser sospechosa de nada».

Capítulo 30

«No juzgo a los demás y su falta de actuación ante sus sospechas.

Humanamente hablando, es comprensible que las sospechas y los motivos de sospecha parezcan tan remotos que no se tomen medidas inmediatas al respecto».

Esto es lo que dijo el fiscal Michael Boolsen en la Audiencia Provincial, cuando había interrogado al último testigo de la inquietantemente larga lista de trabajadores del Hospital Nykøbing Falster que podían decir que sospechaban de Christina Aistrup Hansen desde hacía mucho tiempo.

Poco a poco, varias de las enfermeras seguían nerviosas por si la policía pudiera iniciar algún día una investigación en la que las autoridades trataran de castigar a algunas de las antiguas compañeras de Christina por haber faltado a su responsabilidad con los pacientes. Eso nunca ocurrió, excepto en un caso.

El 8 de marzo de 2018, la antigua jefa de Christina de la M130, la enfermera supervisora Lisette, se sentó en el mismo banquillo de los acusados de la Sala A en el que en su día estuvo la principal protagonista del caso. La jefa fue acusada porque un puñado de enfermeras y auxiliares de enfermería habían dicho durante su interrogatorio que, aunque no habían avisado a las autoridades, habían ido a ver a la supervisora y la habían advertido sobre Christina. Esto habría ocurrido ya en 2011 y 2012, es decir, varios años antes de la detención de la enfermera. El hecho de que la jefa no se hubiera tomado en serio las advertencias en su momento fue un ejemplo de «negligencia y descuido grave y reiterado», pensaba el ministerio fiscal.

En el juicio, la enfermera supervisora explicó que no podía recordar la mayoría de las conversaciones de las que de repente el personal informaba. Sin embargo, sí que se acordaba de una en particular con la enfermera Ida. Fue en 2012, la noche después de la muerte de Arne Herskov. Aquella noche, Ida había confiado a la jefa su temor de que Christina intentara deliberadamente matar a los pacientes. Eso sucedió después de que la policía hiciera una visita breve al hospital y recabara información sobre la parada cardiaca del paciente. Pero la supervisora lo descartó en ese momento como una expresión de las disputas entre las jóvenes enfermeras de la planta y no hizo nada más al respecto. Admitió ante el juez que nunca trasmitió la información, ni siquiera a los nuevos superiores de la enfermera en el Servicio de Urgencias.

Michael Boolsen argumentó que la enfermera supervisora había infringido el artículo 75 de la Ley de Autorización en tal grado que debía ser condenada a la pena máxima de cuatro meses de prisión. Pero dos de los tres jueces de la Audiencia Provincial votaron por la absolución, que, de esa forma, fue dictada. Hicieron hincapié en que la enfermera supervisora había iniciado el análisis de causa raíz tras la muerte de Arne y que, según su propia declaración, había pedido a la farmacia del hospital que vigilara el consumo de morfina en el futuro.

La fiscalía recurrió la decisión ante el Tribunal de Apelación Este, que finalmente dictaminó que la enfermera supervisora debería haber llevado a cabo diligencias. Fue multada con diez mil coronas.

Hoy en día, tiene la sensación de haber sido convertida en chivo expiatorio en el caso de la enfermera.

«Me persiguieron porque para las autoridades era importante encontrar a alguien a quien hacer responsable de que esto hubiera podido ocurrir. Había que imponer un castigo ejemplarizante y me eligieron a mí, que nunca tuve ninguna sospecha de Christina, frente a todos los que parece ser que sí las tenían, y que al parecer acudieron a mí con ellas», dice.

Lisette ya no trabaja en el Hospital Nykøbing Falster.

Más allá de esto, son muy limitadas las consecuencias que el caso de la enfermera ha podido tener en un sistema hospitalario que, según la sentencia, Christina pudo utilizar durante varios años para administrar a diferentes pacientes sustancias potencialmente dañinas.

A nivel nacional, el caso del asesinato no ha dado lugar a ninguna acción general, pero, un año después de la detención de la enfermera, la Oficina para la Seguridad del Paciente acudió al Hospital Nykøbing Falster a investigar si había algún procedimiento en el Servicio de Urgencias y en la M130 que pudiera mejorarse. Lo había. Las autoridades detectaron cuatro puntos que podían suponer un riesgo para la seguridad de los pacientes: el hospital tenía un marco demasiado amplio para determinar en qué condiciones podían las enfermeras administrar ciertos tipos de medicamentos sin consultar primero a un médico. Esto aumentaba el riesgo de robo y mal uso, junto con el hecho de que no había normas formalizadas sobre lo que el personal debía hacer realmente si detectaba una merma de existencias. Además, no había directrices escritas sobre cómo debían actuar si un miembro del personal sospechaba que un colega estaba haciendo algo ilegal o poniendo en peligro la vida de los pacientes.

El intercambio de correos electrónicos posterior entre la Oficina para la Seguridad del Paciente y el Hospital Nykøbing Falster indica que, en este último punto, la Dirección del hospital no estaba dispuesta a formular instrucciones por escrito.

«La Dirección del hospital considera que la gestión basada en la confianza sigue siendo la forma más eficaz de garantizar una rápida tramitación de los casos y que no se necesitan más instrucciones», escribió el entonces director del hospital, Arne Cyron, a la junta directiva.

Pero las autoridades insistieron y, por ello, el Hospital Nykøbing Falster acordó redactar un breve documento para intentar que todo el personal supiera qué hacer si sospechaba algo. El documento se titulaba «Comunicación de preocupaciones en el Hospital Nykøbing Falster» y ahora está registrado entre los cientos de instrucciones y directrices que el personal puede buscar y consultar a través de los sistemas informáticos del hospital.

El procedimiento indica: «El empleado se pondrá en contacto con el superior inmediato si percibe que un colega […] lesiona al/los pacientes consciente o inconscientemente; tiene un comportamiento, incluyendo enfermedad psicológica o abuso de

drogas, que puede dañar a los pacientes, o lleva a cabo un acto
ilegal».

Posteriormente, el documento dicta lo que debe hacer el
superior:

«escucha» convenientemente y «evalúa el caso con la mayor
objetividad posible», «informa a la persona sobre la queja y
escucha una explicación del caso», «habla con los colegas de la
persona afectada en un plazo breve» y «hace un seguimiento del
incidente».

Si se trata de «casos de naturaleza grave que requieran ser
remitidos a las autoridades», deben ser trasladados al jefe de
servicio, que informará a la gerencia del hospital, que, a su vez,
puede remitir el asunto a la Oficina de Seguridad del Paciente o
denunciarlo a la policía. Las autoridades sanitarias acuden ahora
al procedimiento establecido cuando se les piden explicaciones
de lo que el sistema sanitario danés ha hecho para tratar de
evitar que se repita un caso como el de la enfermera. También lo
hace el Consejo Danés de Enfermería, que ha incluido la
«Comunicación de preocupaciones» en algunos de los cursos
regulares que ofrece a los directores de los hospitales de todo el
país. La Dirección del Hospital Nykøbing Falster también te
remite a la «Comunicación de preocupaciones en el Hospital
Nykøbing Falster» y luego a Arne Cyron, director del hospital
cuando se vio el caso contra Christina, pero que ahora trabaja en
otro hospital. Sin embargo, él tiene poca fe en la eficacia del
documento.

«Hay tantas guías e instrucciones que ningún alma viviente es
capaz de leerlas todas con atención», dice Arne Cyron, y añade:

«No hemos hecho nada para evitar un caso similar, porque
con la palabra evitar estás diciendo que puedes hacer que algo

así no se repita. No se puede. Eso es algo que todos los periodistas y la población debe entender: nunca podremos impedirlo. Nunca podremos evitar que un psicópata, sea en Dinamarca, Alemania o Inglaterra),decida hacer algo así. Tampoco podemos impedir que un policía se vuelva loco de repente y dispare su arma».

Pero si hubiera otra enfermera o médico que quisiera hacer daño a los pacientes, ¿tendría esa persona en el futuro más dificultades para comportarse así?

«Sí», responde Arne Cyron, que afirma que la Dirección del Hospital Nykøbing Falster ha «hablado mucho y con frecuencia» con el personal sobre la obligación de todos de reaccionar si surge una sospecha sobre algún compañero.

«Esperemos que el caso haya tenido también el efecto de que la gente en general, no solo en el Hospital Nykøbing Falster, sepa que hay muy muy pocas personas en el mundo a las que se les pueda ocurrir hacer algo así y que, por tanto, estemos más alerta», insiste Arne Cyron.

Para Pernille Kurzmann Larsen y Niels Lundén ha sido frustrante ver la reacción del sistema hospitalario ante el caso de una enfermera. O más bien: la falta de reacción. Porque, como dice Pernille:

«Tenemos que admitir que no hemos aprendido nada del caso. Esto puede volver a suceder y no hacemos nada al respecto. Eso es lo peor. Eso es lo que hace que me resulte difícil pasar página».

No confía mucho en el procedimiento de la «Comunicación de preocupaciones» que la Oficina para la Seguridad del Paciente ha decidido que deberá aplicarse en todos los hospitales de la región de Selandia. Pernille cree que la iniciativa es «vergonzosa». Cree que la historia de la enfermera supervisora de la M130 que no hizo nada demuestra que el procedimiento de acudir al superior inmediato no es el óptimo.

Pernille considera que, al dirigirse Niels y a la policía directamente, contribuyeron a que Christina pudiera ser condenada. Se salvaron pruebas que estuvieron a punto de ser desechadas porque no tuvieron que preocuparse de avisar primero a los gestores y porque el caso no tuvo que ser tratado inicialmente de forma interna. De este modo, se impidió que Christina tuviera «la oportunidad de poder escabullirse de nuevo», según lo formula Pernille.

Niels está de acuerdo. En la actualidad, el médico jefe ya no trabaja en el hospital. Según Niels, porque en el periodo posterior a la detención de Christina requirió a la Dirección tantas veces que al final la relación se hizo muy tensa y prefirió buscar otro trabajo.

Niels quería que el hospital fuera más abierto sobre lo que había ocurrido en el Servicio de Urgencias mientras el caso estaba a la vista. El locuaz médico quería un debate abierto sobre cómo los hospitales pueden protegerse mejor contra las enfermeras o los médicos que quieren hacer daño a los pacientes. Y no soportaba que la gestión de la crisis por parte de la Dirección pareciera consistir en esperar el día en el que pudieran volver a intentar olvidarse del caso. El médico jefe también estaba descontento con todo lo demás. Entre otras cosas, la señal que se enviaba pagando el sueldo de Christina mientras estaba en prisión preventiva. Y no le pareció bien que la enfermera supervisora de la M130 siguiera teniendo responsabilidades sobre el personal después de haber sido ella misma imputada y posteriormente acusada en una ramificación del caso.

Según recuerda Niels, le dijo a la Dirección:

«Tenemos gente sentada ante un tribunal diciendo bajo juramento que hace años le dijeron a su jefa que Christina estaba matando a los pacientes. Han hecho justo lo que el hospital quiere que hagan: ir a la Dirección. Sin embargo, mostráis tan poca confianza en el personal que ni siquiera la trasladáis a otro puesto hasta que se resuelva el asunto. ¿Qué tipo de señal es esa?».

«Pero lo silenciaron todo y permanecieron impasibles. Solo querían que el caso desapareciera e hicieron oídos sordos», piensa él.

En general, a Niels y Pernille no les agrada mucho la forma en que sus superiores manejaron todo el proceso. Después de que la pareja llamara a la policía, se sintieron solos y sin amparo. Pernille, en particular, deseaba que alguien la hubiera apoyado cuando fue designada testigo clave en el caso y varias de las otras enfermeras empezaron a opinar sobre lo que había hecho.

Pernille ha estado en cursos con enfermeras de urgencias de otros hospitales en los que no ha querido darse a conocer y en los que la charla de los descansos era sobre la «pobre chica de Nykøbing Falster que fue apuñalada por la espalda por una compañera». Ha visto a compañeros del Servicio de Urgencias expresar sus reservas a la hora de trabajar con Pernille porque temían que también los denunciara por algo que no habían hecho. Escuchó que algunos tenían miedo de ir por el pasillo con una jeringuilla por si a la testigo estrella se le ocurría denunciarlos también a la policía. Y que algunos se preguntaran si no podría haber sido Pernille quien estuviera detrás de las dosis de medicamentos que eran la base del caso.

En un intento de unificar a las dos facciones de enfermeras tras la detención de Christina, se celebró una reunión de mediación en el Servicio de Urgencias a la que también fueron invitados psicólogos.

Pero lo que siempre faltó, según Pernille, fue un equipo directivo que la apoyara a ella y a Niels cuando las cosas se pusieron difíciles.

Especialmente porque Pernille (mientras el caso estaba pendiente) se encontraba en una posición en la que le resultaba difícil defenderse, ya que, tras su interrogatorio, la policía le había impuesto el deber de confidencialidad.

«La Dirección nunca mostró su apoyo a que nosotros mismos nos pusiéramos en riesgo para detener a Christina. En ningún momento nadie dio un paso al frente declarando ante los compañeros o públicamente que había apoyo de la Dirección para actuar ante determinadas sospechas. En cambio, se nos dejó campear por libre, mientras se daba margen a todo tipo de palabrería. Esto ha tenido un enorme coste personal para nosotros. Todavía me encuentro con gente que piensa que el caso era en realidad un triángulo amoroso. La Dirección tiene su parte de culpa en todo eso», dice Pernille.

Niels y Pernille también sospechan que, si en otros hospitales hay enfermeras que estén pensando en acudir a su superior o a la policía con sospechas similares a las que tenía la pareja sobre Christina, la gestión del caso por parte del Hospital Nykøbing Falster tan solo hará que sean menos las que quieran hacerlo.

«Si se abandona a los que hablan, como ha ocurrido aquí, se consigue un sistema en el que la gente se calla y en el que todos los ingenuos pueden moverse por su discreto mundo, mientras los malintencionados lo hacen por vía libre. No creo que podamos seguir así», manifiesta el médico jefe.

Niels había pensado que el caso de la enfermera acabaría en un debate público sobre algo más que el propio juicio, los cotilleos entre las jóvenes enfermeras y los aspectos sensacionalistas del delito de asesinato. Imaginaba que los políticos no dejarían de reaccionar y que las autoridades sanitarias introducirían una serie de medidas siguiendo la estela del caso. Incluso que un ministro saliera a exigir explicaciones de cómo es que no se detuvo antes a una enfermera como Christina. Pero «no pasó nada». En opinión de Niels, el debate nunca se elevó a un nivel en el que se pudieran extraer lecciones del caso.

El médico jefe siempre ha sido partidario de un entorno de trabajo basado en la confianza. Pero, en este caso, cree que hay que aportar nuevas herramientas. Sugiere que se vigilen con cámaras las salas de medicamentos, aunque por principio no está a favor de ellas. O tal vez un programa informático que compare las listas de enfermeras con las muertes y alerte si se detecta alguna coincidencia. Pernille también propone un programa informático del tipo que Niels describe; y, además, considera que las autoridades sanitarias deberían al menos sentarse a estudiar cómo operó Christina en sus turnos. Quizá se pueda resumir un patrón al que otros hospitales podrían animarse a prestar atención.

«Pero creo que el problema es que eso exigiría reconocer que Christina ha podido moverse engañando al sistema durante años ante las narices de mucha gente experimentada. Es difícil, lo reconozco; pero tenemos la obligación de hacer algo más que, por ejemplo, los protocolos que se han elaborado, que solo son una solución moderada que las autoridades se han apresurado a presentar para tener algo de lo que presumir en caso de que la prensa llame a la puerta», señala.

Pernille sabe que es un tema delicado el que aborda. Ya ha vivido la desconfianza hacia su profesión que el caso de la enfermera supuso para el Hospital Nykøbing Falster; que unos colegas reaccionaran con sorpresa, vergüenza o negación total y que otros prefirieran que el caso se silenciara. Como ejemplo Pernille señala la revista del Consejo Danés de Enfermería; «Mi boletín de asociada», como lo llama Pernille. Únicamente se ha publicado un artículo sobre los sucesos del Hospital Nykøbing Falster en el tiempo en el que el caso se ha estado juzgando. Era un artículo sobre cómo el sindicato había conseguido finalmente que la fiscal, Jeanette Wincentz Andersen, se arrepintiera de su declaración de que no es raro que a las enfermeras se les ocurra acabar con la vida de los pacientes. La detención de Christina, las audiencias en el Tribunal de Primera Instancia o de Apelación, las sentencias o el caso contra la enfermera supervisora de la M130 no han sido, al parecer, material suficientemente relevante para el boletín de las enfermeras del país.

«Dice algo sobre el miedo que tenemos a enfrentarnos a cambios», reflexiona Pernille.

«Pero, si no se reconoce el monstruo que es Christina, tampoco podrás ver cuándo vendrá el siguiente. Observa lo que sucede en el extranjero, porque allí también existen. Es una locura que prefiramos cerrar los ojos y olvidarnos de lo acaecido, porque ¿de qué manera hemos tratado de garantizar que podamos detectar uno nuevo?».

Capítulo 31

Hoy Tina Hansen siente la falta de Viggo, quien, como ella, era muy hogareño. Todavía echa de menos tenerlo cerca cuando se tumbaba a su lado en el sofá a ver algo de deporte o documentales de historia en la televisión. Sus hijos también lo echan de menos, menciona ella.

Mona Jørgensen no está a gusto con que su madre sea recordada como una de las víctimas de un caso de asesinato conocido a nivel nacional.

Anna Lise era muy humilde. Una esposa de granjero a la que no le habría gustado la atención de los medios.

«Si hubiera sabido que iba a dejar tal legado y a salir en los periódicos… Menos mal que no llegó a vivirlo. Se habría sentido muy mal. No habría podido soportarlo», confiesa Mona Jørgensen.

A Arne lo echan de menos sus hermanos y sus hijos. Y su nieta, que ahora tiene un hijo, al que Arne solo pudo ver un par de veces antes de que llegara la ambulancia.

Y así, hay gente en diferentes lugares sufriendo a causa de los actos por los que Christina está ahora cumpliendo una pena de prisión.

En el oeste de Falster, en el campo y lejos de casi todo, otra persona se sienta en su adosado, en el que vive sola. En la mesa de azulejos de la esquina del salón hay una carpeta con todos los artículos del *Lolland-Falster Folketidende*, el *B. T.* y el *Ekstra Bladet* sobre los asesinatos en el hospital. La mujer recortaba los textos cuando el quiosquero tenía la amabilidad de avisarla de que el periódico del día traía nuevos detalles sobre el caso. Y con bolígrafo azul ha subrayado todos los lugares de los recortes en los que ella misma es mencionada: Maggi Margrethe Rasmussen, Maggi Margrethe Rasmussen, Maggi Margrethe Rasmussen...

Leyendo los periódicos se ha enterado de a qué es exactamente a lo que ha sobrevivido en el Hospital Nykøbing Falster. No ha sido ella misma desde que volvió de allí, dice su pareja, que acude a menudo a visitarla. La propia pareja cree que los vértigos de Maggi pueden deberse a toda la medicación a la que estuvo expuesta, aunque ningún médico ha confirmado su teoría. Pero Maggi está segura de una cosa después de leer sobre la hospitalización, de la que ella misma no recuerda prácticamente nada: «Si no me hubieran administrado ese antídoto, no estaría aquí», destaca.

A Maggi le inquieta tener que volver un día al hospital. A Bente Petersen le ocurre algo similar. Al menos a la habitación 30 del Servicio de Urgencias. Allí fue donde murió su suegro Svend Aage.

Cuando ella misma ha sido ingresada después, todas las veces ha pedido expresamente que, pase lo que pase, no la ingresen en esa habitación.

«Hay algo en ese lugar, algo desagradable, algo que no me gusta», admite.

Por lo demás, la familia de Svend Aage está convencida de que él no fue una de las víctimas de un crimen. Aunque esta era una teoría con la que los investigadores trabajaron durante mucho tiempo.

«Tenemos que creer lo que nos dice la policía cuando afirma que a él no le hizo nada. Lo hemos asumido», dice Bente Petersen.

Aun así, no ha podido dejar de pensar en el caso. No ha olvidado que ella y su familia llegaron al Servicio de Urgencias la noche en que murió Svend y conocieron a Christina, «con maquillaje muy negro alrededor de los ojos», quien les contó con desgana lo que había provocado el fallecimiento del suegro de Bente Petersen. Y luego hay otra experiencia de esa noche que sigue siendo un recuerdo desagradable. Bente Petersen no puede olvidar lo que se dijo cuando, poco antes del encuentro con Christina, la familia llegó a un pasillo vacío del Servicio de Urgencias y se encontró con una señora de la limpieza a la que preguntaron adónde debían dirigirse.

«Cuando le dimos el nombre de Svend Aage, dijo "uh, uh", y señaló la habitación 30. Lo recuerdo claramente; lo dijo dos veces, "uh", "uh". No sé qué quería decir con eso, pero no he podido dejar de pensar en ello. El ambiente que se respiraba esa noche en la unidad era desapacible. El recuerdo se me ha quedado grabado en la memoria».

*

Nunca se aclarará si realmente hay más víctimas de lo ocurrido en el Hospital Nykøbing Falster, pero varios excompañeros de Christina creen que la policía y los fiscales no han conseguido condenar a la enfermera por todas las veces que intentó matar a los pacientes.

Así se pone de manifiesto cuando, al hablar del caso, se refieren a las cuatro víctimas con frases como «las pocas en las que aún se podían encontrar pruebas» o «de las que no pudo librarse». O cuando, por ejemplo, una enfermera en un mensaje de texto llama a Christina «la mayor asesina en serie de los países nórdicos (probablemente también en las diez más destacadas de Europa)».

La enfermera Mette Larsen, que trabajaba en Urgencias 2 en el último turno de noche de Christina, dice que no tiene dudas.

«Estoy convencida de que ha habido más. He entregado muchos pacientes a Christina que empeoraron, y creo que ha estado matando pacientes desde que empezó a trabajar en el hospital. Después de que lo haya dejado, el trabajo en urgencias se volvió muy monótono», dice.

La auxiliar de enfermería Louise Holst, de la M130, tampoco cree que Arne, Viggo, Anna Lise y Maggi fueran los únicos.

«Creo sinceramente que hubo más víctimas, porque hubo muchos que empeoraron gravemente. Porque todo se quedó muy tranquilo cuando lo dejó», relata Louise Holst.

«Christina debería haber sido condenada a cadena perpetua. No creo que lo que le hizo a Arne fuera un intento de asesinato. Para mí fue un asesinato en regla. Estoy convencida de que mató a más personas», explica la auxiliar de enfermería, que fue la última persona que habló con Arne Herskov antes de que sufriera la parada cardiaca.

Niels Lundén también está seguro: «Esto es mucho, mucho más grande de lo que la opinión pública considera; estoy convencido», afirma el médico jefe. «Atacó por primera vez en 2012; y luego intentó matar a otros tres en 2015, de los que el último se salvó. ¿Qué crees que ha estado haciendo entremedias? ¿No te parece posible que haya hecho alguna de las suyas? Sí, por supuesto. Si en un turno de noche, en el que pasa la policía, se producen tres paros cardiacos y tienes cincuenta de esos turnos de noche en un año, ya puedes echar cuentas.

Creo que estamos hablando de un número de víctimas de tres cifras.

Todas esas veces en las que llegabas y te contaban que la guardia había sido una locura con al menos dos muertos me dicen que puedo estar seguro», sentencia Niels.

Pernille Kurzmann Larsen añade:

«La forma en que se comportó esa noche me confirma que no era la primera vez que lo hacía».

Y luego comenta: «Pero creo que la fiscalía hizo todo lo posible para averiguar lo que se podía probar».

El ministerio fiscal lo hizo. Así lo asegura Michael Boolsen, el abogado que hoy puede echar la vista atrás a un caso en el que pasó miles de horas sopesando pistas y pruebas. Cuando el fiscal tuvo que decidir finalmente de qué acusar a la enfermera, tomó la decisión basándose en lo que él llama una «investigación exhaustiva» de la policía.

«Pero como fiscal tuve que sancionar que no podíamos presentar ningún tipo de carga de la prueba en los casos adicionales en los que también había una sospecha clara. Tengo que enfrentarme a los hechos. A saber: qué podemos probar y

qué no podemos probar», detalla Michael Boolsen. No habrá
más ramificaciones del caso, vaticina el abogado. El caso de las
enfermeras, que para el experimentado fiscal siempre será
recordado como «completamente singular», queda así cerrado
en el sentido jurídico. Pero… y él, ¿lo ha asumido? Es decir,
¿Michael Boolsen tiene también la *sensación* de que el caso
contra Christina Aistrup Hansen está cerrado?

«Tengo ya casi treinta años a mis espaldas en la policía y la
fiscalía. Y ahí aprendes que, a veces, aunque tengas la clara
sensación de que tenía que haber pasado algo más grave, o de
que la persona era culpable, no puedes demostrarlo. Como fiscal,
tienes que dejar de lado tus sentimientos hasta cierto punto y
fijarte en lo que puedes avalar técnica y profesionalmente. Si no
lo aprendes en treinta años, nunca estarás a gusto contigo
mismo», responde.

Sin embargo, Boolsen siente una «profunda comprensión»
hacia los familiares de los pacientes o los miembros del personal
que han tenido dificultades para aceptar el resultado del caso.

«Pero —añade—, ese es el precio de una sociedad basada en
el Estado de Derecho. El peso de la prueba recae en la acusación.
Y con la capacidad de investigación que hemos tenido, en el
importante número de casos adicionales no hemos podido (por
diversas razones) encontrar las pruebas de que alguno de los
pacientes fuera realmente asesinado.

Incineramos a muchas personas en este país».

Capítulo 32

A Pernille la policía y los defensores de Christina, sus compañeros y amigos le han preguntado una y otra vez por qué no acudió antes a la policía.

¿Por qué necesitaba una guardia nocturna con más paros cardiacos?

Hoy en día ha creado su propia analogía, que utiliza cuando tiene que tratar de responder a personas que no han estado cerca de Christina y no han pasado un turno de guardia con la enfermera del Hospital Nykøbing Falster.

Pernille lo cuenta así:

«Si eres capaz de pensar que Christina hizo lo que hizo, sería como imaginar que hay monstruos debajo de la cama donde vamos a dormir por la noche. Si te lo creyeras, nunca podrías conciliar el sueño. A nadie le apetece pensar una cosa así sobre el lugar donde se siente seguro.

Por eso es más fácil no mirar debajo de la cama. Lo mismo ocurrió con Christina. La idea de que estuviera haciendo las cosas que hacía era tan morbosa e inimaginable que era más sencillo decir: "No voy a mirar". No podrías crecer si, como punto de partida, no pudieras descartar la posibilidad de que hubiera alguien en un hospital que no estuviera allí para intentar ayudar a los pacientes a curarse. Eso es lo que hacemos las enfermeras: ayudamos a los pacientes a curarse.

Pero miré debajo de la cama. Y había un puñetero monstruo mirándome fijamente. Así que, cuando me levanté y grité: "Hay un monstruo debajo de la cama", todos los demás se levantaron y dijeron: "No, no lo hay, ¿verdad?". Pero estaba allí. Y únicamente pudo existir durante tanto tiempo porque era una enfermera. Porque Christina se aprovechó de la confianza que depositan en nosotras cuando llevamos el uniforme. La confianza que hace que la gente se duerma y confíe en nosotros cuando les decimos que cierren los ojos».

Epílogo

La primera vez que me encontré con Christina Aistrup Hansen en la cárcel fue el 3 de septiembre de 2017, tres meses y medio después de que el Tribunal de Apelación Este emitiese su sentencia.

Entró en la sala de visitas con dos latas de refresco, una para mí y otra para ella. Se mostró amable, un poco reservada al principio, pero muy interesada en conocer el proyecto del que le había hablado por carta: yo había empezado a trabajar en un libro sobre el caso en el que había sido declarada culpable y sobre el que ya había escrito varios artículos como periodista para el diario *Politiken*.

Christina me dejó claro desde el principio que, si quería entrevistarla, tendría que hacerme a la idea de que no le interesaba hablar de sí misma ni entrar en temas personales. Solo respondería a preguntas objetivas sobre su caso, explicó cuando por primera vez coloqué en la mesa entre nosotros el dictáfono y lo conecté.

Sin embargo, durante mis visitas a las prisiones de Herstedvester, Ringe y Jyderup, Christina no tuvo ningún inconveniente en hablar de su infancia, sus años escolares, sus antiguos novios de juventud, la estrecha relación con sus padres y su constante temor a que algún día se divorciaran, y la muerte de su hermana. Contó sus experiencias traumáticas en la cárcel. Habló de los meses que supuestamente pasó en régimen de aislamiento voluntario (según Christina, estuvo aislada durante siete meses y veintiún días en la prisión de Ringe) porque sufría ataques de pánico. Me explicó que un psiquiatra le diagnosticó un incipiente TEPT . Que en las tres primeras semanas tras su detención perdió ocho kilos porque no podía retener la comida. Que durante la prisión preventiva fue «fuertemente medicada» para calmarla, y que es incapaz de recordar muchos de los días en el tribunal porque estaba muy afectada por el exceso de benzodiacepinas que le dieron en el período previo a la vista. Christina relató síntomas agudos por síndrome de abstinencia. Habló de las «muchas, pero muchas veces» en las que el coche patrulla con la enfermera en la parte trasera tuvo que parar de camino al juzgado porque estaba tan nerviosa que tenía que vomitar. De los agentes de policía que la visitaban en la cárcel sin previo aviso y que intentaban hacerla confesar cuando su abogado defensor no estaba presente. De que en prisión se hizo amiga de una avezada delincuente que la tomó bajo su protección y le enseñó las reglas del juego dentro de los muros. De las pandillas que consiguieron que la enfermera les guardara drogas que escondía en su celda sin que el personal de la prisión lo descubriera. De un virus que le afectó al nervio vestibular y que durante un tiempo le paralizó todo el remo derecho, de modo que estuvo un tiempo sin poder responder la correspondencia. Y de su intento de suicidio en la prisión de Vestre, del que me habló la primera vez que la entrevisté, y que también puso en palabras en dos cartas de despedida que nunca fueron enviadas, pero que me permitió leer.

No he podido verificar las historias que provienen del tiempo que Christina pasó en prisión. No quiso darme acceso a su historial médico, que demostraría, por ejemplo, un intento de suicidio en su celda, si se hubiera producido. Tampoco ha podido aportar partes del historial médico que documentarían algunas de las cosas que ha dicho sobre su estado físico y psicológico tras su detención. Christina explica que la prisión en la que se encuentra ahora no tiene sus expedientes de instituciones anteriores, y no quiere solicitarlos porque el personal de Jyderup podría entonces leer su historial médico. Los otros centros penitenciarios en los que Christina ha prestado servicio no pueden ni quieren confirmar o desmentir las cosas que la enfermera ha contado sobre su paso por ellos, a no ser que ella les dé una autorización expresa. Le he enviado una, pero no ha querido firmarla.

Christina y yo mantuvimos el contacto con cartas y visitas durante un año aproximadamente. Cuando empecé a solicitarle la documentación que me había confirmado que intentaría obtener, y cuando finalmente le pedí a la enfermera que me explicara por qué, como alternativa, no me permitía llamar a alguna de las antiguas prisiones y confirmar las cosas que me había contado, dejó de responder a mis peticiones. Desde entonces le he enviado varias cartas, pero Christina ha cortado la comunicación.

Las amigas de la enfermera con las que he contactado se han negado a hablar conmigo, y no he podido corroborar nada de lo que me ha contado a través del círculo de Christina. Tampoco su novio Peter, que ahora es un ex, ha querido colaborar en este libro.

Pernille Kurzmann Larsen, que sigue trabajando en el Servicio de Urgencias del Hospital Nykøbing Falster, tardó un par de meses en decidir si quería reunirse conmigo y hablar sobre el caso.

Por las conversaciones posteriores con ella y con Niels Lundén, deduzco que hay dos razones por las que la pareja finalmente aceptó participar en este libro. Está claro que no les agrada la forma en que el caso de la enfermera ha pasado a la opinión pública. Creen que está muy distorsionado: Pernille todavía se topa con personas que sostienen que Christina fue condenada inocentemente por las habladurías y los enredos de un grupo de jóvenes enfermeras. Pernille está profundamente frustrada por cómo se la presenta a ella como actriz principal.

«Siento un profundo vacío en el que lo único que la opinión pública tiene como referencia son los artículos de los medios de comunicación sobre un posible triángulo amoroso. Yo también necesito que mi historia salga a la luz. Que la gente tenga al menos la oportunidad de entender que la imagen de una gélida detective sencilla y dócil con que se me presentó en el juicio no es cierta», me explicó Pernille un día cuando le pregunté por qué accedía a ser entrevistada.

Sin embargo, Pernille y Niels afirman que la principal razón por la que han accedido es que desean centrar la atención en que, a pesar de los más de tres mil artículos y reportajes de radio y televisión sobre el caso de la enfermera de Nykøbing Falster, sigue faltando algo: un debate sobre lo que hemos aprendido del caso. Porque, como dice Niels: «Mi responsabilidad como médico se debe ante todo a los ciudadanos que pagan mi sueldo. Tengo la obligación de hablar cuando las cosas no se están haciendo bien. Por eso tengo que decir que, como sistema, no hemos hecho nada de nada para garantizar que esto no pueda volver a suceder y, por lo tanto, hemos traicionado nuestra responsabilidad ante los pacientes. Puedo entender que algunas personas decidan no preocuparse por el hecho de que en el mundo también es malo. Pero Christina es la prueba de que la maldad existe delante de nuestras narices, y yo mismo la traté sin descubrirlo. Sin duda, tenemos que celebrar un debate abierto sobre cómo podemos detectar mejor a personas como ella».

A la Dirección del Hospital Nykøbing Falster se le han presentado las críticas de Pernille y Niels. En un correo electrónico, la Dirección del hospital escribe:

«Lamentamos, por supuesto, que tengamos algunos empleados que se queden con la sensación de que el hospital y la Dirección no han aprendido nada del caso. Desde luego, esta no es nuestra opinión».

La Dirección se refiere al hecho de que el hospital corrigió los cuatro puntos criticados por las autoridades sanitarias tras su visita de inspección, entre otras cosas, formulando un procedimiento escrito para la comunicación de preocupaciones y la manipulación de medicamentos que está «totalmente en línea con las recomendaciones de la Oficina Danesa para la Seguridad del Paciente, con la que el hospital colaboró estrechamente tras el caso. Creemos que este caso ha enseñado a todos los integrantes del sistema sanitario danés a escucharse mutuamente y a tomarse en serio las preocupaciones; eso es, sin duda, lo que ha aprendido el Hospital Nykøbing Falster».

«En relación con la discusión del caso con los empleados y el hecho de que no se hayan iniciado cambios de personal, es necesario tener en cuenta que la Dirección de la unidad y la del hospital están siempre obligadas a la confidencialidad en materia de personal. Los aspectos de los casos que implican al personal no pueden discutirse con otros miembros del personal y, de acuerdo con las normas aplicables al personal, no pueden adoptarse medidas relacionadas con el personal sin haber abierto el expediente personal correspondiente. El personal bien podría percibir que la Dirección no ha hecho nada, pero, como ya se ha explicado, no es así», añade la Dirección.

Arne Cyron, que fue director del hospital hasta septiembre de 2017, considera «muy lamentable» que Pernille y Niels hayan tenido «esa experiencia negativa».

«Su atención y valor para transmitir una sospecha tan grave son dignos de encomio. Solo puedo lamentar que no lo hayan sentido así», escribe Arne Cyron, que afirma que durante «diversas reuniones» con Pernille y Niels, les «dejó claro» que «desde luego podían solicitar ayuda si la precisaban».

Arne Cyron explica de la siguiente manera por qué la Dirección nunca hizo público, ni entre los colegas, que apoyaba que Pernille y Niels hubieran denunciado el caso a la policía:

«Ni yo ni los demás directivos queríamos arriesgarnos a influir en las investigaciones policiales o en la actitud ante la culpabilidad».

Fuentes

Aparte de en más de cincuenta fuentes orales (enfermeras, médicos, auxiliares de enfermería, abogados, empleados de la policía y la fiscalía, así como el Servicio Penitenciario Danés, la Oficina Danesa para la Seguridad del Paciente y el Consejo Danés de Enfermería, conocidos de las principales personas implicadas en el caso, también expertos en derecho, medicina forense, ciencias forenses y criminología), este libro se basa en más de tres mil páginas de material escrito.

Ese material consiste principalmente en documentos de investigación de la Policía de Selandia del Sur y de Lolland-Falster al que he tenido acceso, así como en documentos judiciales de la tramitación de la causa penal contra Christina Aistrup Hansen por parte de la Audiencia Provincial y del Tribunal de Apelación.

MATERIAL DE INVESTIGACIÓN

- Informes.

    - Inventarios policiales de los indicios recogidos (los llamados «Informes de efectos»).

    - Esquemas de la M130 y del Servicio de Urgencias del Hospital Nykøbing Falster.

    - Fotografías de la M130 y del Servicio de Urgencias tomadas por la policía el 1/3/2015.

    - Fotografías de las jeringuillas encontradas y otras posibles pistas tomadas por la policía el 2/3/2015.

    - Informes de las investigaciones policiales de la escena del crimen y de las investigaciones de los lugares donde se hicieron los hallazgos.

    - Informes de registros.

    - Informes de autopsias.

    - Informes forenses.

    - Certificados de defunción de pacientes.

    - Correspondencia postal entre la policía y los expertos de, entre otros, la Junta Nacional de Sanidad y el Instituto Anatómico Forense del Instituto de Medicina Legal.

    - Respuestas a posibles investigaciones de ADN y huellas dactilares del Centro Nacional Forense.

    - Dictámenes de los técnicos forenses.

    - Dictámenes del Instituto de Medicina Legal sobre los exámenes de las víctimas del caso.

    - Dictámenes del Consejo de Medicina Legal.

    - Dictámenes de la Clínica Psiquiátrica Forense, incluyendo la evaluación psiquiátrica de Christina Aistrup Hansen.

- *Análisis de las muertes en el Hospital Nykøbing Falster* del profesor Steffen Lauritzen, del 8/2/2016 y del 1/4/2017 (versión revisada).

- Correspondencia postal entre la policía y la Dirección del Hospital Nykøbing Falster.

- Varias directrices escritas del Hospital Nykøbing Falster solicitadas y enviadas a la policía en relación con la investigación.

- Cuadrantes de turnos del hospital.

- Historiales de pacientes, esquemas de observación y gráficos de líquidos.

- Notas de enfermería escritas por las enfermeras mientras los pacientes estaban ingresados.

- Capturas de pantalla de los registros electrónicos del hospital de los medicamentos administrados a los pacientes.

- Copias impresas de los resultados del TAC de los pacientes Arne Herskov y Maggi Margrethe Rasmussen.

- Registros hospitalarios de muertes en la M130.

- Resúmenes de los incidentes registrados en el Hospital Nykøbing Falster.

- Transcripciones de mensajes de texto y fotografías enviadas entre teléfonos móviles propiedad de Christina Aistrup Hansen, Pernille Kurzmann Larsen, Niels Lundén y Anders Hansen.

- Correos electrónicos enviados entre Christina Aistrup Hansen y Niels Lundén.

Además, los informes de más de cien entrevistas con testigos, entre ellos enfermeras, médicos, auxiliares de enfermería, celadores y familiares de las víctimas del caso realizadas por la

Policía de Selandia del Sur y de Lolland-Falster entre el 4/3/2012 y el 6/3/2012 y el 1/3/2015 y el 4/3/2016.

ACTAS DE LAS SESIONES DEL TRIBUNAL

- Acta de la audiencia preliminar de Christina Aistrup Hansen, celebrada en el Tribunal de Nykøbing Falster el 2/3/2015.

- Actas de las audiencias de prórroga celebradas en el Tribunal de Nykøbing Falster los días 24/3/2015, 21/4/2015, 19/5/2015, 16/6/2015, 14/7/2015, 11/8/2015, 8/9/2015, 6/10/2015, 21/10/2015, 10/11/2015, 8/12/2015, 5/1/2016 y 2/2/16.

- Actas de la vista de los casos de recurso por el Tribunal de Apelación Este (principalmente en relación con las prórrogas de la prisión preventiva) el 13/3/2015, 26/3/2015, 24/4/2015, 20/5/2015, 7/7/2015, 14/8/2015, 11/9/2015, 9/10/2015, 19/11/2015 y 8/2/2016.

- Actas del Tribunal de Nykøbing Falster en la vista del caso penal contra Christina Aistrup Hansen el 11/3/2016, 14/3/2016, 21/3/2016, 22/3/2016, 30/3/2016, 31/3/2016, 1/4/2016, 13/4/2016, 14/4/2016, 25/4/2016, 26/4/2016, 28/4/2016, 29/4/2016, 2/5/2016, 3/5/2016, 4/5/2016, 17/5/2016, 18/5/2016, 20/5/2016, 23/5/2016, 24/5/2016, 30/5/2016, 9/6/2016, 13/6/2016, 22/6/2016 y 24/6/2016.

- Transcripción de la sentencia en el procedimiento de recurso presentado por Christina Aistrup Hansen ante el Tribunal de Apelación Este el 31/1/2017, 1/2/2017, 2/2/2017, 21/2/2017, 22/2/2017, 23/2/2017, 28/2/2017, 1/3/2017, 2/3/2017, 7/3/2017, 8/3/2017, 9/3/2017, 21/3/2017, 22/3/2017, 23/3/2017, 4/4/2017, 2/5/2017, 3/5/2017, 17/5/2017 y 18/5/2017.

- Transcripción del proceso penal contra la enfermera supervisora Lisette, visto por el Tribunal de Nykøbing Falster los días 8/3/2018, 13/3/2018, 16/3/2018 y 27/3/2018.

- Transcripción del proceso penal en el procedimiento de apelación de la enfermera supervisora Lisette visto por el Tribunal de Apelación Este el 12/11/2018, el 13/11/2018 y el 14/11/2018.

- Transcripción de la sentencia de la Audiencia Provincial de Oldenburg que condena a cadena perpetua al enfermero alemán Niels Högel el 26/2/2015.

DOCUMENTOS ADICIONALES

- Correos internos enviados por el Departamento de Recursos Humanos y la Dirección del Hospital Nykøbing Falster a los empleados en relación con el caso de la enfermera. Se trata de correos electrónicos y boletines escritos por el antiguo director del hospital, Arne Cyron (acceso a través de *Region Sjælland*).

- Correos enviados entre el Hospital Nykøbing Falster y la Agencia Danesa para la Seguridad del Paciente a raíz del caso de la enfermera (acceso a través de la Agencia Danesa para la Seguridad del Paciente).

- Correos electrónicos enviados entre el Hospital Nykøbing Falster y la Oficina Danesa para la Seguridad del Paciente como consecuencia de la visita de supervisión a la M130 y al Servicio de Urgencias en marzo de 2016 (acceso al expediente a través de la Oficina Danesa para la Seguridad del Paciente).

- Correos electrónicos entre el Consejo Danés de Enfermería y la Policía de Selandia del Sur y Lolland-Falster en relación con el caso de difamación anunciado por el sindicato contra la fiscal

Jeanette Wincentz Andersen (proporcionados por el Consejo
Danés de Enfermería).

- Declaraciones sobre el número de fallecidos en la M130 y el
Servicio de Urgencias de 2009 a 2018 (acceso a través de *Region
Sjælland*).

- Procedimientos de acusación y defensa en la Audiencia
Provincial en relación con la causa penal contra Christina
Aistrup Hansen (acceso a través del Tribunal de Nykøbing
Falster).

INFORMES Y ANÁLISIS

- Arbejderbevægelsens Erhvervsråd [Consejo Económico del
Movimiento Obrero]: « *Det delte Danmark: Til- og fra- flytning
til Lolland Kommune*» [*La Dinamarca dividida: emigración hacia
y desde el municipio de Lolland*] (publicado en mayo de 2016).

- Det Nationale Institut for Kommuners og Regioners
Analyse og Forskning [Instituto Nacional de Análisis e
Investigación para los Municipios y las Regiones]: « *Kvalitet i den
akutte behandling på Nykøbing Falster Sygehus – En
organisatorisk og sundhedsfaglig audit*»

[*Calidad en la atención urgente en el Hospital Nykøbing
Falster - Una auditoría organizativa y de la profesión sanitaria*]
(publicado en octubre de 2012).

– Region Sjælland: « *Rekrutteringsindsatser 2017 – De rigtige
kompetencer nu og i fremtiden*» [*Esfuerzos de contratación 2017 -
Las competencias adecuadas ahora y en el futuro*] (publicado en
febrero de 2017).

– Region Sjælland: « *Budget og Nøgletal 2018*» [*Presupuesto y
cifras clave 2018*] (publicado en diciembre de 2017).

– Region Sjælland: « *Drifts- og udviklingsaftale 2019, Nykøbing Falster Sygehus*» [*Acuerdo de funcionamiento y desarrollo 2019, Hospital Nykøbing Falster*] (publicado en enero de 2019).

– Region Sjælland: « *Rapport fra ekstern audit, Kirurgisk Afdeling, Nykøbing Falster Sygehus den 22. og 23. juni 2016*» [*Informe de la auditoría externa, Departamento de Cirugía, Hospital Nykøbing Falster los días 22 y 23 de junio de 2016*] (publicado en agosto de 2016).

– Styrelsen for Patientsikkerhed [Oficina para la Seguridad del Paciente]: « *Tilsyn på Nykøbing F. Sygehus, marts 2016*» [*Control en el Hospital Nykøbing F., marzo de 2016*] (publicado en julio de 2016).

– Sundhedsstyrelsen [Servicio de Salud]: « *Danskernes Sundhed – Den Nationale Sundhedsprofil 2017*» [*La salud de los daneses - El perfil sanitario nacional 2017*] (publicado en marzo de 2018).

ARTÍCULOS CITADOS

- B. T.: « *Her dør alt for mange*» [*Aquí muere demasiada gente*] (publicado el 30 de diciembre de 2010).

- B. T.: « *Sygeplejerske sigtet for drab: Anklager vil finde motivet i amerikansk rapport*» [*Enfermera acusada de asesinato: la fiscal quiere encontrar el motivo en un informe de EE. UU.*] (publicado el 12 de agosto de 2015).

- Ekstra Bladet: « *Her er Danmarks farligste sygehuse*» [*Estos son los hospitales más peligrosos de Dinamarca*] (publicado el 17 de enero de 2012).

- Politiken: « *Sygeplejersker skriver brev til anklager: Træk dine ord om drab tilbage*» [*Las enfermeras envían una carta a la fiscal:*

retráctese de sus palabras sobre el asesinato] (publicado el 18 de agosto de 2015).

- *Spiegel Online*: «Der Jahrhundertmörder» [*El asesino del siglo*]

(publicado el 13 de abril de 2018).

- *Sygeplejersken* [*La enfermera* (revista danesa de enfermería)]:

« *Anklagemyndighed beklager udtalelse*» [*La fiscalía lamenta sus declaraciones*] (publicado el 28 de septiembre de 2015).

- *TV Øst*: « *Hovedstadskommuner betaler for socialt udsattes flytning til Lolland*» [*Los ayuntamientos de la capital pagan para la emigración de los socialmente más vulnerables a Lolland*] (publicado el 1 de noviembre de 2017).

ARTÍCULOS DE INVESTIGACIÓN Y LIBROS SOBRE HEALTH CARE SERIAL KILLERS

(*cf.* Capítulo 23)

- Lubaszka, Christine Katherine; Shon, Phillip C.; Hinch, Ronald: « *Healthcare Serial Killers as Confidence Men*» (artículo publicado por primera vez en el *Journal of Investigative Psychology and Offender Profiling* en 2014).

- Ramsland, Katherine: *Inside the Minds of Serial Killers: Why They Kill* (libro publicado en 2006).

- Wilson, David; Yardley, Elizabeth: « *In Search of the 'Angels of Death': Conceptualising the Contemporary Nurse Healthcare Serial Killer*» (artículo publicado por primera vez en el *Journal of Investigative Psychology and Offender Profiling* en 2014).

- Yorker, Beatrice Crofts *et al.*: « *Serial Murder by Healthcare Professionals*» (artículo publicado por primera vez en *Journal of Forensic Sciences* en 2006).

- Yorker, Beatrice Crofts: « *Public Inquiry into the Safety and Security of Residents in the Long-Term Care Homes System*», dictamen pericial elaborado en mayo de 2018 y presentado en el contexto de la investigación de las autoridades canadienses sobre cómo la enfermera condenada Elizabeth Wettlaufer consiguió matar a ocho pacientes antes de ser detenida (facilitado por Beatrice Crofts Yorker).

1   N. del T.: Clordiazepóxido.
2   N. del T.: Se trata de la ley danesa que regula el ejercicio de las profesiones implicadas en el sistema de salud.
3   N. del T.: En 2008 fue condenado a siete años de prisión por intento de asesinato y en 2015 un juez dictó una sentencia de cadena perpetua tras ser declarado culpable de haber asesinado a cinco personas. Högel admitió su responsabilidad global por los cien asesinatos, pero finalmente solo dijo estar seguro de haber inyectado a cuarenta y tres pacientes. En junio de 2019 fue declarado culpable de haber asesinado a ochenta y cinco pacientes entre los años 2000 y 2005 y fue condenado nuevamente a cadena perpetua por un juez del Tribunal Regional de Oldenburg. (Fuente: *El País*, 6/6/2019).